특수아를 위한

활동하며 배우는 성교육

신현기 · 전옥경 · 권오윤 · 김애란 · 김재영 · 김혜진
노경민 · 박소영 · 이영숙 · 한선희 · 하 영 공저

학지사

머리말

우리의 문화는 성에 대한 담론에 익숙하지 않습니다. 그 이유는 아마도 교육을 통하여 성은 내밀한 것으로 배웠기 때문이 아닌가 싶습니다.

성(性)이라는 글자를 들여다보면 그 안에는 마음(心)과 몸(生)이 공존하고 있습니다. 그런데 지금까지도 성과 성교육에서 몸이 차지하는 비중이 가히 절대적이라고 할 수 있습니다. 몸의 움직임은 마음의 지배를 받습니다. 따라서 성교육은 먼저 마음을 다스리는 교육에서 시작되어야 합니다. 그래서 다양한 교과를 통하여 쾌락의 성 이전에 사랑의 성과 생명의 성에 대한 교육이 병행되어야 한다고 생각합니다.

모든 사람은 다양한 사회문화 속에서 아름다운 성을 경험할 기회를 가져야 합니다. 엄마와 아빠, 그리고 형제자매를 구별할 수 있는 인지력을 통하여 남녀를 알고, 짝꿍을 알고, 관심을 유지하는 것을 알고, 좋아하는 감정을 표현하고 이를 수용하는 것을 알고, 결혼을 알고, 임신과 출산, 그리고 자녀양육 등을 알아 가는 과정이 광의의 성교육이기에 성교육이라는 교과가 별도로 필요치 않습니다. 그럼에도 우리나라에서는 이러한 자연스러운 성교육의 기회가 학생들에게 제공되지 못하였습니다. 그래서 자연스럽게 배울 수 있는 성을 성교육이라는 이름으로 인위적으로 가르치게 된 것입니다.

장애인의 성교육, 특히 지적장애를 포함하는 발달장애인의 성교육은 더욱 그러합니다. 이 책은 성교육이 인위적이기보다는 자연스럽게 이루어질 수 있도록 하는 데 중점을 두고 있습니다. 또한 대상에 따라, 상황에 따라 교육이 개별적으로 이루어졌으면 하는 바람을 담았습니다.

물론 쉬운 일은 아닙니다. 그렇다고 해서 점잖게 회피할 문제도 아닙니다. 비록 발달장애 학생들에 대한 우리의 성교육 수준이 만족할 만한 수준은 아닐지라도 지금부터 함께하면 얼마든지 가능한 일입니다.

이 책은 발달장애 학생과 그들의 부모, 교사, 사회복지 분야 종사자들이 함께 공유할 수 있는 교육활동을 위주로 구성되어 있습니다. 발달장애 교육 현장의 폭넓은 경험이 있는 선생님들이 집필자로 참여하였기에 다양한 교육장면에서 활용할 수 있을 것입니다. 특히 문제 사례와 해결 방안은 발달장애 학생을 중심으로 제시하였으나 전반적인 지도 내용은 비장애 학생들에게도 적용할 수 있는 것이므로 모든 학생들의 성교육에 활용할 수 있습니다.

이 책은 서장과 총 3개 부로 구성되어 있습니다. 서장은 성교육 관련 이론과 선행연구를 고찰한 것입니다. 성교육의 실제를 강조하지만 그것의 근거는 명확하여야 합니다. 유감스럽게도 우리나라는 연구 기반이 취약합니다. 그래서 부득불 외국의 연구 기반을 소개할 수밖에 없었습니다. 도움을 받은 자료는 L. Walker-Hirsch(2007)입니다. 제1부는 신체 및 심리 발달로 개인위생, 신체 발달, 성심리 발달, 성건강을, 제2부는 인간관계 이해로 결혼과 가정, 대인관계와 자기표현, 이성과 사랑을, 제3부는 성문화 및 성윤리로 사회에서의 성, 양성평등, 성폭력의 예방과 대처를 다루고 있습니다.

이 책이 나오기까지 여러분의 수고가 있었습니다. 무엇보다 이 책이 발달장애인을 위한 성교육 교재로 출판될 수 있도록 도움을 주신 학지사 김진환 사장님과 편집부 관계자 여러분께 고마움을 전합니다. 또한 교재를 집필하고 수정하는 내내 서로의 경험을 나누고 격려하던 저자들에게도 감사의 인사를 전합니다.

아무쪼록 이 책을 통하여 많은 사람들이 장애인의 성에 대한 바른 이해와 바른 지도에 도움을 받으시길 소망합니다.

2013. 3.

저자 대표 신현기

차 례

차 례

서 장

생애주기에 걸친 성교육

생애주기에 걸친 성교육

1. 성과 성교육이란 무엇인가

성(性)이라는 단어 속에는 마음(心)과 몸(生)이 들어 있다. 그래서 세계보건기구(WHO, 1975)도 "성은 인간 일생의 중심축에 해당하는 개념으로, 성적 행위(sex), 성정체감과 성역할(gender identity & gender role), 성적 인식력(sexual orientation), 관능적 성(erotism), 쾌락(pleasure), 친밀감(intimacy), 그리고 생식(reproduction) 등을 포함하는 말이다."라고 하였다. 성은 남성과 여성 모두에게 있어서 본질이다. 따라서 사람에게 있어서 성은 세상을 조망하는 렌즈 역할을 한다. 성에는 생물학적, 의학적, 사회적, 심리적, 영적, 문화적, 그리고 법적인 측면이 포함되며, 이러한 모든 측면은 사람이 처한 장소와 때, 그리고 표현 방법에 따라 각기 달리 나타난다. 즉, 누가 양육하였느냐에 따라, 또 개인적으로 중요하게 여기는 것이 무엇이냐에 따라 각기 다르다(WHO, 1975).

그럼에도 우리의 성문화는 성(sex) 하면 성적 관계(having a sex)를 연상한다.

성과 성교육의 구성 내용을 30센티미터 자의 길이에 비유한다면 성행위에 관련된 내용은 이 자의 전체 길이 중 겨우 0.5센티미터 정도가 될 듯 말 듯하다. 따라서 성교육에는 이를 제외하고도 매우 중요한 내용이 포함되어 있음을 알 수 있다. 이러한 비유적 설명을 통해, 우리가 지금까지 성교육의 범위를 얼마나 협소하게 규정하여 왔는지를 알 수 있고 또 이를 어떻게 확장하여야 하는지에 대해 생각해 볼 수 있다. 성교육의 범위를 폭넓게 바라보는 관점은 학생들의 전 생애 과정에서 도움이 될 수 있는 성교육 기회를 제공해 준다.

그러나 앞서 이야기한 바와 같이 우리가 성을 성적 행위 또는 성관계와 동일시한다면, 성교육 내용 또한 성관계로 제한하기 쉬워 정작 학생들에게 필요한 다양한 내용의 성교육을 실시할 수 없다.

예를 들어, 지적장애인을 비롯한 발달장애인에게 매우 제한된 성교육을 제공한다면, 결과적으로 그들의 가족과 교사들은 잘못된 편견을 갖게 될 수도 있다. 즉, 성관계를 가질 파트너가 없거나 성관계에 동의할 능력이 없는 사람들은 성적 욕구조차 없다고 간주하게 되는 우를 범하게 되고, 이러한 잘못된 견해는 결국 발달장애인은 성교육조차 받을 필요가 없다고 생각하게 만든다. 따라서 성교육 전문가조차도 발달장애인은 성과 관련된 내용에 관심을 가질 준비가 되어 있지 않으므로 그들에게 성교육을 한다는 것은 오히려 그들에게 성과 관련된 행동을 유발하도록 자극할 수 있으므로 이는 매우 위험할 수 있다고 판단하여 성교육을 실시하는 것 자체를 두려워하기도 한다.

이 책의 목적은 지적장애인의 성에 대한 부정적 인식과 불편한 심기를 긍정적이고 낙관적으로 인식하게 하고 편안하고 자연스러운 사고로 전환하도록 하는 데 도움이 되는 정보를 제공하는 것이다. 특히 이 책에서는 다음과 같은 의문에 대한 답을 얻을 수 있도록 하였다. 즉, 어떻게 하면 지적장애인(어린이, 젊은이 그리고 성인)에 대하여 정확히 알 수 있을까? 또, 지적장애인을 돌보는 부모나 교사가 지적장애인을 긍정적으로 바라보고, 안전한 대상으로 생각하고, 그들이 책임감을 갖고 합법적인 성적 활동을 할 수 있도록 도움으로써 지적장애인의 삶의 질을 높여 사회 통합이 가능하도록 지원할 수 있을까?

2. 성의 성숙

사회적 성숙과 성의 발달은 지적장애와 관계없이 모든 사람에게서 나타나는 보편적이고, 정상적이며, 기대되는 바이고, 그리고 반드시 일어나는 일이다. 비장애인과 마찬가지로 지적장애인의 생물학적 성숙 시간표는 대개 이들의 생활연령과 일치한다(AAPCCD, 1996). 이것은 지적장애 젊은이들의 신체적 성숙과 사춘기가 시작되는 연령이 비장애인과 상당히 유사하다는 것을 의미한다. 하지만 이들 양 집단의 전반적인 성숙에서의 차이는 생물학적 성숙을 제외한 여러 발달 영역, 즉 사회적 성숙, 정서적 성숙, 교육 기회, 인생 경험의 지적 과정, 그리고 실제적인 삶의 방식을 배우는 데 있어서의 기회 활용 등에서 분명하게 나타난다. 결국 지적장애를 가진 젊은이들의 사회적, 정서적, 경험적, 그리고 발달적으로 중요한 시기는 어쩌면 생물학적인 시점과 일치하지 않을 수 있다(Schwier & Hingsburger, 2000). 이런 사실은 지적장애 학생을 위한 성교육이 적절하게, 성공적으로 수행되기 위해서는 교육의 기본 목표인 사회통합과 성적 안전성, 그리고 삶의 즐거움 등에 대한 진지한 고려가 있어야 한다는 것을 말해 준다.

3. 성의 발달

유전적인 성은 거의 수태 시부터 결정된다. 세포의 유전적 성은 정자가 난자를 만날 때 정자에 있는 유전물질에 의해 영향을 받는다. 수정될 정자가 Y염색체를 지니고 있다면 세포는 유전적으로 남성(XY)으로 발달할 것이고, 수정될 정자가 X염색체를 지니고 있다면 유전적으로 여성(XX)으로 발달할 것이다. 이렇게 하여 태아의 성적 발달과 성이 시작되는데, 이는 출생 전까지 계속해서 영향을 받게 된다(Vandenbergh, 2003). 즉, 태아기부터 성적 체계가 발달하는데, 2~8주 사이인 배아 발달 단계에서 남성과 여성의 기관이 구별되기 시작한다. 4주까지 구체적인 성 기관들이 태아에게서 확인된다. 성 기관의 발달 외에도 성의 어떤 측면은 출생 이전에 결정되는데, 이는 부모가 통제할 수 없는 것들이다. 예를 들면, 유전적인 성, 비전형적인 유전 결합, 분만 시 문제나 외상, 성 자극과 관련된 감각 경험들이다.

태어난 후의 성은 다음과 같은 환경 및 문화·사회적 요소의 영향을 받는다(Walker-Hirsch, 2007).

- 어떠한 방식으로 젖을 먹이고 보살피는지
- 어떠한 방식으로 옷을 입히고 단장을 하며 또 배변훈련을 하는지
- 유아가 신체적 접촉과 보살핌을 어느 정도나 기대하는지
- 어느 정도나 혼자 울도록 내버려 두는지

• 유아가 가지고 노는 장난감의 종류와 재미의 정도는 어떠한지
• 휴식 시간에 다른 남녀 유아들과 상호작용하는 방식은 어떠한지

많은 사람들이 알고 있듯이 성교육은 학생들이 사춘기를 맞이하기 이전에 실시하여야 한다. 어린 아동에게 가장 영향력 있고 중요한 최초의 성교육자는 역시 부모와 가족이다. 부부간에 서로 대하는 방식과 부모가 자녀를 대하는 방식, 부모가 자녀에게 즐거운 생활을 하도록 가르치는 방식과 자녀에게 자신의 신체를 대하는 방식을 가르치는 일은 초기 성교육에서 매우 중요한 부분이다. 그리고 부모와 자녀가 사회생활에서 다른 사람들에게 갖게 되는 기대와 그들과의 상호작용도 성교육에서 중요하다.

역사적 변천 과정에서 특정 시기에 발생한 특정 사건과 문화적 실재는 특정 문화권 안에 존재하는 남성성이나 여성성에 대한 해석에 영향을 미친다. 예를 들어, 바지를 입는 것을 남성 고유의 복장으로 여기는 인식이 그것이다. 그러나 오늘날에는 바지를 입는 것이 남성에게만 국한된 것이 아닌 남녀 모두에게 해당하는 것이므로 바지 복장을 더 이상 남성성의 표현으로 여기지 않는다. 게다가 전통적으로 여성들이 주로 종사해 온 직업군, 예를 들어, 비서나 간호사와 같은 직종에 이제는 많은 남성들도 종사하고 있다. 그 반대의 경우도 마찬가지다. 여성은 이제 소방관, 군인, 전기기사 또는 과학자와 같은 전통적으로 남성의 직업군이었던 분야를 추구한다. 아동의 사고방식이 성숙함에 따라 가족의 사회적 실재는 더 주목할 만한 방식으로 아동의 성격과 상호작용한다. 아동은 흔히 가족의 일상과 실재를 모방한다(Mattis, 1994).

다음의 내용은 아동이 학교에 들어가기 훨씬 이전, 사춘기 증상이 나타나기 훨씬 오래전에 사회적 · 성적 기대에 영향을 미치는 여러 요인이다(Couwenhoven, 2001).

• 가족구성원이 서로 간에 또는 아동과 애정을 나누는 방식
• 가정 내에서 남들에게 구애받지 않는 사생활과 정숙함에 대한 표현 방식
• 가족의 희로애락애오욕(喜怒哀樂愛惡欲)과 같은 감정의 표현 방식과 의사소

통 방식

- 가족의 갈등 해소 방식
- 가족이 가족 이외의 사람들과 사회적으로 상호작용하는 방식
- 가족이 다른 권위 있는 유명 인사들과 상호작용하는 방식
- 가족구성원 서로가 가르침을 주고받는 방식

자폐나 유사 자폐 행동을 하는 지적장애 학생은 부모의 사회적 행동을 모방하는 것이 어렵고, 가까운 가족과 합리적인 사회적 상호작용을 하는 능력도 상당히 제한적이다.

아동의 지적장애와 그들의 경험은 자기 인식에 영향을 미치며, 이로 인한 열등한 행동은 그들을 비성적인 존재로, 생물학적인 연령과 생물학적인 성숙 지표보다 더 어린 아동으로 인식하게 하는 데 영향을 미칠 수도 있다.

예를 들어, 어떤 아동은 자신의 장애로 인해 강도 높은 의료적 처치(예: 수술, 물리치료)를 수년 동안 받아야 한다. 발달기 중간에 맞이하게 되는 이러한 뜻밖의 의료적 처치는 아동으로 하여금 사회적이고 성적인 경계를 이해하고 해석하는 데 부적절한 영향을 미칠 수 있고, 이러한 영향은 정상적인 범위와는 다른 신체적·정서적 반응을 하도록 만들 수 있다. 심지어 힘든 배변훈련이나 화장실 사용에 대한 오랜 저항은 아동의 사회적 기대나 지속적인 성숙에 영향을 미칠 수 있다(Melby, 2001).

부모는 일과 중에서 자녀가 흥미를 가질 만한 것을 선택해야 하고, 또 다른 가족구성원의 욕구뿐 아니라 장애 자녀의 욕구를 충족하기 위해 어떠한 변화가 필요한지를 판단해야 한다. 이러한 변화를 위한 적절한 시간도 결정해야 한다. 정숙한 행동과 사적인 행동은 일상적인 가족의 삶 속에 통합하여 가르칠 수 있어서 자칫 지나치기 쉽지만 이러한 것들은 초기 성교육에서 매우 중요하다.

4. 사회성의 발달

가정에서의 성교육은 교실에서의 공적인 성교육 방식과는 다르다. 가정에서의 성교육은 대개 바쁜 가사 활동을 고려하여 그 안에서 수용할 만한 행동을 훈련하고 촉진하는 것으로 이루어진다.

오늘날 장애 아동은 통합 환경의 학교에 입학하는 경우가 대부분이다. 통합 환경이란 장애 아동이 보다 더 성숙할 수 있도록, 또래들과의 사회적 · 정서적 · 경험적 교류가 가능한 환경으로서 또래들과 함께 놀고, 배움으로써 그들과 친구가 될 수 있는 기회를 마련한다는 의미를 담고 있다. 또한 학교의 통합 환경은 장애 학생이 오랜 기간 동안 보호를 받아 온 부모의 시야를 벗어나는 첫 경험일 수도 있다. 학교에 입학한 학생은 새로운 친구들, 새로운 기회, 새로운 학습 환경, 새로운 과제와 교사와 같은 권위를 가진 사람들, 학교 문화와 학교에서의 역할 등을 경험한다. 이러한 경험은 자녀뿐 아니라 부모도 하게 된다. 대부분의 장애 학생과 비장애 학생의 통합학급에서의 제반 경험은 사회성 측면에서 유익하다. 예를 들어, 초등학교에서 장애 학생과 비장애 학생은 이야기 시간, 휴식시간, 미술시간, 스카우트 활동, 그리고 생일파티 등에서 우정을 키워 갈 수 있다.

정상적인 발달기에 있는 5~8세의 아동은 호기심이 많아 대개의 경우, 성적인 것에 대한 질문을 함에 있어 주저하지 않는다. 이 연령층의 아동에게 정보를 점차적으로 제공하는 것은 이후 보다 복잡한 성인의 성문제에 대해 이야기하기 위한 기초를 제공하는 것으로서 매우 좋은 방법이다. 아동과 함께 일상의 뉴스나 우리 주변의 이야기를 나누는 것은, 예를 들어 HIV/에이즈나 섹스와 폭력에 대해 허구적인 오락을 통하여 부분적으로 알게 됨으로써 갖게 되는 두려움을 완화해 줄 수 있다. 또한 사생활과 정숙한 행동에 대한 가족의 일과지도 항목으로 포함시킬 수도 있다(Mattis, 1994).

지적장애 학생을 비롯한 발달장애 학생도 비장애 학생과 똑같은 성적 특성을 보일 수 있다. 때때로 비장애 학생보다 늦은 나이에 이런 특성이 나타나기도 하는데, 발달지체가 매우 심한 경우 사춘기에 들어서거나 그보다도 늦게 성적 특성이 나타날 수 있다.

장애 학생이 외형적으로는 성숙하지만 사회적 발달의 측면에서는 미성숙할 때보다 복잡한 문제가 발생할 수 있다. 지역사회는, 장애학생의 사회적 발달 성숙도가 신체 발달 정도에 못 미침에도 학생의 외형적 성숙에 걸맞는 연령 기준에 따라 성적 행동 준거에 부합하는 행동을 할 것으로 기대한다(AAPCCD, 1996). 이는 사춘기 이전의 장애 학생을 위한 성교육 내용은 공적인 장소에서의 애정 표현, 정숙함, 사생활, 성적 신체 부위에 대한 인식과 관련된 수용할 만한 행동, 사적 장소와 공적 장소의 구별 등에 중점을 두어야 한다는 것을 의미한다.

즐거운 경험을 갖기 위하여 자위행위를 하거나 성기를 만지는 행위는 유아에게서 흔히 나타날 수 있다. 만일 유아기 동안 이런 자연스러운 신체적 즐거움을 추구하는 방법을 발견하지 못했다면, 아동기에도 계속해서 자위행위가 주는 인위적인 쾌락적 감각을 추구할 수 있을 것이다. 아동은 성적 환상을 갖지 못하더라도 성적 쾌락과 이를 위한 의도된 행동은 자위행위를 통하여 어느 정도 해소되는데, 자위행위는 이완과 긴장 완화에 효과가 있다. 이 연령층의 성교육에서 성기에 자극을 주는 자위행위와 관련된 내용을 다룰 때에는 자위행위를 통해 즐거움을 느끼는 것에 대하여 수치심이나 죄책감을 주기보다는, 자위행위를 하는 장소와 시간에 따라 사회적 비판을 받지 않고 수용이 가능하다는 것에 초점을 맞추어야 한다(PPFA & AASECT, 2003).

많은 부모들은 이런 자녀나 나이 든 사춘기 사너가 사신의 생활이 무료하거나 혼자 시간을 보내는 경우, 또는 여가활동이 복잡한 기술을 요하므로 재미를 느끼지 못하거나 여가활동 참여 기회가 부족할 때, 그 무료함을 채우기 위하여 돌연히 자위행위를 한다고 생각한다. PPFA에 따르면, 20대의 남성 70%와 30대의 여성 50%가 자위행위를 한다고 한다. 혼자 사적인 곳에 있을 때 생식기 자극을 통한 자위행위는 성숙한 어른의 성생활을 위한 연습 정도로 이해될 수 있고, 한편으로는 성숙한 연령층의 쾌락과 성취의 수단이기도 하다(PPFA & AASECT, 2003).

지적장애나 발달장애를 가진 성숙한 사춘기 학생의 자위행위도 다른 비장애인들이 하는 것처럼 법과 지역사회의 기준에 부합하여야 한다. 빈번한 자위행위로 인하여 지적장애인이 다양한 사회로의 진출과 흥미 있는 활동에 참여하는 기회로부터 방해를 받는다면, 그들의 가족이나 학교 선생님들은 그들을 성전문가에게 의뢰하여 교육을 받도록 하거나 환경적 변화, 행동치료, 상담 또는 성치료 중 필요한 조치에 대한 안내를 받게 해야 한다.

가족의 전통과 문화적 전통, 그리고 신념체계도 가족이 자위행위에 대하여 어떠한 교육을 실시하거나 구조적 접근을 하여야 하는지 결정하는 데 영향을 미치는 요소다. 예를 들어, 임상의들과 종교학자들은 자위행위 그 자체에 대한 금지라기보다는 후사를 위한 생식 기회를 제공하지 않으려는 것에 대한 벌로서 오난의 죄에 대한 성서적 참조의 의미로 해석하기도 한다(PPFA & AASECT, 2003).

5. 아동기의 우정

사춘기가 다가오면서, 아동기의 우정관계는 변화를 겪게 된다. 성장 과정에 있는 많은 10대들은 사춘기를 거치면서 그들에게 나타나는 여러 변화에 적응하기 위해서 나름대로 많은 애를 쓰게 된다. 성장하는 10대들은 사춘기의 변화 과정에서 전형적으로 나타나는 그 시기만의 독특한 감정을 관리해 나간다. 예컨대 10대에게서 똑같이 나타나는 현상인 몰래하는 행동, 똑같은 헤어스타일, 똑같은 영화와 똑같은 음악, 아이돌을 좋아하는 행동, 자기 또래에게 인정받는 것을 최고의 덕목으로 여기는 것 등이 그것이다. 그런데 10대들은 비정상적인 친구들을 갖게 됨으로써 오는 부가적인 스트레스를 관리해 낼 만한 능력을 충분히 가지고 있지 못하다. 이와는 대조적으로, 지적장애 학생은 유행하는 10대들의 복장이나 새로운 음악을 신봉하는 일에 적절하게 따르지 못하는 경우가 많다. 이러한 '부조화' 특징은 지적장애 학생을 또래 10대들의 흐름에서 더욱 고립시키는 원인이 될 수 있다. 결국 친밀한 관계를 유지하던 소중한 친구로부터 거부를 당하는 경우가 빈번해지면서 슬픔을 경험하게 되고, 또래 관계에 오해가 발생하게 된다.

장애 자녀의 안전에 대한 부모의 염려도 이 시기에 더욱 커진다. 정상적인 발달기에 있는 10대 전후의 자녀가 독립적으로 생활해 주었으면 하는 부모의 기대보다 지적장애 학생 부모들의 기대는 훨씬 낮다. 이러한 장애 자녀의 독립심에 대한 부모의 낮은 기대는 10대들이 또래의 결속 행동을 위해서 필요하다고 보는 일반적인 사회적 기회들(예: 부모의 감독 없이 대형 매장에서 쇼핑하고, 이메일이나 문자메시지를 친구에게 보내며, 또는 혼자서 영화를 보러 가는 행동 등)을 제한하는 결과를 가져온다. 이런 것들은 10대들이 주로 하게 되는 사회적 경험이지만 지적장애를 가진 10대 전후의 학생들은 이를 안전하고 용이하게 수행할 능력을 가지고 있지 못하다. 이러한 무능력으로 인한 사회적 고립의 결과, 지적장애 10대들은 일찍부터 친구관계에서 소원해질 수밖에 없다.

게다가 전형적으로 성장하는 10대들의 지적 성취와 관심은 인지적 지체가 있는 10대보다 훨씬 더 어른스러울 수가 있다.

심지어 초등학교 저학년 때까지는 지적장애를 가진 친구라 할지라도 회피하지 않고 친구관계를 잘 유지하던 비장애 학생조차도 고학년이 되면서부터는 또래 대 또래라는 대등한 관계로서의 친구관계를 통하여 서로 간에 도움을 주고받는 사이로서의 우정을 유지하려고 하는 특성으로 우정관계가 변화되는 것이 관찰된다 (Staub, 1998).

교사와 가족들은 그들의 학생이나 자녀가 장애를 가지고 있다고 하더라도 동년배의 비장애 학생들과 친구관계를 가지는 것이 더 가치 있는 것이라고 과도하게 집착함으로써, 무의식적으로 장애를 가진 다른 아동과 친구관계를 맺는 것은 가치가 덜한 것처럼 평가절하하는 경우가 있다. 심지어 일부 부모의 경우 자신의 자녀가 비록 장애를 가졌지만 그의 친구들 중에는 장애를 가진 친구가 전혀 없고 오직 비장애 친구들만 있음을 자랑스럽게 여기는 경우도 있다. 또한 어떤 부모들은 장애를 가진 자신의 자녀가 장애를 가진 학생들과 친구관계를 맺는 것을 두려워하는 것을 당연하게 받아들이기도 하는데, 이러한 오류를 범하지 않도록 주의를 기울이는 일은 무엇보다 중요하다.

한편, 어떤 학생의 학업성취나 추진력에 대해 칭찬한다는 것은 곧 장애가 없는 친구를 사귀는 것이 더 바람직하다는 것을 암시하는 간접적인 메시지의 전달일 수도 있다. 학생들은 자신의 일상생활에서 다양한 유형의 친구를 사귈 기회를 가지게 되는데, 이들 유형별 친구들은 자신에게 여러 형태로 영향을 미치는 매우 가치 있는 자산이다. 대부분의 사람들은 다양한 문화권의 많은 사람과의 만남을 통하여 서로 간의 관계를 즐기고, 이를 통하여 서로가 배울 수 있는 기회로 삼을 목적으로 친구를 선택한다. 그러나 한편으로는 친구를 사귀는 데 있어서 자신과 같은 특성을 보이는 친구를 정체성이 같다고 여겨 그들에게 지지의 뜻을 보냄으로써 서로 간의 동일성을 추구하기도 한다. 예를 들어, 같은 과외활동에 관심(예: 교회, 학생 스케이팅)을 보이는 경우 또는 유사한 개인적 경험(예: 새엄마, 빈둥지)을 가진 것에서부터 친구관계를 발전시킬 수도 있다. 이러한 관계는 종종 서로에 대해 관심을 갖게 되는 것에서 또는 일정 기간 동안 같은 공간에서 함께 일하는 과정에서 시작하여 자연스러운 또는 직관적인 방식으로 발전하기도 한다.

아동기를 벗어나 밀접한 관계를 형성할 수 있는 성인기에 도달한 지적장애 여성과 남성은, 유사한 경험을 가진 대상이나 좋아하는 외모의 사람들과 자율적인 교제가 가능하며, 이들과 친교를 유지할 수 있는 기회가 많아진다. 이성 간의 연애관계는 서로 협상하고 설득하는 능력이 비슷할 때, 보다 쉽고 안정적으로 이루어진다. 따라서 연애야말로 쌍방 간의 균형 있는 힘의 구조를 갖게 하는 좋은 방법일 수 있다.

지적장애나 그 밖의 장애를 가진 사람들과 대인관계를 맺는 것에 대해 반대 입장을 취하는 사람은 장애인올림픽, 방과 후 여가활동, 사회교육 집단 또는 생활기술 습득 과정과 같은 장애인을 위해 마련된 제반 활동에 참여하는 것을 기피할 수 있다. 이러한 현상은 장애인의 안전하고, 상호적이며, 호혜적인 사회적 상호작용과 나이에 어울리는 적절한 성적 표현을 할 수 있는 기회를 매우 제한하여 결국 장애인을 외롭게 만드는 결과를 초래한다.

6. 사춘기

사춘기가 되면 눈에 띄는 극적인 성적 발달이 이루어진다. 대부분의 지적장애 청소년은 비장애 또래들과 비슷한 성적 특성을 보인다. "예전에는 조숙하다고 했던 사춘기가 오늘날에는 극히 일상적이다."라는 제목의 글을 발표한 바 있던 '뉴욕타임즈'의 건강 담당 편집자인 Jane Brody는 1999년 10월 4일자 『소아과학 논문집』에 실린 전문의인 Kaplowitz와 Oberfield와 Lawson Wilkins, 그리고 소아

내분비학회의 다른 회원들의 논문에 대하여 논평을 한 바 있다. 그는 이 논문을 인용하면서, 오늘날 소녀들의 사춘기는 대개 6~8세에서 시작되며 그것이 느리게 진행되는 관계로 사춘기가 어떻게 진행되고 있는지 눈치챌 수 없을 정도라고 하였다. Brody는 이 새로운 자료가 Herman-Giddens 박사와 그 동료들에 의해서 추진된 2년 전의 연구 결과보다 소녀들의 사춘기 성징이 최소한 1년은 일찍 나타난다고 기술하였다(Brody, 1999). 즉, 9~16세에 신체적 성숙은 뚜렷하게 나타난다. 청소년은 성장호르몬의 영향으로 몸의 털, 목소리의 변성, 가슴의 발달, 갑작스러운 신장의 성장, 심할 정도의 기분 변화 등을 경험한다. 그러나 이 시기의 지적장애를 포함한 발달장애를 가진 10대들은 신체적 · 사회적 · 지적 · 정서적 성숙 면에서 큰 차이를 보이기도 한다. 이 시기는 이들에 대한 성인의 기대가 커지는 시기이기도 하므로 이들에 대한 더 많은 관심을 갖고 함께하는 시간을 가짐으로써 새로운 행동을 배우도록 할 필요가 있다.

많은 아동들은 자신들에게 관심이 집중되는 것을 좋아한다. 이들은 누군가를 도움으로써, 그리고 부모나 선생님으로부터 인정을 받음으로써 또는 노래와 춤, 그림, 악기를 배우면서 재능을 보임으로써 관심을 받을 수 있다. 긍정적인 방식으로 관심을 받지 못하는 아동의 경우는 부정적인 방식으로 주의를 끌려고 한다. 이러한 행동이 무시될 때, 아동들은 또 다른 관심을 끌기 위한 수단으로서 부적절한 성적 행동을 보이기도 한다. 이들은 때때로 자신들의 욕구와 상관없는 행동도 서슴지 않고 하며, 심지어 질책을 받을 것을 알면서도 그러한 행동을 하기도 한다. 예를 들면, 공공장소에서 바지를 내리는 경우가 있으며, 부적절한 성적 의미가 담긴 말을 하거나 또는 자신의 생식기나 가슴을 만지거나 다른 사람의 성적인 신체 부위를 만지는 경우도 있다. 학교 구성원이나 가족은 어느 정도의 바람직하지 못한 행동에 대해서는 수용하거나 간과할 수 있으나, 정도를 넘는 부적절하고 위험한 성적 행동은 지도해야 한다.

7. 공식적인 성교육

대부분의 지적장애 학생의 경우 학교의 정규 수업인 보건교육시간에 성교육을 받는다. 그러나 수업 속도가 비장애 학생에게 맞춰 진행되고, 대부분 토론식으로 이루어지므로 인지적 장애가 있는 학생들의 욕구를 충족시킬 수 있을 만큼의 효과를 기대하기 어렵다. 특수교육을 필요로 하는 학생의 경우 그들의 독특한 학습 형태가 있어 이에 부합하기 위해서는 이들의 이해를 돕기 위한 별도의 연습과 기술 습득을 포함하는 특수교육적 방법이 필요하다.

예를 들어, 고등학교 통합보건교육시간에 데이트를 주제로 논의할 수 있다. 데이트를 하는 이유, 외출 여부의 결정, 데이트 요청에 적절히 대응하는 방법, 안전하게 데이트하는 방법의 구성, 그리고 성적인 행동의 한계를 결정하는 방법 등은 비교적 쉽게 다룰 수 있는 논의의 주제다.

이러한 주제들은 지적장애 학생들에게 도움이 되지만, 비장애 또래들이 이미 가지고 있는 성인기의 사회적 관계 유지에 필요한 능력인 우정과 협상에 대한 언어, 판단력, 사회 · 정서적 성숙, 그리고 사회성 기술을 지적장애 학생들은 가지고 있지 못한 경우가 대부분이다. 결국 지적장애 학생들에게는 데이트에 관한 제반 교육이 필요한데, 그럴 경우 익숙한 환경에서 데이트를 하자고 제안하고 또 요구하는 연습을 위한 구체적인 훈련과 리허설로서의 역할놀이 기회, 데이트와 관련하여 개연성 있는 수많은 기회를 주어야 하고, 데이트와 관련된 구체적인 여러 가지 활동과 전략을 계획하는 다양한 지원이 필요하다. 이런 지원 계획에는 부모나 다른 보조 인력과 그들이 할 수 있는 여러 방법 등이 포함되어야 한다. 부모는 이들에게 교통수단을 제공할 필요가 있고, 지적장애 학생이 데이트를 연습할 수 있도록 지원하게 된다.

통합학급과 같은 장애 학생의 사생활이 개방된 환경에서 이들 데이트와 관련된 주제를 가지고 연습하고, 교육을 하기에는 무리가 따른다. 그러므로 사생활이 보호되는 장소를 택하여 교육함으로써 장애 학생 개개인의 구체적인 욕구가 잘 충족될 수 있도록 하는 것이 중요하다. 또한 이런 종류의 훈련을 위해서는 부가적인 시간을 많이 투자하여야 교육이 보다 실질적으로 운영되어 효과를 얻을 수 있다. 장애 학생을 위한 성교육이 효과적으로 운영되어 그들로 하여금 이와 관련된 능력을 갖추도록 하기 위해서는 보건교사에게 충분한 시간이 확보되어야 하는데, 그렇지 못할 경우 현실적으로 지도하는 데 많은 어려움을 초래할 수도 있다. 데이트 시 언어와 행동을 위한 리허설, 연습, 그리고 부가적인 지원을 포함하는 구체화된 기법들을 학생들로 하여금 충분히 연습할 수 있도록 해 주어야 한다. 그러나 전술한 바와 같이 이들 지원적 교수전략은 시간의 제약이 있을 수밖에 없다. 통합학급에서, 비장애 학생은 이미 새로운 자료를 가지고 새로운 작업 준비를 하고 있기 때문에, 지적장애 학생의 수준에 맞춰 기술을 반복하여 제공할 수는 없는 일이기에 학교의 보건교사라 할지라도 이들을 위한 지원적 교수전략을 사용하지 못하는 경우가 많다.

보건교육시간은 주로 정규 학습시간이나 방과 후 학습 또는 개인지도 시간의 보충적인 시간으로서, 지적장애 학생으로 하여금 학급토론을 통하여 도움을 받거나 역할놀이나 리허설을 하기 위한 안전한 장소를 확보할 수 있다.

포괄적이고 연령과 능력에 적절한 사회 · 성교육을 통합학급에서 실시하는 것에 대한 딜레마는 분명히 존재한다. 지적장애의 유무에 관계없이 10대들에게 개인의 경험과 학습능력에 맞는 의미 있는 방식으로 진행되는 성교육은 매우 중요하다. 성교육의 내용이 효과적인 양식으로 전달되고, 각 집단에게 성교육의 중요성을 압박하고 강조하기 위해서는 유사한 학습능력을 가신 청소년들을 소십난으로 편성하여 지도하는 것이 도움이 된다(Eshilian et al., 2000).

주장, 느낌 표현에서도 중요하지만 의사결정 과정에서 중요하게 작용하는 다양한 사회성 기술은 성교육 시간 이외의 다른 시간에도 배울 수도 있다. 예를 들어, 대화 파트너와 함께하는 말과 언어시간은 우정과 대인관계에 대한 논의 주제와 관련한 수용 언어와 표현 언어를 지도하기 위해 계획할 수 있다. 구체적인 대화는 선호도를 표현하고, 갈등을 조율하고, 10대 문화를 논의하는 방과 후 활동을 위한 계획에 포함될 수도 있다.

지적장애를 가진 10대와 그보다 많은 나이의 젊은이들은 그들이 장애로 인하여, 독립성을 제한받고, 자신들이 비장애인과는 달리 부가적인 보호와 임상적인 지원이 필요하다는 것을 이해하는 데 많은 어려움을 겪을 수 있다. 장애를 가진 사람들이 자신의 장애를 거부하는 일은 흔한데, 장애가 아주 경한 사람들에게서 많다. 장애 학생의 부모들에 따르면 장애를 가진 자녀도 장애에 대한 편견을 보이는 경우가 많다고 한다. 이러한 장애에 대한 편견은, 자신과 유사한 장애이거나 보다 명확하게 드러나는 장애를 가진 젊은이들을 위한 사회성 훈련 프로그램에 참여하지 않으려고 하는 것으로 나타난다. 이러한 행동은 "나는 장애가 없는 소녀와 데이트를 하고 싶어요."라든지 "나는 다운증후군이 싫어요."라고 말하는 것으로 표현되기도 한다.

이러한 이유로 장애를 가진 10대들은 친구도 없이 저녁과 주말을 보내는 일로 인해 외로움, 사회적 고립감, 무료함, 심지어 우울과 절망을 경험할 수도 있다. 장애가 있는 학생과 성인은 장애로 인한 사회적 낙인과 사회적 거부를 이미 잘 알고 있기 때문에 민감한 배척의 상황을 절절하게 느끼기 쉽다.

8. 지속적 성교육자로서의 부모

지금까지 지적장애인을 위한 성교육은 안전한 가족 환경 내의 사람들에 의해서 이루어지기보다는 가정 밖의 사람들에 의해 이루어지는 것이 일반적이다. 그러나 지적장애인을 위한 성교육에서 부모와 형제자매의 역할은 중요하다. 가족구성원은 지적장애 자녀로부터 성교육과 관련한 내용에 대하여 지속적으로 질문을 받을 수 있는 위치에 있는 사람들이다. 왜냐하면 부모는 자녀의 성교육과 관련하여 자녀에게 정확한 정보를 제공해 줄 수 있을 만큼 믿음직하고 안전한 자료의 출처로서 인정할 수 있기 때문이다. 즉, 가족은 장애 자녀가 성에 관한 질문을 하였을 때, 화를 내지 않을 뿐더러 장애 자녀에게 상냥하게 대답해 줄 수 있으며, 치료사나 사회복지사의 도움을 구하지 않고도 기꺼이 장애 자녀에게 성에 대하여 솔직하게 말해 주려고 한다. 이는 비록 부모가 자녀의 질문에 즉각적인 답은 못할지라도, 그 부모는 어떡해서든지 그에 대한 답을 찾아 자녀의 연령과 장애 정도에 맞게 적절한 방식으로 전달함으로써 장애 자녀와 그 내용을 공유할 수 있음을 의미한다.

자녀의 질문이 부모가 10대 자녀나 어린 자녀에게 “왜 그런 질문을 하니?” 또는 “그 말을 어디서 들었니?” 또는 “그것에 대해 누구와 이야기했었니?” 등과 같은 질문을 하여야 할 만큼 매우 민감한 문제가 될 수도 있다. 간혹 이러한 문제는 그와 관련한 구체적인 질문이 나오게 된 배경을 드러낼 수도 있다. 자녀의 질문 배경은 그 이야기를 들은 어떤 특정 사건과 관련될 수도 있고, 이웃집에 신생아가 있는데 그 신생아의 부모가 지적장애아에게 호기심을 자극하거나 그가 갖고 있는 호기심에 대한 설명의 필요성이 있어 어떤 성적인 문제와 관련된 특정의 단어를 사용했을 수도 있는데 이런 특정 단어와 관련되어 나타나는 문제일 수도 있다. 또 다른 경우로는 자녀가 누군가로부터 부적절한 신체적 접촉을 당하였거나 아니면 이러한 누군가의 피해 행동을 목격함으로써 사실이 드러날 수도 있다.

자녀가 부모에게 질문하게 된 배경을 부모가 아는 일은 부모로 하여금 그 질문에 대한 가장 적절한 답을 찾도록 하는 데 안내자 역할을 한다. 예컨대, 자녀를 안심시켜 줄 것인지, 사실을 말해 줄 것인지, 조언을 해 줄 것인지, 또는 부모가 자녀를 위한 개인적 성장의 원천이 될 것인지를 결정하게 됨으로써 부모는 자부심을 갖게 된다. 또한 이러한 과정을 통하여 부모는 자녀로 하여금 자신감을 갖게 할 수 있고, 성에 관해 다른 성인에게도 적절히 질문할 수 있도록 도와줌으로써 자신이 가장 믿는 어른으로부터 지지적인 반응을 얻게 하는 것이다.

9. 대중매체와 성

오늘날 TV 프로그램, 영화, 음악, 뮤직비디오에는 성인과 관련된 내용을 소개하면서 성적인 용어를 무분별하게 사용한다. 이로 인해 성관계, 남녀에 대한 잘못된 이해를 낳기도 한다. 이와는 다른 양상으로, 많은 독자층을 확보하고 있는 대중매체 프로그램과 영화 프로그램에서는 코믹한 말을 많이 사용하는데 그 말의 원천에는 성적인 의미가 담긴 빈정거림이 들어 있다. 또한 영화 속에는 도발적인 여자 캐릭터가 등장하기도 한다. 그리고 자동차, 샴푸, 탈취제, 향수, 음료, 맥주 등의 잡지 광고에는 섹시한 남성과 여성들이 등장하여 상품의 구매욕구를 부추기는 성적인 묘사를 그려 내곤 한다. 관련자들은 이러한 광고가 소비자의 성적 매력을 높여 줄 것이라는 메시지를 은연중에 전하고 있다고 말한다. 스탠딩 코미디에서 코믹 스타들은 청중과 함께 이야기하는 과정에서 성적인 무례와 속어를 사용하고, 때로는 노골적이고 충격적인 성적 표현 관련 어휘를 사용함으로써 관심을 끌기도 한다.

지적장애를 가진 10대와 젊은이들의 경우, 이런 성적 표현이 담긴 내용의 의미를 잘 이해하지 못한다. 따라서 그들은 폭력물이나 코미디물에 포함되어 있는 성과 관련 내용이 자신들과 같은 사람 사이에서 이루어지는 것임에도 불구하고 자신들은 이해할 수 없는 내용이기에, 성과 관련된 내용을 늘 당혹스럽거나 두려운 것으로 느낄 수도 있다.

하지만 부모들은 이들 대중매체를 이용하여서 자녀들이 성과 관련된 내용을 제대로 이해할 수 있고 나아가 그들이 사회성 기술을 익히고 세상 물정을 파악하는 데 도움을 줄 수 있다. 성적인 문제를 다룬 대중매체를 통해 지도할 수 있는 내용과 시점은 협상관계, 분노 관리, 가치, 저의, 그리고 판단 오류에 대해 논의하는 과정을 통하여 정할 수 있고, 나아가 지도로 이어질 수도 있다. 자녀에게 "그런 일이 너에게도 있었니?"라는 질문을 통해, 부모는 자신들이 자녀 주위에 없을 때 10대 자녀에게 발생할 수 있는 일에 대하여 많은 것을 알 수 있다.

지적장애 학생들도 비장애 또래처럼 친구들이나 친척들과 함께 컴퓨터를 사용함으로써 의사소통을 할 수도 있고, 웹 서핑을 통해 숙제나 게임을 하기도 하고, 학습을 통해 성적을 올리기도 하고, 정보를 얻을 수도 있어 컴퓨터의 사용은 매우 유용할 수 있다. 그러나 한편으로는 인터넷, 이메일, 채팅은 성적인 위험이 도사리고 있어 새로운 걱정거리가 되고 있다. 채팅방에 수많은 성적인 유혹이 도사리고 있음은 그다지 놀라운 일이 아니다. 사용자는 교묘한 방법에 의해 선정적이고 일탈적인 웹사이트에 의식하지 못한 채 접속하게 된다. 음란물을 차단할 수 있는 컴퓨터를 사용하지 않을 경우, 그것들을 자연스럽게 컴퓨터 스크린에서 보게 된다. 따라서 이메일에 대한 부모의 모니터링, 사용자들의 컴퓨터 잠금장치를 통한 원치 않는 음란물과 폭력물 차단, 컴퓨터와 관련된 유해 경험 관련 정보를 공유함으로써 이들에 특히 취약한 지적장애 아동 및 청소년을 안전하게 보호할 수 있도록 하여야 한다.

전문가, 교사, 부모 그리고 비장애 10대들이 성에 대한 정확한 정보를 얻을 수 있는 인터넷 사이트는 많은 반면, 지적장애인이 혼자 힘으로 접근할 수 있도록 특별히 고안된 성 관련 사이트로서 신뢰할 만한 것들은 별로 없는 실정이다. 부모와 지적장애 자녀 모두가 함께 접근하여, 많은 정보를 얻을 수 있는 신뢰할 만한 사이트 마련이 필요하다.

10. 성적 취약성과 그로 인한 위험 줄이기

적절한 성교육을 받지 못하고, 친구가 거의 없거나 전혀 없고, 사회적 지원이 거의 없는 지적장애 10대들과 청년들은 성적 착취를 당할 위험성이 매우 높다. 이들은 사회적 수용을 얻거나 외로움을 피하려고 하는 경향이 매우 높기 때문에, 장애와 고립으로 인해 성적으로 취약한 상황에 놓이기 쉽다. 심지어 원치 않은 임신, 성폭력, 에이즈 또는 성병에 감염될 위험에 놓이기도 한다.

지적장애인이 다른 사람에 비해 더 큰 위험에 놓이게 되는 이유로 여러 가지를 들 수 있지만, 아래와 같은 방법이나 교육적 중재를 통하여 그 위험성을 줄이거나 성적 취약성에 빠지게 되는 원인을 줄일 수 있다.

- 의미 있는 성교육 프로그램 개발하기
- 지적장애인에 대한 일반인의 인식의 전환하기
- 사회적이고 정서적인 지원의 질을 향상시키거나 개발하기
- 성공에 대해 보상해 주고 축하해 주기
- 익숙하지 않은 상황에 대하여 준비시키기
- 장애의 편견에 맞서기
- 사회적 고립과 무료함을 예방하기
- 타인에 의존한 개인적 돌봄 줄이기

1) 의미 있는 성교육 프로그램 개발하기

지적장애인에게 의미 있고 포괄적인 성교육 기회를 제공하는 것은 지적장애인을 성 관련 지식에 대한 무지에서 비롯되는 제반 취약성에서 벗어나게 해 주는 교정책이 된다. 지적장애인은 자신이 누군가로부터 이용당하고 있다는 것을 판단할 수 있을 정도의 충분한 정보를 갖고 있지 못한 경우가 대부분이다. 예를 들어, "모든 사람들이 다 그렇게 행동한다."라는 말과 함께 주변 사람에 의해 성적 관계를 맺은 후 그 사실을 가족들에게는 비밀로 한 채 그러한 관계를 계속적으로 유지하자는 제안을 받으면, 그들은 오히려 주변 사람인 착취자로부터 자신이 사랑을 받고 있다고 믿게 되는 경우도 있다. 성교육을 받지 않은 지적장애인은 자신이 누군가(심지어 교사, 가족 또는 성직자와 같은 권위 있는 인물들)로부터 성관계를 갖자는 제안을 받게 되는 경우, 이를 거절할 수 없을 뿐 아니라 피해를 당한 후 최소한 착취자에 대한 신고를 하여야 한다는 사실조차도 알지 못한다.

권위 있는 사람들의 일반적인 요구에 순종하는 것은 부모와 교사가 흔히 지적장애인에게 가르쳐 왔던 행동의 덕목인 것이다. 지적장애인은 누군가에게 성적 착취를 당하게 되면 자신이 원하여 맺은 관계가 아니라는 것을 알기는 하지만 그 일이 자신이 대처할 수 있는 상황의 범위를 넘어서는 경우, 이에 대하여 어떻게 도움을 요청하여야 하는지를 모를 수 있다. 예를 들어, 이 일에 대하여 전화를 걸 수도 없고, 일어난 일에 대하여 진술할 정도의 언어적 기술이 없을 수도 있고, 쉽게 말해 성폭력상담소로 가는 버스노선조차 알지 못할 수도 있는 것이다.

이러한 위기 요소들이 산재해 있을 경우, 지적장애인이 성학대에 노출될 취약성은 더욱 커진다. 지적장애인은 동년배의 비장애인에게서보다도 성학대 비율이 매우 높다(Baladerian, 2003; Sobsey, 1994).

지적장애인에게 의미 있는 성교육이 필요한 이유는 교육을 통하여 이들이 성학대가 무엇인지 인지할 수 있도록 하고, 원치 않는 일이 있을 때 이를 알릴 수 있도록 하는 역량을 키울 수 있기 때문이다. 나아가 그들이 성에 대한 지식을 갖고 있다면, 그들이 자신이 처한 성학대를 알릴 때 좀 더 진지한 태도로 신뢰감을 줄 수 있을 것이다.

2) 지적장애인에 대한 인식의 전환

지적장애인은 비장애인에 비해 성학대의 표적이 되기 쉽다. 그 이유는 이들이 성학대의 사실을 보고할 수 있는 능력이 부족하거나 저항할 수 있는 능력이 부족하다고 간주되기 때문이다. 그들이 자신의 성학대 사실을 알린다고 할지라도 대중매체에서는 그들이 누군가에게 쉽게 조정되고 관리되는 존재로 보도하기 때문에 쉽게 신뢰를 주지 못한다. 심지어 이들은 자신을 변호하기 위해 법정에서 증언할 수 있는 능력조차도 없는 존재로 간주되기 쉽다. 이러한 입장에 처한 지적장애인을 위한 포괄적인 성교육은 많은 사람들로 하여금 이들에 대한 성학대를 인식하도록 하고, 이와 관련한 사건을 보고할 수 있도록 하는 일반인들의 역량을 강화하는 기회가 된다. 만일 지적장애인이 성학대에 대한 지식을 어느 정도 가지고 있다면, 이들이 성학대와 관련한 내용을 보고할 때 상대방에게 좀 더 진지하고 신뢰감을 줄 수 있을 것이다.

전반적인 성교육은 일반 지역사회 주민에게도 필요한데, 의미 있는 성교육을 통하여 지적장애인이 많은 혜택을 받을 수 있다는 지역사회의 인식의 전환이 가능하기 때문이다.

3) 사회적이고 정서적인 지원의 개선과 발전

지적장애인을 위한 사회적이고 정서적인 지원을 개선하고 발전시키는 일은 빠르면 빠를수록 좋다. 이들로 하여금 우정의 가치를 이해할 수 있도록 도움을 주고 또 친구를 갖고 친구가 되는 연습을 시키는 것은 사회성 발달과 성교육 측면에서 매우 중요하다. 그들에게 있어 권위를 가진 성인이 두려운 존재가 아닌 신뢰할 수 있는 존재로 인정되는 환경에서 지적장애인이 친구들에게 접근할 수 있도록 하는 것이 상담의 목표가 될 수 있다. 사랑하는 가족이 사회적이고 정서적인 지원에서 가장 중요한 역할을 하지만 선택된 또래와의 우정도 그에 못지않게 중요하다.

지역사회 대학과 지역장애인종합복지관, 특수교육지원센터와 같은 지역 장애 서비스 단체 또는 기타 서비스 제공자들을 통해 지적장애를 가진 10대와 성인을 위한 자원이 축적되어 있다. 서비스 제공 기관과 관련된 상담가들은 주로 전화로 접촉하거나 지방 기관들을 위한 정보에 접속한다.

4) 성공에 대한 보상과 기념

지적장애인이 사람들과 관계를 형성함에 있어, 그리고 일상생활의 관계에서 자주 거절당하고 많은 실패를 경험하지만 성공을 이루어 낸 경우도 있다. 이런 성공의 경험은 사진, 시상, 신문, 그리고 개인의 일지 형식으로 기록 · 보관되어 기념하고 기억할 수 있다. "잘했어!"라는 말은 일을 훌륭하게 성취하여 성공했다는 느낌을 갖게 한다. 성취를 나타내는 보상이나 성공한 일이 담긴 사진을 볼 때 그 경험이 회상될 뿐 아니라 일에 대한 성취감도 느끼게 된다. 각각의 성공 경험은 다음 단계의 일을 수행하려고 할 때의 발판이 되며 좌절에 대한 재기의 용기를 제공할 수 있다.

그러나 일부 부모는 자녀들로 하여금 현재의 성취 수준에 만족하도록 고무하고, 심지어는 자녀가 시도한 바 없는 새로운 도전을 통하여 또 다른 목표를 성취하도록 격려하기보다는 실패할지도 모른다는 두려움 때문에 자녀가 새로운 시도를 하지 않았으면 하는 바람을 가지기도 한다. 하지만 새로운 과제를 도전적으로 시도해 보고, 성공에 대한 보상과 기념할 수 있는 기회를 제공함으로써 대인관계의 자신감을 기를 수 있다.

5) 익숙하지 않은 상황의 대비

새로운 환경에서 요구되는 새로운 활동에 참여한다는 것은 곧 새로운 상황에 적응하는 데 스트레스가 된다. 새로운 기술에 대한 연습을 성공적으로 수행하게 되면 익숙하게 되고, 그 익숙함이 곧 자신감이 된다. 아래와 같은 예가 이에 해당한다.

- 한 사람이 파티에 참석하기 위해 연회장에 가야 할 때, 그는 지금까지 패스트푸드점만을 이용해 보았기 때문에 연회장에서 어떻게 처신해야 하는지 모른

다. 이런 경우, 사회적 행동을 사전 시연을 통해 연습해 보도록 함으로써 도움을 줄 수 있다. 어떤 일에 대한 사전 시연은 그 일로 인한 긴장과 불안을 완화시켜 주고 또 상대방에게 어리석게 보임으로써 거절을 당하거나 부정적인 인상을 갖게 하는 것을 줄일 수도 있다.

- 처음으로 젊은 여성이 산부인과 검진을 받을 때 예상되는 일이 무엇인지 미리 알아 두는 것은 중요하다. 그녀는 의사가 진찰을 위해 환자의 몸을 만질 수 있다는 사실을 알고, 검진을 위해 자신의 몸을 만지는 접촉 정도는 아무 상관이 없음을 알아 둘 필요가 있다. 이런 신체적 접촉은 성적인 접촉과는 구별되는 바람직한 행동이다.
- 데이트 상대와 영화를 보러 가는 10대 남자는 영화관 안에서 허용될 수 있는 신체적 접촉과 자연스럽지 못한 행동에 대해 교육을 받을 필요가 있다.

신뢰할 만한 성인으로부터 성에 관하여 정확한 정보를 얻는 일은 매우 효과적이다. 이를 통하여 성에 대한 불안을 잠재우고 보다 나은 정서적 조절을 할 수 있게 된다. 새롭거나 익숙하지 않은 경험에 대하여 사전 시연을 하고 역할놀이를 해 보는 것은 신체적 접촉, 말, 또는 신뢰에 대한 수용의 정도를 넘어서는 사람을 구분할 수 있는 기준을 제공한다. 사전 시연 외의 다양한 상황에 대해서도 알 수 있는 기회를 많이 제공하여 지적장애인에게서 나타날 수 있는 성적인 취약성을 줄여 준다.

6) 편견에 대항 저항

장애에 대한 편견의 문제만을 강조하다 보면 오히려 비장애인이 장애인에게 제공하는 친절한 우정어린 행동에 대한 위축을 가져올 수 있다. 지적장애인은 비장애인에게 수용되고 싶은 마음에서, 그들로부터 인정을 받거나 칭찬을 듣기 위해 성적인 복종을 하게 되는 경우가 있다. 통합사회를 지향하면서 각종 친목행사나 활동에 지적장애인들의 참여기회가 확대되면서, 그 과정에서 지적장애인에게 성적인 복종을 강요하는 일이 생길 수 있다. 평소 관심 있는 활동이라 하여 참여 목적으로 부당한 요구에 응하지 않도록 주의가 필요하다.

한편 장애에 대한 편견은 자기증오로 전이될 수도 있다. 자신이 장애를 가졌다는 것은 사람에 대한 여러 구분—여성이나 남성, 운동선수, 학교 구성원, 뜨개질하는 사람, 자원봉사자, 친구, 푸른 눈의 사람 등—의 하나에 불과하다는 바른 인식을 가지도록 도와줄 필요가 있다. 이러한 도움을 통하여 자신의 가치에 대한 재평가를 계속할 수 있다.

7) 사회적 고립과 무료함 예방

자신보다 월등히 큰 어떤 것의 일부가 되었다는 생각에서 자신감은 사회적 고립과 무료함으로 인하여 갖게 되는 외로움에서 벗어나게 하는 큰 힘이 된다. 친구를 간절히 바라는 사람은 새로 사귄 친구에게 학대를 당할지라도 이를 참아 내는데, 이것은 친구도 없이 아무런 존재의 가치도 느끼지 못하는 것보다는 차라리 학대적인 친구관계가 낫다고 여기기 때문이다. 비록 진정한 놀이라고 할 수 없는 평행놀이 활동에서조차 친구를 얻고 또 친구가 되는 방법을 배우게 되면 그것조차도 배제와 고립으로 인한 우울한 감정을 줄여 준다. 많은 지적장애인은 보다 큰 세상으로 나아가게 하는 데 많은 도움이 되는 다음과 같은 능력, 즉 판단이나 평가를 요하지 않는 자연스러운 상황에서 친구를 사귀고, 데이트를 하고, 그리고 이성 간의 연애를 통하여 사회적 접촉을 이끌어 내고 사회적 경험을 하는 능력이 매우 제한되어 있다. 자신감은 입증된 기술을 익힘으로써 생기는 것이다.

일반 학급에서 여러 교수의 한 형태로 친구 사귀기에 관한 것을 직접 지도하는 것은 매우 중요하다. 이러한 친구 사귀기와 관련한 기술은 매일의 일상생활에 기반을 둔 내용이어야 한다. 공유, 돌봄, 협동, 도움, 그리고 지원하는 영역은 교사가 학생들과 함께하는 가운데 가르치고, 주의하고, 칭찬하고, 보상해야 하는 5가지 기초학습 활동이다. James Stanfield Company(1990)와 Young Adult Institute(1993)는 친구사귀는 기술을 시범 보이고 그리고 그것을 따라 하게 하여 그 행동을 배울 수 있도록 하는 VTR 교육과정을 제시하였다.

8) 독립적 생활

지적장애인은 일반적으로 결정하기, 금전 출납하기, 개인 관리, 건강 유지, 그리고 사회적인 계획 수립하기 등에서 많은 도움을 필요로 한다. 물론 일부 지적장애인은 다른 지적장애인에 비해 훨씬 독립적인 생활능력을 가질 수 있으나 여전히 그들 또한 도우미로부터 도움을 받는 등 의존성을 가지고 있다. 간혹 지적장애인이 의존하고 있는 보살핌을 제공하는 사람으로부터 성학대를 당하는 일이 발생하기도 하므로, 의존성의 문제는 매우 복잡한 문제로 떠오른다. 지적장애인에 대한 성폭력의 보고사항은 매우 복잡한 양상을 띠고 있다. 만일 가해를 할 목적을 가진 사람이 신체적으로나 인지적으로 지적장애인보다 우월하다면 성관련 범죄는 얼마든지 발생할 수 있기 때문이다. 학대를 하는 권위 있는 사람이 지적장애인에게 금전적 지원과 생필품, 선물, 교통편의, 동반자 관계, 병원 치료 돌봄을 제공하는 등 외로움과 무료함을 덜어 주는 역할을 빙자하는 사람일 수도 있다. 학대에 대한 보고로 인하여 그 학대가 중지될 수도 있지만, 그동안 학대한 사람이 제공해 온 다양한 지원 혜택이 상실되는 경우가 일반적이어서 이 문제는 매우 복잡한 정서적인 역동성을 나타낼 수 있다.

지적장애인에 대한 보다 발전적인 지원체제를 마련하기 위해서는 전국적인 컴퓨터 등록체제와 정보연결망을 활용하는 방안이 있다. 이는 지원인력의 신상정보를 확인하는 데 도움이 된다. 즉, 지원자 개인의 범죄 판결, 특히 성적인 범죄에 대한 내용을 파악할 수 있도록 함으로써 잠재적 성학대자들이 취약한 지적장애 개인을 지원하는 기관에서 일하는 것을 원천 봉쇄할 수 있다. 뉴저지 주에서 7세 Megan Kanka라는 아동에 대한 성희롱과 살인사건으로 촉발되었던 「Megan 법」(1994)은 성학대자들의 등록체제를 마련할 것을 요구하는 법으로, 지역사회에 성범죄에 대한 경각심을 고취시킬 수 있다. 이 법은 미국의 모든 주에서 적용하고 있으며 국내에서 참고할 만하다.

11. 성숙한 관계의 지향

지적장애인은 완전한 성인기를 향한 성숙이 진행되면서 그들의 생물학적인 성숙과 사회적, 교육적, 그리고 정서적 성숙 간의 격차는 다소 줄어들게 된다. 성인의 생활습관과 활동에 대한 생각은 전환 계획과 고등학교 졸업 후의 교육 프로그램과 진로 직업 경험으로 그 초점이 변화되어 왔다. 친구관계에서 이용할 수 있는 경험에는 낭만적이고 성적인 친밀감이 포함될 수 있는데, 이들 경험은 성인 관계로의 발전을 기하는 데 기초가 될 수 있다. 어디에서 식사를 하고, 보드 게임을 하면서 다음 차례가 누구인지 알며, 개인적인 관심과 욕구를 어떻게 표현하고, 또 상호적인 관계를 유지하기 위해서는 어떻게 책임을 져야 하는지에 대한 결정을 위하여 친구들과 사회적인 협상을 하는 일은 보다 독립적이고, 친밀한 관계를 유지하는 데 필요한 기술로서, 이들 기술은 점점 더 중요하게 인식되고 있다.

물론 모든 지적장애인이 결혼과 부부관계를 포함하는 낭만적인 관계를 유지할 수 있고 또 그것을 원한다는 것은 아니며 그렇다고 해서 자녀를 출산하여 가족을 형성하는 것이 부부생활의 목적이라고 말하는 것도 아니다. 경우에 따라서는 단순히 어떤 한 사람의 반려자가 되는 것이 가장 중요한 일일 수도 있고, 다른 한편으로는 서로가 용인하는 성적 파트너십이 만족스러운 관계로서의 충분조건일 수 있다. 때때로 누군가의 애인이 되기를 바라는 마음에서 이와 관련된 일을 관리해 갈 수 있는 반면, 계속하여 핵가족과 함께 생활하거나 그룹홈에서 생활하기도 한다. 또 다른 경우에는 결혼 생활의 책임과 그런 예식에 내포된 성적인 선택보다는 그저 신부나 신랑이 된다는 사실, 이를 위해 섬세하게 준비한 결혼 피로연을 갖는 것 자체에 더 많은 관심을 가질 수도 있다. 개인과 그 가족은 미래의 생활이 만족스러울 수 있는지, 양질의 삶을 보장할 수 있는지, 당사자의 바람, 능력, 그리고 가치에 대한 현실적인 평가가 필요하다.

지적장애인이 성인으로서 충분히 성숙하였음에도 지역사회 주민으로부터 어린이로 인식되거나 취급을 받는 경우, 그러한 잘못된 인식을 바꾸는 과정에서 가족들은 길고도 고통스러운 경험을 하게 된다. 성장기의 아동을 자녀로 둔 가정에서는 그 자녀를 의존적 위치에서 결혼이나 성인관계와 같은 독립적 위치로 전환하는 데 약 20~30년 정도가 걸릴 수 있다. 지적장애 학생에게는 발달지체가 있는데 이것 때문에 그들의 가족 역시 발달지체를 경험하게 되는 경우가 있다. 지적장애 학생의 가족들은 장애 자녀를 완전한 성인으로서의 성적 욕구와 목표를 가진 존재로 인식하기까지 비장애 학생 가족보다는 더 오래 시간이 필요하다. 지적장애 자녀가 있는 가족은 비슷한 연령대의 비장애 학생의 가족보다 자녀의 개인적 관심사와 오류에 대해 훨씬 더 많은 것을 알고 있는 경향이 있다. 왜냐하면 그들은 일반적으로 훨씬 더 오랜 기간 동안 장애 자녀를 보호할 필요가 있고 실제로 그렇게 하기 때문이다. 부모들은 자녀에 대한 독립을 너무 빨리 시도함으로써 발생할 수 있는 어려움을 인식하고 또 지적장애 성인 자녀가 야기할 수 있는 문제를 해결하거나 완화하는 것이 부모의 일이라고 생각한다. 특히 성인 자녀가 누군가로부터의 성학대나 원치 않는 임신의 대상이 될 수 있음을 알고 있기 때문이다. 따라서 지적장애 가족들은 서로가 서로에게 상호의존적이 되고, 또 이들 상호의존성에서 분리되는 과정에서 어려움을 겪게 된다.

지적장애 성인의 부모는 자신의 자녀가 이성관계에 관심을 가짐으로써 원치 않는 임신을 하게 되어 출생한 손지를 늙어 가는 부모가 양육해야 하는 일이 발생하게 되는 것을 두려워하거나 결혼을 앞둔 자녀에게 번거로운 책임과 걱정거리가 되지는 않을지를 걱정한다. 그러나 그런 일이 실제 발생되더라도 그것을 극복할 수 없는 것은 아니다. 어떤 가족들은 새로운 자손이 생기는 것을 환영하고 조부모가 되는 것을 기뻐하고 이러한 새로운 가족관계가 형성되는 것에 기대를 갖는다. 한편 가족이 도움을 줄 수 없을 경우나 자신들이 가진 자원이 없는 부부의 경우에는 지역사회 기관, 종교기관, 각종 지원 단체에서 지원을 받을 수도 있다.

그러나 대부분의 경우, 상담과 교육을 받은 지적장애인 부부는 서로 보살핌을 주고받는 것도 어려운데 부모 되기는 더 어렵다는 것을 알기에 부모가 되는 일을 거부하는 경우도 있다. 그들은 영화나 드라마 속의 부모 되기가 실제가 아니라는 것을 알게 된다. 그들은 아기를 낳게 되면 상당히 많은 비용이 발생하고, 사회적 기회들이 제한되는데, 이러한 제한은 자녀의 나이가 10대를 넘기기까지 계속됨을 알게 된다. 그들은 자녀에게 적절한 지원방안을 제공하지 못하므로 결국 자녀를 학대나 방임 또는 작은 위험에 빠뜨릴 수 있고 최악의 경우에는 자녀를 잃게 될 수도 있다.

출산 조절이 가능하기 위해서는 대개의 경우 상황이 적절해야 하고, 시기와 안정성이 확보되어야 하는데, 이것이 전제되면 원치 않는 임신으로 인한 문제를 해결할 수 있다.

오늘날, 모든 사람이 결혼을 하는 것도 아니고, 결혼한 사람이 모두 2~3명의 자녀를 낳는 것도 아니며, 결혼한 사람 모두가 나무 울타리가 있는 가정에서 생활하는 것도 아니다. 많은 사람이 다양한 삶의 형태를 선택할 수 있다. 우리는 일생을 통하여 배우고, 성장하고, 성숙하여야 한다는 것을 알고 있으며, 또한 우리의 수명은 영양, 의료적 보살핌, 삶을 파괴하는 요소에는 어떤 것들이 있는지 인식할 수 있는 능력을 갖춤으로써 연장되고 있으므로 다양한 사고를 통해 개인에게 맞는 삶을 살 필요가 있다.

제1부

신체 및 심리 발달

1장
개인위생

01. 손 씻기

02. 목욕하기

03. 생식기 깨끗이 하기

01 손 씻기

사 례

Q **7세 자폐성장애 남자 학생(이하 학생으로 통일. 교육부 지침으로 아동을 학생으로 호칭하기로 함) 지훈이는 손에 침을 묻힌 뒤 자신의 생식기에 바르거나 바닥에 엎드려서 생식기를 비비는 행동을 보인다. 침과 생식기의 냄새가 섞여 평소 지훈이의 손에서는 항상 냄새가 나 친구들은 지훈이와 손을 잡으려 하지 않는다.**

A 공적인 장소에서 바지를 내려 성기를 만지거나 엎드려 비비는 행동을 보일 때는 다른 놀이로 관심을 전환해 주고, 평소에 자주 손을 깨끗이 씻도록 지도한다.

Q **11세의 지적장애 여자 학생 수연이는 늘 손을 입에 넣었다가 빼는 행동을 반복하거나 침이 묻은 손으로 주위 사람들을 만지는 습관이 있다.**

A 입에 손을 넣는 행동을 보이지 않고, 의미 있는 참여 행동을 할 때 이를 칭찬하는 상반행동을 강화한다. 수시로 손으로 조작하는 활동을 하도록 배려하고, 손을 입에 넣을 때마다 즉시 손을 씻도록 계획해서 지도한다.

문제의 정의 및 처치

손 씻기는 개인위생 영역의 가장 기초적인 내용으로서 자위행위와 관련된 생식기 위생과 밀접한 관련이 있다. 유아기에는 성기를 드러내지 않는 생활습관, 청결습관, 용변습관 등을 길러 준다. 어린 시기에는 자위행위라기보다 무료함 또는 감각적 자극을 시도하는 장난으로 이해할 수 있다. 만약 중독 수준의 행동을 보인다면, 대체행동으로 욕구를 발산할 수 있도록 도와준다. 손을 씻어야 할 때와 장소를 알게 하고 손을 씻는 방법 및 관리하는 방법을 익히는 것뿐 아니라, 이를 생활화하도록 지도하는 것은 매우 중요하다. 생리 및 자위와 관련된 위생지도를 위하여 그리고 생식기 보호 측면에서 손 씻기를 지도한다.

- 손을 입에 넣는 이유를 분석하고 다른 곳으로 관심을 돌려 준다.
- 손을 깨끗이 씻어야 하는 이유를 알려 준다.
- 손을 씻어야 할 때와 장소를 알려 준다.
- 손을 씻은 후 깨끗이 관리하는 방법을 지도한다.
- 손을 물로 씻지 못할 경우에 대비해 물티슈를 가지고 다니도록 알려 준다.

가정에서의 지도

- 손을 씻는 습관이 생기도록 일상에서 반복 지도한다.
- 자위 및 생리와 관련하여 손 씻기를 지도한다.

지도 내용 및 활동 계획

활동 목표

- 손을 씻는 이유를 알고, 손을 씻어야 할 때와 장소를 안다.
- 자신의 손을 깨끗하게 관리한다.

활동 내용 및 방법

손을 씻는 이유 알기(세균 옮기기 놀이)

- 손을 씻지 않았을 때 손에서 살아 움직이는 세균의 모습 관찰하기
- 손과 손의 접촉으로 세균이 옮아가는 경로 알려 주기
  - 손이 더러운 친구: 손에 더러워진 장갑을 끼고 세균(도꼬마리, 도깨비바늘)을 손바닥에 붙여 보여 주기
  - 손이 깨끗한 친구: 학생의 손에 흰색 장갑을 끼워 주고 더러워진 손으로 악수하기
  - 악수를 하면서 더러운 손에 붙은 세균을 흰색 장갑을 낀 손으로 옮기기

■ 손을 씻지 않고 음식을 먹을 때 손에 묻은 세균이 입과 위에서 장으로 이동하여 배탈이 나는 과정 보여 주기(인체 모형, 음식, 회충 모양의 모형 지렁이, 찡그린 가면 등)

- 침 장난을 하거나 더러운 것을 만진 손을 실물화상기로 확대해서 보여 주기
- 현미경으로 찍은 세균의 움직임을 동영상으로 보여 주기
- 인체 모형(해부기관이 있는)의 입에 더러워진 손으로 음식 먹이기
- 인체 모형의 뱃속 모형을 열고 대장 안에 붙어 있는 회충 보여 주기
- 인체 모형의 얼굴에 찡그린 가면 씌어 주고 "손을 안 씻고 먹었더니 배가 아파요."라고 말하기

■ 손을 씻는 이유를 각자 정리해서 발표하기

손을 씻어야 할 때와 장소 알기(몸으로 하는 ○× 게임)

■ 두 팀으로 나누어 퀴즈 맞히기

- 퀴즈를 듣고 답이 맞다고 생각하면 양손을 머리 위로 올려 ○ 표시하기
- 퀴즈를 듣고 답이 틀렸다고 생각하면 가슴 앞에 양팔을 교차하여 × 표시하기
- 퀴즈를 맞힌 팀에게는 100점씩 부여하기
- 높은 점수를 얻은 팀에게 선물(물티슈) 주기

■ 손 씻어야 할 상황 맞히기

- 손에 오물이 묻거나 더러워졌을 때 손 씻기(○)/ 깨끗한 손 씻기(×)
- 화장실에서 용변을 본 후 손 씻기(○)/ 용변 보기 전에 손 씻기(○)
  * 용변을 볼 때 생식기를 만져야 할 경우 화장실 사용 전에 손을 씻고, 용변 본 후에도 손을 씻도록 지도
- 외출해서 돌아왔을 때 손 씻기(○)
- 세수할 때 손 씻기(○)
- 식사 전에 손 씻기(○)/ 식사 후에 손 씻기(○)
  * 식사 중에 손에 기름 등의 음식물이 묻었을 경우 식사 후에 씻도록 지도한다.
- 손을 씻은 지 얼마 안 되어 반복적으로 손 씻기(×)

■ 손 씻는 장소 맞히기

- 화장실 세면기에서 손 씻기(○)/ 식수대에서 손 씻기(×)
- 화장실이나 테라스에서 세숫대야에 물을 받아 손 씻기(○)/ 물 먹는 그릇에 손 씻기(×)
- 공공장소의 세면기에서 손 씻기(○)/변기 안의 물에 손 씻기(×)

■ 진 팀에게 선물(휴대용 물티슈)을 주면 친구들과 나누어 사용해 보기

■ 이긴 팀에게 선물(핸드크림)을 주면 친구들과 나누어 사용해 보기

그림 1-01 손을 씻어야 할 상황과 아닌 상황 구분하기

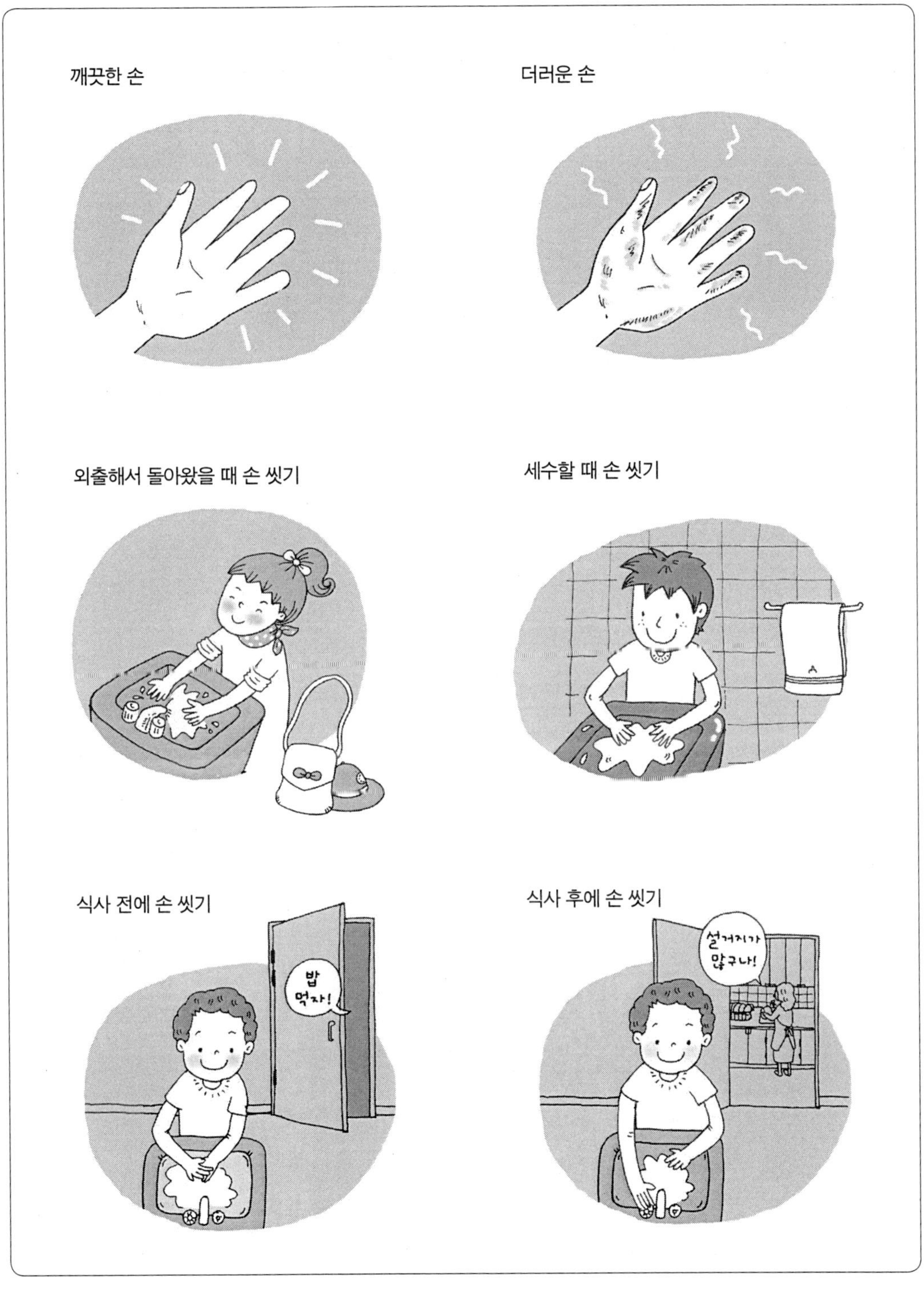

그림 1-02 손을 씻는 장소 구분하기

⚥ 손 씻는 방법 익히기(영상 보고 노래 부르며 손 씻기)

- 1830 손 씻기 운동 교육(1일 8회 30초 동안 손 씻기만으로도 감염의 70%를 예방할 수 있다) 소개하기
- 초등학생용 1830 손 씻기 동영상에서 제시하는 순서대로 따라서 하도록 안내하기
- 초등학생용 1830 영상의 속도가 빨라서 보고 따라서 하기 어려운 경우 또는 중고등학생의 경우 다음에 제공하는 손 씻는 순서를 활용하여 지도하기
- '바윗돌 깨뜨려~'를 개사한 노래를 부르며 손 씻는 순서 지도하기
  - 손 씻기 준비: 팔의 옷소매 걷기 → 세면기나 세숫대야에 물 담기
  - 손 씻기 순서: 손에 물 적시기 → 비누 묻히기 → 손바닥 비비기 → 손등 비비기 → 손가락 깍지 끼어 닦기 → 손끝을 손바닥에 대고 문지르기 → 손목 비비기 → 물로 비눗기 헹구기
  - 손 씻기 정리: 수건걸이에서 수건 꺼내기 → 수건에 손 닦기 → 제자리에 수건 걸기
- 생리와 손
  - 생리대 교체 이전에 손을 씻고 말리기
  - 생리 시 손에 피가 묻은 그림을 보여 주기
  - 생리대 교체 후에 손 씻기
- 자위와 손 씻기
  - 자위행위 이전에 손을 깨끗이 씻기
  - 자위행위 이후에 팬티와 기타 휴지들을 정리하고 손 씻기
  - 자위행위 시 손이 더러우면 생식기의 염증을 일으킬 수 있음을 알려 주기

그림 1-03 생리와 손 씻기/자위와 손 씻기

손 관리하기(손톱관리사 역할놀이)

- 교실에 손톱 관리용 소품을 준비하여 가게 꾸미기
- 남녀 구별 없이 두 명의 친구가 짝이 되어 손톱관리사와 손님 역할 정하기
- 각자 맡은 역할해 보기

  〈손톱관리사 역할〉

  - 손을 깨끗이 씻은 후 수건으로 손에 묻은 물기 닦기
  - 핸드로션 바르기
  - 손톱깎이나 손톱정리용구로 손톱을 깎거나 정리하기
  - 희망하는 손님에게 손톱에 매니큐어를 칠해 주거나 손톱 스티커 붙여 주기
- 손톱이 짧거나 손톱깎이 사용이 서투른 경우 부드러운 페트병으로 모형 손톱을 만들어 붙여 주고, 손톱깎이로 깎는 연습 후 스스로 깎도록 지도하기
- 역할을 교대로 해 보고 손을 관리한 소감 말해 보기

  (손이 깨끗해져서 좋아요, 손이 부드러워졌어요, 예뻐졌어요 등)

그림 1-04 손 씻는 순서

① 손을 비비면서 비누칠을 한다.

② 거품을 내면서 손바닥을 씻는다.

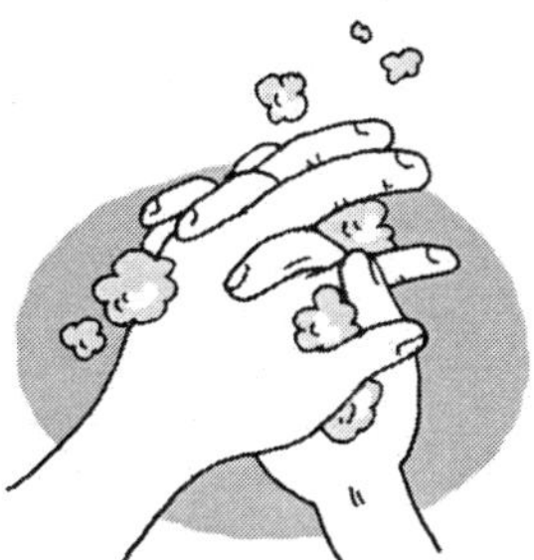

③ 손가락 사이를 씻는다.

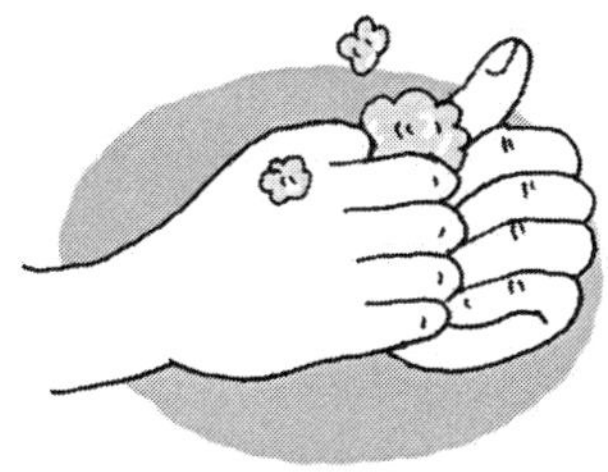

④ 손톱 사이를 씻는다.

⑤ 손목을 씻는다.

⑥ 비눗기를 씻어 낸다.

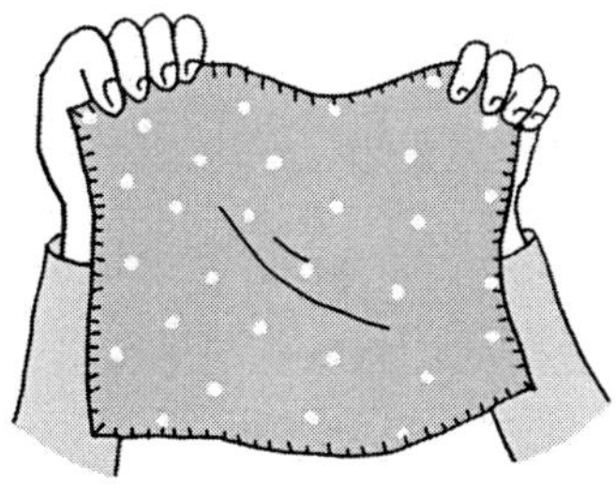

⑦ 깨끗한 손수건이나 수건을 접어서 손등, 손바닥, 손가락 사이, 손톱 사이, 손목의 물기를 닦는다.

그림 1-05 손 씻는 방법을 위한 노래 영상

'바윗돌 깨뜨려~' 노래를 개사한 영상을 보며 손 씻는 방법 지도하기

(1절) 세면대에 물 받고 → 손에 물 적셔 → 비누 묻혀서 손바닥 비비고 →

손등도 비비고 → 손가락 깍지 끼고 싹싹싹싹 닦으세요 →

손끝도 손바닥에 대고 싹싹싹싹 문지르세요

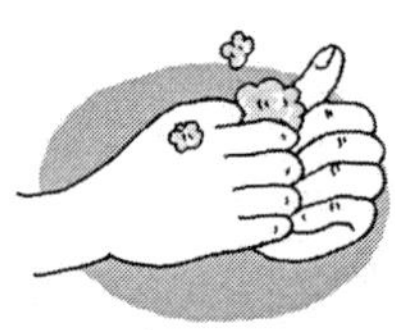

(2절) 손목을 비비면 다 씻었대요 → 이제는 물로 헹구세요 →

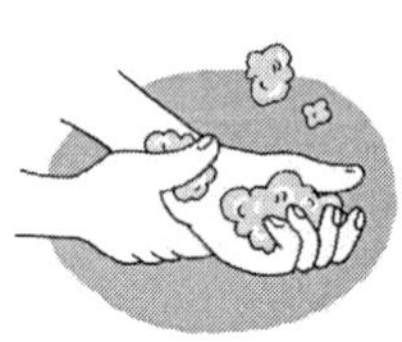

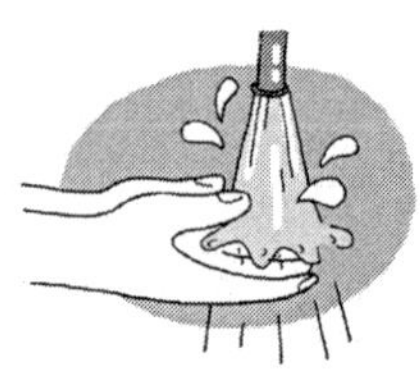

젖은 손은 수건에 닦으면 돼요 → 제자리에 수건을 걸어요 →

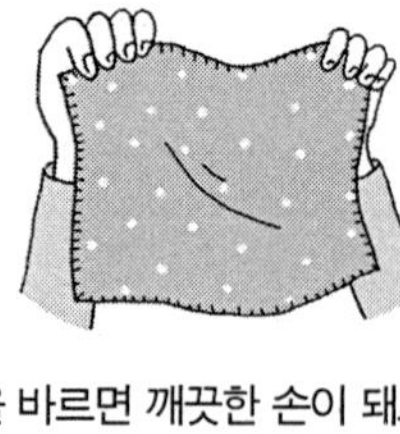

손에 로션을 바르면 깨끗한 손이 돼요. 와!

활동 자료

- **세균 옮기기 놀이:** 도꼬마리, 도깨비바늘, 흰색 장갑, 더러워진 흰색 장갑, 인체 모형, 음식, 회충 모양의 모형 지렁이, 배가 아파서 찡그린 표정 가면
- **몸으로 하는 ○× 게임:** ○×판, 손을 씻어야 하는 상황과 장소 그림, 진 팀에게 선물로 증정할 휴대용 물티슈, 이긴 팀에게 증정할 핸드크림
- **영상보고 노래 부르며 손 씻기:** 노래 영상, 자위 및 생리와 관련된 손 씻기 그림자료
- **손톱관리사 역할놀이:** 책상, 의자, 핸드크림, 손톱정리용구, 스탠드용 거울, 매니큐어, 손톱 스티커, 사이다 페트병으로 만든 손톱 모형, 손톱깎이, 손톱 관리 관련 포스터, 손톱관리가게 간판(네일숍)

유의점

- 손을 씻기 어려운 상황(물을 사용할 수 없는 때와 장소)에서는 물티슈를 준비하여 사용할 수 있도록 지도한다.
- 손이 조금만 더러워져도 씻도록 하여 지나치게 자주 손을 씻는 강박증이 생기지 않도록 유의한다.
- 일상에서 자연스럽게 습관화되도록 지도한다.

02 목욕하기

사 례

Q **17세 지적장애 여학생인 딸아이는 평소 침을 많이 흘려 옷이 늘 젖어 있다. 가까이 가면 몸에서 항상 침 냄새가 심하게 나는 편이라 주위 사람들에게 신경이 쓰인다.**

A 평소 수건을 가지고 다니면서 침을 스스로 닦도록 지도하고, 목욕하는 방법을 알려 주어 목욕을 자주 하도록 지도한다.

Q **정서장애를 가진 중학교 남학생인 우리 아이는 사춘기의 호르몬 변화 때문인지 옆에 가면 안 좋은 냄새가 난다. 또 머리를 감지 않거나 목욕을 하지 않은 때는 곁에 있기 어려울 정도로 악취가 나서 동생들도 피해 다닌다.**

A 사춘기에는 왕성한 호르몬 분비와 운동 등으로 땀을 흘려 냄새가 나는 것이 일반적이다. 매일 목욕하는 습관을 갖도록 지도하고, 향수나 헤어스타일링 제품을 사용하여 관리하는 방법도 알려 준다.

문제의 정의 및 처치

평소 침을 많이 흘리거나 침 장난을 많이 하는 학생들은 침 냄새가 많이 나며 사춘기에 접어들면서 호르몬 분비와 왕성한 활동 등으로 인해 몸에서 불쾌한 냄새가 난다. 여러 원인의 냄새가 대인관계나 교제에 문제를 일으키게 되므로, 내 몸을 건강하고 깨끗하게 보호하기 위해서는 목욕하는 습관을 길러 주는 것이 필요하다. 내 몸과 머리에서 불쾌한 냄새가 나지 않도록 하기 위해 목욕하는 순서와 방법에 맞게 깨끗이 씻는 습관을 기른다.

- 몸을 깨끗이 씻어야 하는 이유를 알려 준다.
- 몸을 씻는 장소를 알려 준다.
- 목욕하는 순서와 방법을 알도록 지도한다.
- 목욕 후의 관리 방법을 지도한다.
- 목욕 외에 향수나 헤어스타일링 제품 등으로 자신을 관리하는 방법을 알려 준다.

가정에서의 지도

- 목욕을 즐겁게 인식하여 목욕하는 습관이 생기도록 일상에서 반복 지도한다.
- 대인관계를 위해 자신을 관리하는 다양한 방법을 함께 지도한다.
- 목욕 외에 자신을 관리할 수 있는 다양한 방법을 알려 준다.

지도 내용 및 활동 계획

활동 목표

- 목욕을 하는 이유와 방법을 알고 목욕한다.
- 목욕하는 장소를 구분하여 목욕한다.

활동 내용 및 방법

목욕하는 이유 말하기(영상물 보고 연상되는 말 표현하기)

- 목욕을 안 하면 불쾌한 이유에 대해 이야기 나누기
- '몸이 간지러워요' '기분이 안 좋아요' '냄새가 나요' '곁에 가기 싫어요' 등을 행동으로 표현하는 동영상 자료 찍기
- 동영상 자료를 보고 나서 의견 나누기

목욕 준비물 알아보기

■ 목욕을 하기 전에 준비해야 할 용품이 무엇인지 생각해 보기

■ 상황에 따른 목욕용품을 분류하여 목욕 바구니에 챙겨 보기

- 머리 감을 때 필요한 용품: 샴푸, 린스 등
- 목욕할 때 필요한 용품 바구니: 목욕수건, 때수건, 비누, 보디샴푸 등
- 목욕 후에 필요한 용품 바구니: 보디로션, 로션, 수건, 속옷, 빗 등

목욕하는 순서와 방법 익히기(빠진 그림 찾기 게임)

■ 목욕 순서에 관한 그림을 제시하고 빠진 순서의 그림 찾기

- 바른 목욕 순서와 방법을 플래시 그림자료를 이용해 순서대로 보여 주기
- 많은 문제를 맞혀 높은 점수를 얻는 사람이 이김
- 순서에서 빠진 그림은 교사가 상황에 따라 선택하여 빈 곳으로 제시하기

■ 장소에 따라 목욕하는 순서 알기

- 대중목욕탕: 머리 감기 → 몸에 비누칠하고 헹구기 → 탕에 들어가서 때 불리기 → 때 밀기 → 몸과 머리 헹구기
- 가정 욕조: 머리 감기 → 몸에 비누칠하고 헹구기 → 욕조에 물을 받고 들어가기 → 몸 헹구기
- 샤워실: 머리 감기→ 몸에 비누칠하기→ 몸 헹구기

■ 인형 목욕시켜 보기

- 인형 옷 벗기기
- 목욕하는 순서에 맞게 인형을 목욕시키기
- 수건으로 인형의 몸 닦아 주기
- 인형을 목욕시킨 후 로션 바르기, 머리 말리기 등의 몸 관리와 속옷 입히기

■ 목욕하는 방법 알기: 샤워, 등목, 입욕, 사우나, 때 밀기

- 가정에서 주로 목욕하는 방법: 샤워, 등목, 입욕
- 대중탕에서 주로 목욕하는 방법: 사우나, 찜질, 입욕, 때 밀기

그림 1-06 목욕하는 장소

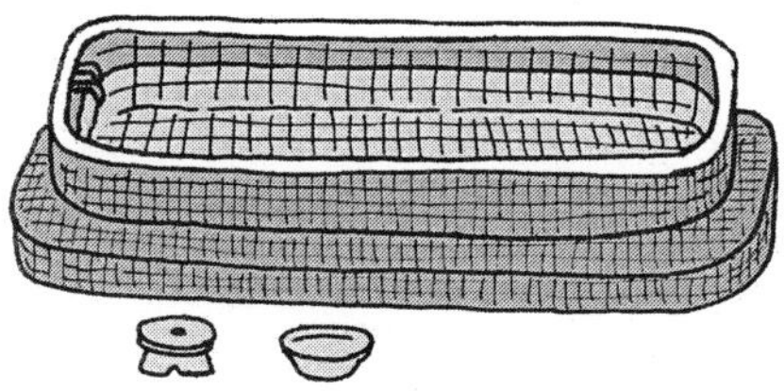

목욕탕

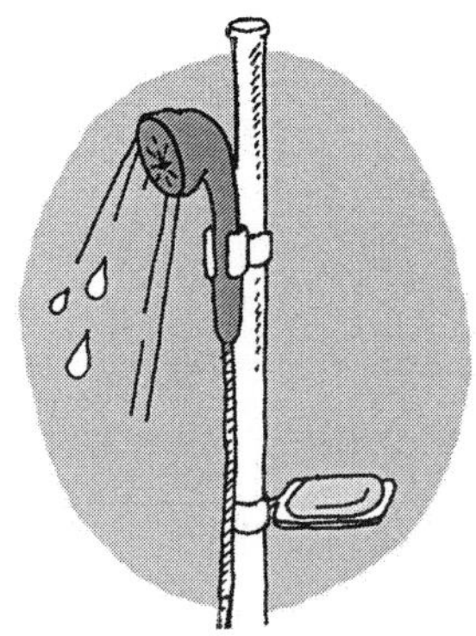

샤워실

가정 욕조

대중탕

그림 1-07 대중목욕탕에서 목욕하는 순서

그림 1-08 목욕하는 방법

그림 1-09 세부적인 목욕 순서 그림 괘도

가정에서 목욕할 때 순서: 머리 감기 → 몸에 비누칠하고 헹구기 → 욕조에 물 받고 들어가기 → 몸 헹구기

① **머리 감기**: 머리에 물 적시기 → 손에 샴푸 따르기 → 머리에 샴푸 비벼 거품 내기 →

샤워기로 머리 헹구기 → 얼굴 씻기

② **샤워 준비**: 샤워기를 틀어 몸에 물 적시기 → 목욕수건에 비누를 비벼 거품 내기

③ **몸에 비누칠하기:** 목욕수건으로 목 → 귀 → 팔 → 겨드랑이 → 가슴 → 배 → 등 →

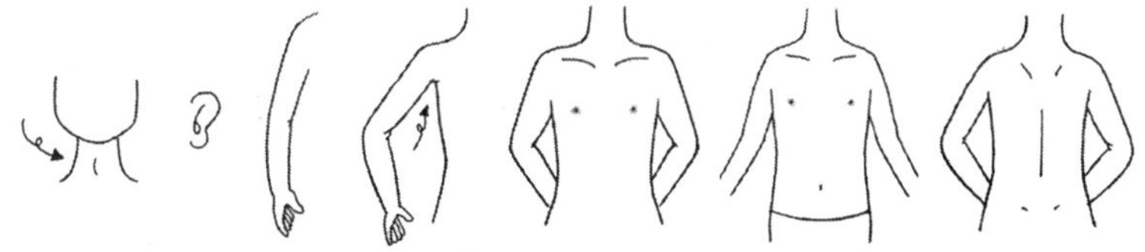

사타구니 → 엉덩이 → 다리 → 발 순서로 비누칠하기 → 몸 헹구기

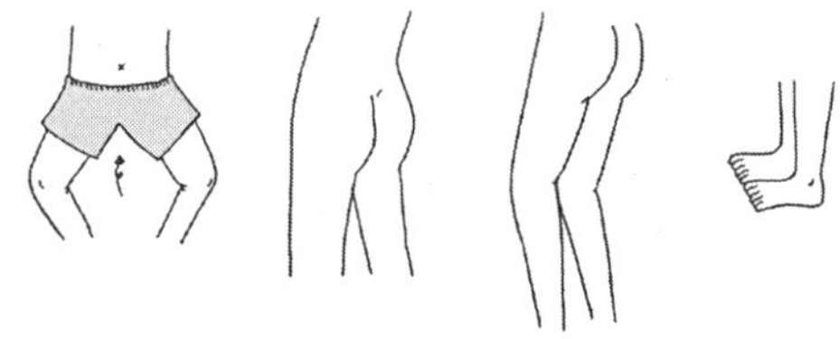

④ **욕조에 들어가기**

⑤ **몸 헹구기**

⑥ **샤워 후 정리:** 수건으로 머리 → 얼굴 → 몸의 순서로 물기 닦기

⑦ **젖은 머리를 헤어드라이어로 말리기**

목욕하는 장소 구별하기(브레인 서바이벌 게임)

- 두 명이 짝이 되어 차례로 열리는 사진 퍼즐을 기억하여 장소 이름을 먼저 말하면 이기는 게임하기
  - 목욕하는 장소와 명칭 알기: 집의 욕실(화장실), 대중목욕탕(사우나, 찜질방, 온천) 등(퍼즐을 만들 그림 또는 동일한 사진자료)
  - 앞은 연예인 사진, 뒤는 목욕하는 장소로 만들어진 4조각 사진 퍼즐을 한

그림 1-10 목욕하는 장소와 명칭이 나타나 있는 4조각 퍼즐

조각씩 뒤로 돌려 1~3초간 보여 주기

- 몇 초간 보여 준 사진을 기억하여 목욕하는 장소의 명칭 말하기
- 이긴 사람에게 '양머리' 수건 모자 선물하기

⚤ 목욕 후 관리 방법 알기

■ 머리를 관리하는 방법 알기

- 머리를 그대로 말리거나 헤어드라이어로 말리기
- 빗으로 머리 빗기

■ 피부를 관리하는 방법 알기

- 몸이 건조하면 오일이나 로션 바르기
- 얼굴과 손이 건조해지지 않도록 얼굴과 손에 로션 바르기
- 깨끗한 속옷으로 갈아입기

⚤ 깨끗한 자기 몸 관리법 알기(나도 폼생폼사)

■ 자신을 깨끗하게 관리하는 방법에 대해 발표하기

- 목욕하기
- 손을 자주 씻기
- 음식 섭취 후 이를 잘 닦기
- 깨끗한 속옷으로 갈아입기
- 옷을 단정히 입기
- 향수나 샤워코롱 제품을 몸에 뿌려 관리하기
- 헤어스타일링 제품으로 머리 관리하기(무스, 젤, 헤어에센스 등)

활동 자료

■ **영상물 보고 연상되는 말 표현하기**: 몸이 간지러워요, 기분이 안 좋아요, 냄새가 나요 등을 행동으로 표현하는 영상자료(영상 녹화)

■ **목욕 준비물 알아보기**: 목욕 바구니, 작은 그릇 3개, 수건, 비누, 때수건, 목욕수건, 보디로션, 샴푸, 린스, 빗, 속옷 등

- 빠진 그림 찾기 게임: 목욕하는 순서 그림자료
- 브레인 서바이벌 게임: 목욕하는 장소와 명칭 관련 퍼즐 사진자료
- 목욕 후의 관리 방법: 빗, 헤어드라이어, 거울, 오일, 보디로션이나 크림류, 로션 등
- 나도 폼생폼사: 다양한 형태의 보디용품과 헤어스타일링 제품

유의점

- 목욕하는 방법을 배울 수 있도록 학교나 기관에서 목욕탕으로 현장학습을 가거나 가정과 연계하여 지도한다.
- 청소년이 자주 목욕하는 습관을 기르도록 가정에서 특별히 지도한다.

03 생식기 깨끗이 하기

사 례

Q **13세 정서장애 여학생 순희는 평소 꼭 끼는 바지를 즐겨 입는 편이고, 손가락으로 자신의 질을 만지는 자위행위를 한다. 특히 생리를 할 때면 자위행위가 심해진다.**

A 꼭 끼는 옷은 곰팡이나 세균이 자라기 쉽고 자위행위를 자극할 수 있으며 생리대를 장시간 착용하면 염증을 일으키기 쉽다. 염증은 가려움증을 동반하므로 가려운 부위에 손이 가게 되고 이것이 자위행위로 이어지게 된다. 외음부와 항문 주변을 깨끗이 하도록 뒷물 방법을 알려 준다. 꼭 끼는 옷을 피하고 생리대를 자주 갈도록 지도한다.

Q **준성이는 8세 지적장애 남학생이다. 집에서 매일 뒷물을 해 주는데 손으로 닦아 주는 습관이 오히려 자극이 되었는지 매일 씻어 주지 않으면, "고추가 아프다." 라고 표현하며 바지나 팬티를 배꼽 위까지 끌어올려 입는 습관이 생겼다. 계속 뒷물을 해 주어야 하는지 궁금하다.**

A 생식기를 정기적으로 너무 세게 문지르면 오히려 자극이 된다. 목욕할 때 미지근한 물에 샤워기나 좌욕 등으로 스스로 가볍게 뒷물하는 방법을 알려 주고, 꼭 끼지 않는 여유 있고 넉넉한 하의를 입도록 지도한다.

문제의 정의 및 처치

남자와 여자의 생식기는 구조상 불결해지기 쉬우므로 청결한 상태를 유지해야 한다. 남자의 생식기는 구조상 병에 걸리기 쉽고 부부관계 시 여자에게 치명적인 영향을 미치므로 겉옷과 속옷을 꽉 끼게 입지 않고 청결에 유의해야 한다. 또한 잦은 자위행위, 항생제 및 항균제의 과다한 복용, 세균감염 등에 의해 생식기에 염증이 생길 수 있다. 반면 여자의 생식기는 너무 자주 씻으면 질의 산성균이 없어져 자정능력이 없어지고 가려움증이 유발되어 산부인과 검사가 필요한 경우도 생긴다. 따라서 생식기의 소중함을 알고 내 몸의 생식기를 청결하게 관리하는 올바른 방법을 알도록 지도한다.

- 생식기의 중요성을 알려 준다.
- 생식기가 불결할 때 생길 수 있는 질병과 관련지어 생식기 위생의 필요성을 알려 준다.
- 자위와 관련하여 생식기 위생의 중요성과 생식기를 청결하게 관리하는 방법을 알도록 지도한다.

가정에서의 지도

- '음경' '음순' 등의 정확한 생식기 명칭을 알려 준다.
- 용변을 보고 난 뒤 휴지를 사용에 앞에서 뒤 방향으로 닦도록 지도한다.
- 남자와 여자에 따라 다른 생식기 정결 방법을 알려 준다.
- 생식기 위생은 가정에서의 직접 지도가 가장 효과적이다.
  * 지적장애인, 발달장애인에게 비속어로 된 생식기의 용어 그대로를 알려 주는 것이 적합하다고 보는 견해도 있다.

지도 내용 및 활동 계획

활동 목표

- 생식기의 소중함을 알고 위생적인 관리 방법을 안다.
- 생리, 자위와 관련하여 생식기를 청결하게 관리한다.

활동 내용 및 방법

⚥ 생식기의 소중함 알기(영상물 보기)

- 생식기의 기능 알기

- 생식기를 통하여 배설하기
- 생식기를 통하여 아기를 잉태하고 출산하기
- 생식기는 피부가 약하여 쉽게 감염되거나 병에 걸릴 수 있음을 알기

생식기 위생의 필요성 알기(실물화상기로 그림자료 제시)

■ 여자 생식기 보호의 중요성 알기

- 질 내부는 산성을 띠고 있어 스스로 세균의 침입을 막을 수 있으나 주위 항문이나 요도에 의해 대장균에 감염되기 쉬움
- 뒷물을 하여 땀이나 질분비물을 씻어 언제나 깨끗이 유지하기

■ 남자 생식기 보호의 중요성 알기

- 격렬한 운동, 놀이 중 생식기를 다치면 타박상, 외상이 생김
- 생식기를 불결한 손으로 만지면 귀두염, 고환염에 걸림
- 지나치게 달라붙는 옷을 입으면 음낭의 온도가 상승하여 정자의 활동이 약화·감소됨

■ 여자 질염의 증상 알기

- 외음부가 가렵고 부어오름
- 질에 통증이 있음
- 분비물이 많이 나오고 분비물에서 냄새가 남

■ 남자 귀두염의 증상 알기

- 농이 나오고 벌겋게 붓고 가려움
- 좁쌀 같은 것이 생김
- 귀두 부분이 가렵고 통증이 있음

■ 질염과 귀두염의 원인 알기

- 대변을 본 후 잘 닦지 않는 경우
- 꼭 끼는 팬티나 바지를 입어 곰팡이나 세균이 자란 경우
- 합성섬유로 된 제품을 입는 경우
- 더러운 손으로 자위행위를 하여 생식기에 상처를 입은 경우
- 항생제를 남용하여 생식기의 정상적인 방어 세균까지 죽은 경우

그림 1-11 생식기 염증의 원인과 관련된 그림

생식기의 청결한 관리 방법 익히기(이제 개운해요)

- 남자는 모형 생식기를, 여자는 플라스틱 인형을 이용하여 생식기 닦는 방법 익히기
- 모형으로 지도한 후 직접 닦아 보도록 지도하기(옷을 입은 상태에서)
- 용변 후에 바르게 뒷처리하기
    - 화장실에서 대소변을 본 후에 생식기를 닦는 방법 질문하기
    - 휴지로 생식기를 닦을 때 앞에서 뒤 방향으로 닦기
- 남자 생식기 관리하기

• 귀두 부분의 표피를 벗기고 미지근한 물로 자주 씻기
• 가성포경인 경우 표피 속까지 깨끗이 씻기
• 포경수술의 여부는 개인의 선택에 맡기는 것이 적합함

■ 여자 뒷물하기
• 산성을 띠고 있는 요도구와 질 입구 씻기
• 알칼리성 비누는 주 1회 정도 사용
• 미지근한 물이나 붕산 2% 정도를 섞은 물로 씻기
• 요도구 → 질구 → 항문의 순서로 씻기

■ 비데 사용하기
• 항문 모형에 잼을 발라 휴지로 닦은 후 항문 관찰하기
• 항문 사이에 남아 있는 변을 비데로 닦아 낸 후 관찰하기
• 직접 비데 사용해 보기

■ 좌욕하기
• 대야에 물을 받아 식힌 후에 좌욕하기
• 좌욕기를 이용하여 좌욕하기

■ 생식기를 씻었을 때와 씻지 않았을 때의 기분 표현하기
• 상쾌하다, 기분 좋다, 개운하다 / 찝찝하다, 닦고 싶다, 기분 나쁘다

■ 속옷 바르게 입기
• 합성섬유보다 면 소재의 속옷을 입어 통풍이 잘되도록 하기

■ 자위 전후에 손과 생식기를 깨끗이 하기
• 자위를 하기 전에 더러운 손으로 생식기를 만지지 않도록 손을 깨끗이 씻기

■ 생리대 처리 전후에 손과 생식기를 깨끗이 하기
• 생리대를 적어도 4시간마다 바꾸고, 가급적 자주 갈아 끼우기
• 미지근한 물로 뒷물 자주하기

⚥ 생식기 위생의 바른 관리 방법 알기(○× 퀴즈)

■ 두 팀으로 나누어 생식기 위생의 바른 관리 방법과 관련된 퀴즈 맞히기
• 답이 맞으면 ○ 판을, 답이 틀리면 × 판을 들어 표시하기
• 많이 맞힌 팀에게 '청결왕' 상을 수여한다.

그림 1-12 의복과 용변 처리 및 뒷물하는 방법

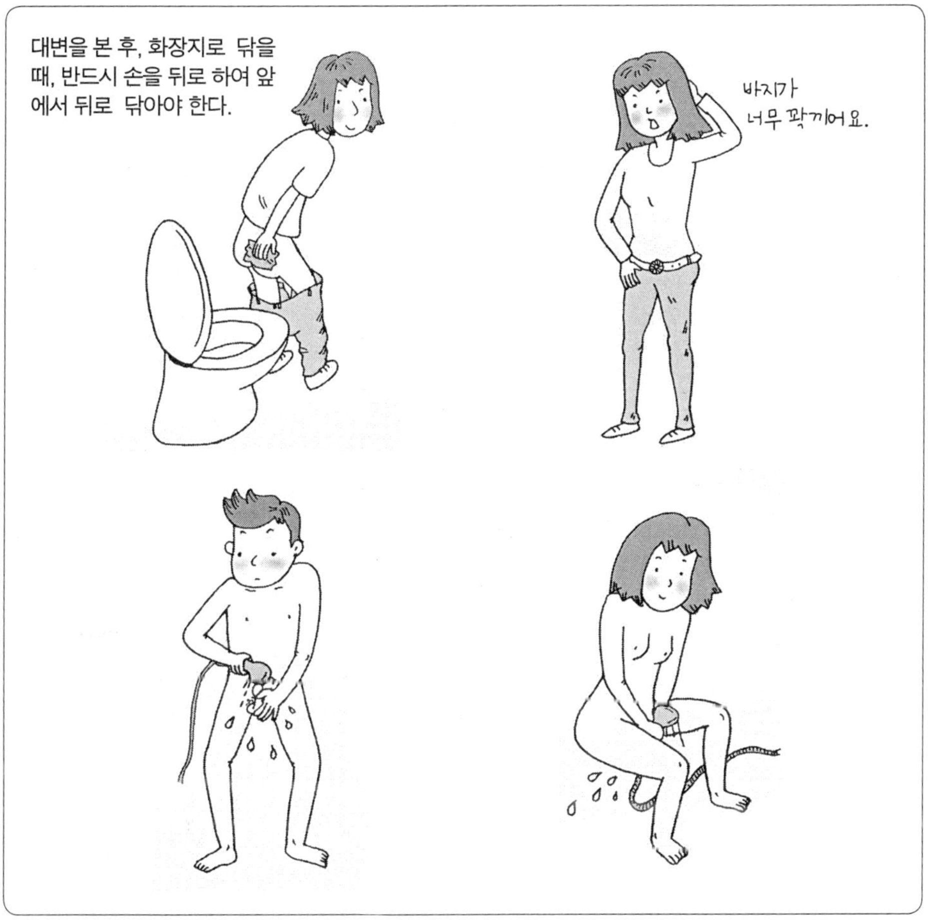

- ○답: 샤워기로 가볍게 헹군다 / 주 1회 정도 비누로 닦는다 / 앞 → 뒤의 방향으로 닦는다 / 생리대를 갈기 전에 손을 씻는다 / 자위를 하기 전에 손을 씻는다.
- ×답: 손으로 문지른다 / 비누로 매일 닦는다 / 뜨거운 물로 닦는다 / 뒤 → 앞으로 닦는다.

활동 자료

- 생식기의 소중함 알기: 인터넷 사이트 소개
- 생식기 위생의 필요성 알기: 생식기 그림자료

■ 이제 개운해요: 모형 생식기, 합성섬유 · 면섬유 속옷, 씻는 방법을 보여 주는 그림자료, 인형 목욕세트

유의점

■ 자위행위를 심하게 하는 경우 생식기에 외상이나 염증이 생길 수 있고, 생식기에 이물질을 넣는 경우도 있어 병원에서 정기적으로 진찰을 받는 것이 좋다.

■ 뒷물하는 방법이나 용변 후 처리를 위하여 실제 장면에서 직접 지도하거나 가정에서 연계하여 지도한다.

■ 유아의 경우 팬티를 입히지 않고 내의를 입히는 경우 내의의 솔기 부분이 음순 또는 음경에 자극을 줄 수 있으므로 유의하여 지도하고 가정에 안내한다.

■ 남자의 경우 팬티를 입지 않고 지퍼를 올릴 때 음경의 표피가 지퍼에 물릴 수 있으므로 꼭 팬티를 입는 습관을 가지도록 지도한다.

2장
신체 발달

01 여자들의 생리

사 례

Q **사춘기 시기가 되어 음모가 나는 것을 이상하게 여겨 음모를 손으로 뽑는 행동을 보인다.**

A 갑작스런 신체 변화에 대한 준비가 부족하여 장애아동이 불안감을 느껴 이상행동을 할 수 있다. 보호자와 함께 공중목욕탕에 가서 다른 사람의 신체를 자연스럽게 관찰할 수 있는 기회를 준다.

Q **생리(월경)를 시작해서 생리대를 팬티에 붙인 후 입혀 주니 자꾸 떼어 버린다.**

A 처음 생리대 착용 시에 이물감과 부피감을 느낄 수 있다. 생리는 성인이 되어 가는 자연스런 과정임을 이해할 수 있도록 하고, 지속적인 관심과 지도가 필요하다.

Q **생리 때마다 팬티 속에 손을 넣어 생식기를 만진다.**

A 생리 중에는 평소보다 감염의 위험이 높다. 따라서 생리대나 생리혈로 인한 불쾌감이 있는지 확인하고 생리대를 더 자주 갈아 착용하도록 한다.

Q **아이가 생리를 할 때 더 난폭해지고 신경질을 잘 낸다.**

A 생리통으로 인해 신경이 더 예민해질 수 있다. 생리통을 완화하는 방법을 시도해 보고 신체적으로나 정신적으로 편안한 환경을 조성해 준다.

Q 아이가 17세인데, 아직 생리를 하지 않는다. 이상이 있는 것인지?

A 초경 시기는 개인차가 있다. 그 원인은 자궁 발육이 완전하지 못하기 때문이다. 표준체격의 학생이라면 산부인과에 가서 호르몬검사 또는 초음파검사로 그 원인을 알아본다.

문제의 정의 및 처치

남녀 청소년은 사춘기에 신체와 성적 발달로 인해 성인과 같은 신체구조와 생식기를 갖추게 된다. 남자의 경우 정낭, 전립선, 음경, 음낭, 고환 등이, 여자의 경우는 대음순, 소음순, 음핵, 자궁, 난소 등의 생식기가 성인과 같은 모양을 갖추게 된다. 또한 사춘기에는 생식기 구조의 변화와 더불어 생리를 경험하게 되는데 남자는 몽정과 유정을, 여자는 초경을 경험하게 된다.

초경을 경험하는 시기는 개인차가 있으나 일반적으로 12세 전후가 된다.

가정에서의 지도

- 생리를 처리하는 과정과 방법을 어머니가 자녀에게 직접 보여 주고 설명해 준다.
- 생리대를 팬티와 팬티 사이에 대어 주어 피부에 닿는 낯선 느낌을 없애 준다.
- 생리대는 작고 얇은 것에서 두텁고 큰 것으로 점차 바꿔 준다.
- 차츰 적응이 되면 팬티에 생리대만 부착하여 착용한다.
- 생리대를 쉽게 꺼낼 수 없도록 생리 때는 넉넉하고 짙은 색의 바지를 입히고 허리띠를 채운다.
- 잠잘 때 무의식적으로 생리대를 뺄 수 있으므로 취침 시에는 생리대와 팬티를 함께 꿰매어 고정한다.
- 특히 초경 때는 자녀를 혼자 두지 말고 취침시간 동안에도 잘 적응하는지 지켜보도록 한다.
- 생리를 시작할 나이가 되면 팬티를 두 개 입는 습관을 미리 들인다.

- 어머니의 생리 기간을 통해 자녀에게 설명을 해 주고 생리대를 교환하고 싸서 버리는 시범을 보이면 더욱 좋다.
- 생리대와 여벌의 옷을 가지고 다니는 습관을 갖도록 지도한다.
- 사춘기가 되면 신체적인 변화와 심리적인 변화가 있음을 지도한다.
- 생리대 착용으로 답답함을 심하게 느끼는 학생인 경우 대안(면) 생리대를 착용해 보도록 한다.

그림 2-01 대안 생리대

기존 제품은 똑딱이로 제작되어 있는 경우가 많으나, 미세 조작이 어려운 경우에는 벨크로로 제작(교체)하는 방법도 있다.

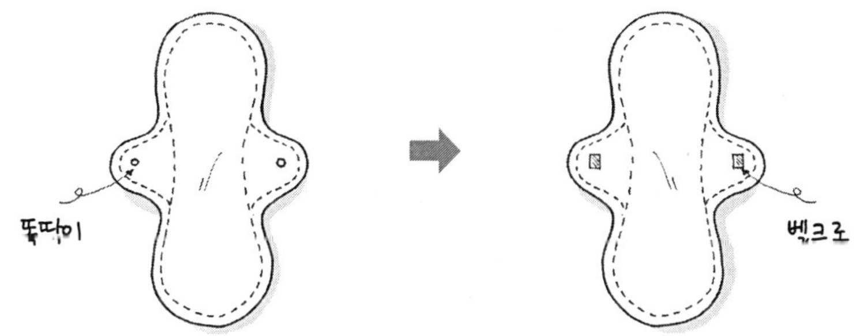

- 생리대를 아무 곳에서나 손을 넣어 빼 버릴 경우 다음 순서로 옷을 입힌다.
생리팬티 → 사각팬티(또는 팬티스타킹의 윗부분만 자른 것) → 보디슈트(올인원 형태로 된 속옷으로 몸을 너무 조이지 않는 것) → 바지 → 상의

지도 내용 및 활동 계획

활동 목표

- 사춘기를 맞을 준비가 되어 있다.
- 생리로 인한 심리적 · 신체적 변화에 따라 올바르게 대처하는 방법을 알고 실천한다.

그림 2-02 생리대를 자꾸 빼는 아이 옷 입히기

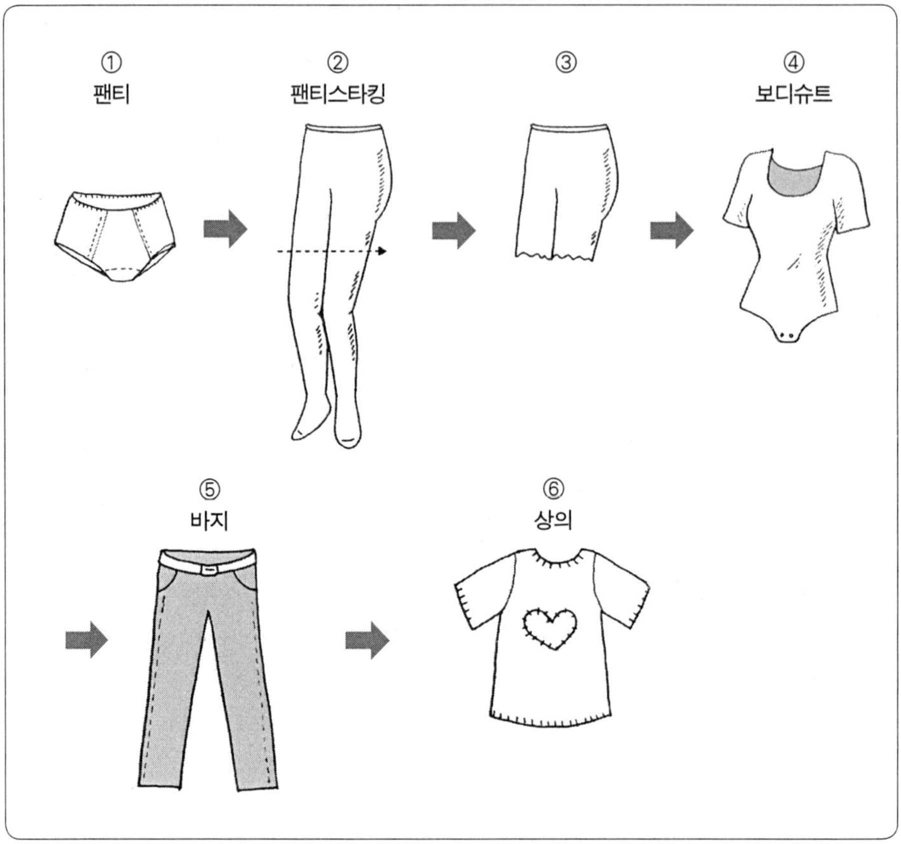

■ 생리에 대하여 긍정적인 태도를 갖는다.

활동 내용 및 방법

여성의 신체 변화 알기(2차 성징 및 생식기의 구조와 기능)

■ 신체 변화의 원인을 알아보기(성호르몬)

참고사이트: 이채금의 건강한 세상 만들기(http://woorisung.com, http://www.cbe.go.kr/gender/goodsite.htm)

■ 신체 모형 그림을 보고 성호르몬의 분비 및 작용을 알아보기

■ 여성 생식기의 내부 구조를 알아보기

■ 내부 생식기 모형을 자기 몸의 정확한 위치에 붙여 보기

생리 현상의 바른 이해 및 대처 방법(동영상 시청)

■ 동영상 '자녀 성교육-배란과 생리' 시청하기

■ 생리에 대한 올바른 태도에 대해 토론하기

- 생리는 왜 하나?
- 생리에 대한 자신의 생각을 이야기하기

■ 자신의 생리 경험 발표하기

- 초경은 언제 하였나?
- 생리통은 어느 정도인가?
- 생리 처리는 혼자서 할 수 있는가?

생리 시의 주의할 점을 알아보기

■ 좌욕하는 방법 설명해 보기

■ 생리 중에 목욕하는 방법 알기(통목욕 금지, 샤워 정도로 가볍게)

■ 갑작스러운 생리 시 처리 방법 알기

- 학교에서 갑자기 생리가 시작되었을 때의 처리 방법 알기
- 외출 시 생리가 시작되었을 때의 처리 방법 알기

■ 생리혈이 묻은 옷의 세탁은 어떻게 하는지 알아보기

■ 취침 시 깔개를 깔고 자기(판매용 '성인용 기저귀'를 이용할 수 있다.)

생리 주기표 만들기

■ 생리달력을 화장실에 놓고 생리 시작 일에 ♥스티커 붙이기

■ 생리 수첩 달력에 생리가 시작된 날에 동그라미를 그려 표시하기

■ 다음 달에도 생리 시작 일을 표시하여 생리주기를 계산하기

■ 다음 생리 시작 일을 예상해 보기

- 참고: '생리수첩'(대한가족보건복지협회 발행)을 활용할 수 있다.

생리대 주머니 만들기

- 생리대 주머니 준비하기
  - 예쁘고 휴대하기 간편한 것으로 준비하기
  - 접이식 휴대용 휴지 케이스 재활용하기
  - 부직포 등의 천을 이용하여 직접 만들어 보기

그림 2-03 생리대 주머니 만들기

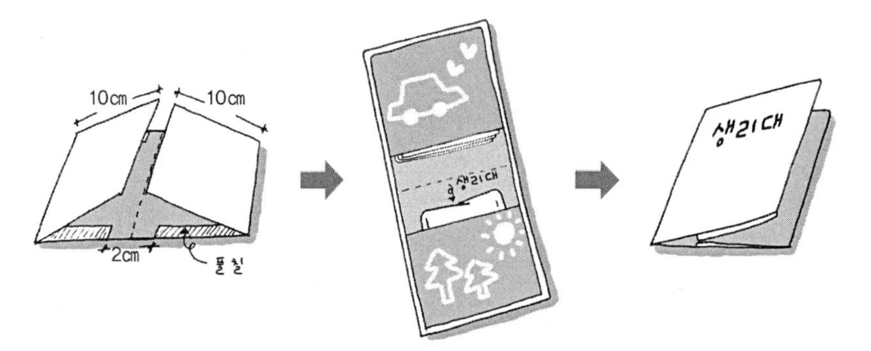

- 주머니 예쁘게 꾸미기: 장식 핀이나 리본, 꽃 등으로 예쁘게 꾸며 보기
- 생리대: 2가지 이상의 생리대 준비하기
- 휴지: 사용한 생리대를 쌀 종이 준비하기
- 수건 또는 생리용 물휴지: 회음부 주위 세척용으로 선택하기
- 위생팬티, 겉 팬티 예비용 1벌씩 준비하기
- 스카프나 스웨터: 외출 시 겉옷에 묻었을 경우를 대비하여 허리에 둘러 가리기 위해 준비하기

생리대의 종류 및 사용법(신문 활용 교육)

- 신문 · 잡지에서 생리대 광고 화보를 고르기
- 광고 그림과 실물을 맞추어 보기
- 다양한 종류의 생리대 알아보기(대형, 중형, 소형, 팬티라이너, 탐폰, 면생리대 등)
- 언제 어떤 생리대를 사용하면 좋을지 얘기해 보기

■ 생리대를 사용하는 방법과 다 쓰고 난 후 뒤처리 방법 알아보기

- 참고사항: 생리대 사용 후 알레르기 반응이 있거나 생리대를 자꾸 빼 버리는 학생에게 버튼이 있는 면생리대를 적용하면 쉽게 빼 버리는 행동을 줄일 수 있다.

■ 그 밖에 여러 가지 생리용품들을 보여 주고 쓰임새 알아보기

생리대 용해 실험

■ 생리대와 휴지가 물에 풀어진 모양 비교하기

- 유리 비커 2개와 화장실용 휴지, 일회용 생리대를 준비한다.
- 각 비커에 물을 담는다.
- 한쪽에는 화장실용 휴지를 넣고 다른 쪽에는 생리대를 넣는다.
- 막대로 저어 가며 변화를 살펴본다.

■ 생리대를 변기에 그냥 버리면 안 되는 이유 설명하기

생리 처리 실습

■ 생리 처리해 보기

- 먼저 손을 깨끗이 씻기
- 휴대용 생리대 주머니에서 적합한 생리대 꺼내기
- 생리 팬티에 생리대 붙여 보기
  (생리대는 활동 시에는 앞쪽에 여유를 두고, 취침 시에는 뒤쪽에 충분한 여유를 두고 착용하도록 한다.)
- 붙인 생리대 위에 붉은색 물감을 주사기로 떨어뜨려 흡수되는 모습 관찰하기
- 물감이 흡수된 정도에 따라 생리대의 교체 시기 정하기
- 물감이 흡수된 생리대를 팬티에서 떼어 내기
- 사용한 생리대를 둥글게 말아 휴지에 싸서 휴지통에 버리기

■ 생리혈이 묻은 속옷은 찬물에 세탁하기

시장놀이, 역할놀이 및 실제 현장학습(생리대 사기)

■ 생리대 구입 역할놀이해 보기
- 교실을 슈퍼, 약국, 편의점으로 나누어 코너를 만든다.
- 생리대를 진열하고 모형 화폐를 준비한다.
- 각 코너마다 도우미를 한 사람씩 둔다.
- 학생들은 1000/5,000/10,000원 권 모형지폐를 이용하여 생리대를 구입한다.
- 학생은 상황카드(분비물의 양, 생리 시작 후 며칠이 되었나 등)를 선택하여 용도에 알맞은 생리대를 구입하고 거스름돈을 받는다.
- 교사는 상황카드와 구입한 생리대가 맞는지 확인한다.

■ 실제로 슈퍼나 약국에 가서 구입해 보기

생리 시 옷 색상 고르기

■ 생리 시 짙은 색의 옷을 입으면 좋은 이유 알아보기
- 학습지(색종이 크기로 ▣, 가운데 ■색은 붉은색, 바탕은 흰색)를 준비하기
- 여백의 흰 부분에 여러 가지 색 칠하기
- 완성된 작품을 게시하고 그중 생리혈이 묻었을 때 눈에 띄지 않는 색과 눈에 띄는 색 비교해 보기

■ 생리 통증 완화 체조 배우기
- 참고 내용의 '생리 통증 완화 체조' 참조

활동 자료

■ 2차 성징 및 생식기의 구조와 기능: 여성 생식기의 해부구조도, 내부 생식기 모형
■ 동영상 시청: 동영상, 난자의 배란 주기표 그림자료
■ 생리 주기표 만들기: 수첩달력, 빨간펜, 스티커
■ 생리대 주머니 만들기: 부직포, 글루건, 장식용 리본, 스티커
■ 생리대의 종류 및 사용법: 생리대 대 · 중 · 소형, 팬티라이너, 탐폰, 생리용 팬티
■ NIE 활용: 각종 신문 · 잡지
■ 생리대 용해실험: 생리대, 유리 비커, 막대, 화장실용 휴지
■ 생리처리 실습: 붉은색 물감, 주사기, 생리 팬티, 생리대, 휴지, 휴대용 생리대

가방, 휴지통

■ **생리대 사기**: 여러 가지 생리대, 판매대

■ **생리 시 옷 색상 고르기**: 학습지(색종이 크기로 ■모양), 크레파스

■ **체조활동**: 편안한 복장, 운동화

유의점

■ 학생들이 생리를 하는 것에 대하여 부정적으로 느끼지 않도록 하고, 생리는 엄마가 되는 중요하고 아름다운 과정임을 강조한다.

■ 가정에서 어머니의 실제적인 교육이 가장 중요하다.

■ 생리가 있을 때는 개인에 따라 주의할 점이 달라질 수도 있다.

■ 생리의 양에 따라 생리대 선택이 달라짐을 개인별로 자세히 설명해 주고, 실제 생리 기간에도 지도한다.

■ 남녀가 함께 수업하여 이성의 생리 현상을 이해하고 서로 돕도록 한다.

■ 여러 가지 신체적인 변화는 어른으로 성장하기 위한 과정으로, 생식기를 청결하게 관리하고, 안전하게 보호해야만 건강한 성인으로 커 갈 수 있음을 강조한다.

참고 내용

■ 생리주기

사춘기 초기에는 대체로 생리주기가 일정하지 않은데 그 원인은 자궁 발육이 완전하지 못하기 때문이다. 생리가 규칙적이지 못한 사람 중에는 한 달에 두 번 하는 경우도 있고, 여러 달을 거르다가 다시 하는 경우가 있으며, 아예 무월경인 경우도 있다.

■ **무월경 현상**

- 사춘기 학생과 미혼인 경우, 배란현상이 순조롭지 못하거나, 과격한 운동, 학업 등으로 인한 스트레스에 의해 나타나기도 한다.
- 무리한 다이어트로 식사를 하지 않아 정상 체중의 10~15% 정도가 감소해

도 무월경 현상이 나타날 수 있다.

- 신체적 문제일 수 있으므로 17세 이후에도 생리 현상이 없거나, 생리 후 다음 생리가 3개월 이상 나타나지 않을 때는 산부인과에 가서 호르몬 검사 또는 초음파 검사로 그 원인을 알아보는 것이 좋다.

■ 생리 전 긴장 증후군(생리통)

- 생리 시작 전이나 첫 날 또는 생리를 하는 동안 복통이나 두통, 요통, 현기증, 피로감, 소화기 증상 등이 나타난다.
- 기분의 변화도 생기는데 호르몬이 감소하면 긴장감, 불안감을 느끼고, 증가하면 활기찬 기분을 느끼게 된다.
- 일반적으로 저염, 고단백 식사를 하고 복부를 따뜻하게 해 주고 장기간 규칙적인 실외 운동을 하면 도움이 된다.
- 병원에서는 증상이 심할 경우 임신을 원하지 않으면 경구피임제를 이용한 치료를 하기도 한다.
- 민간요법으로는 파스를 자궁부위(배꼽에서 5cm 아래)에 폭 1cm, 길이 5cm로 X자형으로 붙이는 방법이 있는데 과학적 검증은 되지 않으나 효과를 보기도 한다.
- 약물요법: 통증의 정도가 심한 경우 진통제의 도움을 받기도 한다. 만일 항경련제 등을 복용하는 경우 전문의와 상의하여 투약을 하도록 하며, 보통의 경우 아세트아미노펜 단일제제(예: 타이레놀) 또는 시중에서 판매하는 진통제를 구입하여 사용한다.

■ 생리 통증 완화 체조 배우기

① 다리운동

- 다리를 높이 들며 제자리걸음을 한다.

다리운동

② 허리 굽히기

- 양발을 어깨너비로 벌려 손은 허리를 잡고 몸을 앞뒤로 굽힌다(신체의 중심을 잡기가 어려울 경우 벽 등에 손을 대고 몸을 지탱. 약 50cm 떨어져 선다).
- 뒤꿈치는 바닥에 붙인 채 허리를 앞뒤로 밀어 허벅지 관절의 앞부분을 늘

린다. 원래 자세로 돌아와 늦춘다. 4회 반복한다.

- 허리를 뒤로 당기면서 양 무릎을 굽히고, 머리를 안으로 넣어 배꼽을 본다. 등과 요추를 늘린다. 4회 반복한다.

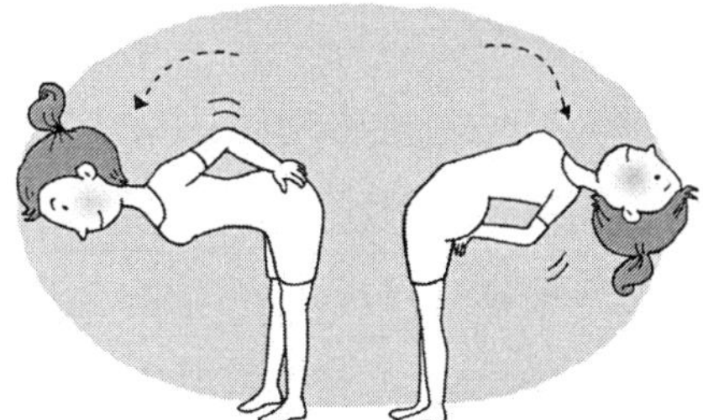

허리 굽히기

허리 체조

③ 상체, 허리 돌리기

- 팔을 수평으로 펴고, 양발을 어깨너비로 벌린 후 상체를 좌우로 돌린다.
- 위의 자세로 양팔을 위로 펴고 위로 보며 돌린다.
- 양발을 넓게 벌리고 오른손 끝을 왼발에 닿게 한 후 몸을 다시 펴고 다시 반대로 반복한다.

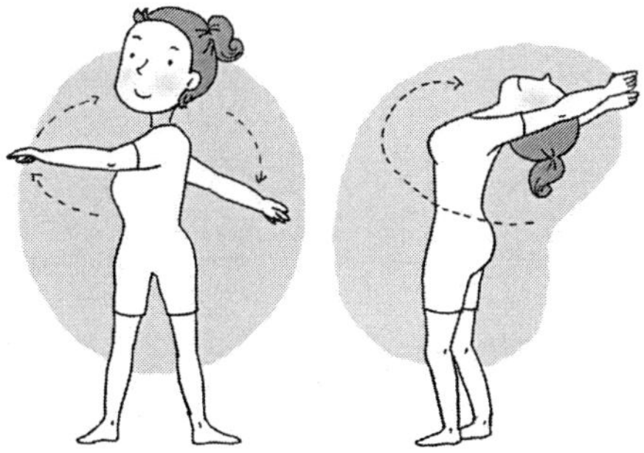

상체 돌리기

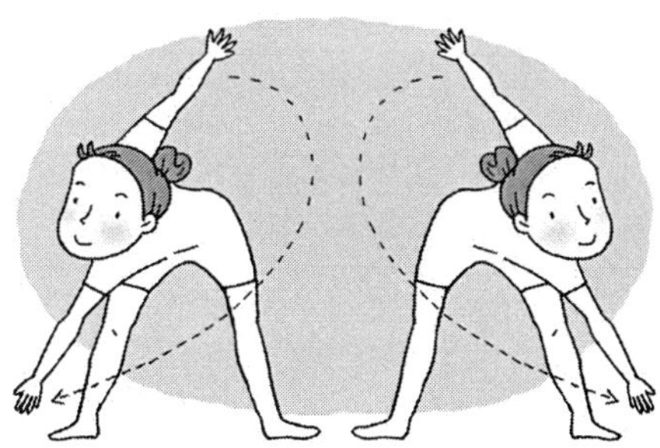

허리 돌리기

④ 골반 체조

- 양 손바닥과 양 무릎을 바닥에 붙이고, 양팔과 양발을 허리 폭으로 벌려 바닥과 수직 상태를 만든다.
- 등을 둥글게 해 머리를 안으로 넣는다. 숨을 내쉬면서 배를 조이고, 허리를 늘린다. 골반을 앞으로 향하고 등으로 천장을 미는 느낌으로 실시한다.
- 한 호흡이 들어가면 조용히 숨을 내쉬면서 등을 풀어 주고, 몸을 반대로 하면서 얼굴을 든다.

⑤ 배, 허리 마사지

- 두 손을 포개어 배를 시계방향으로 20회 문지른다.
- 허리뼈 근처를 20회 정도 가볍게 두드린다.

⑥ 가볍게 뛰기

- 양쪽 발을 가볍게 붙이고 양손을 허리에 놓고 뜀뛰기를 한다.

⑦ 정리 체조(심호흡)

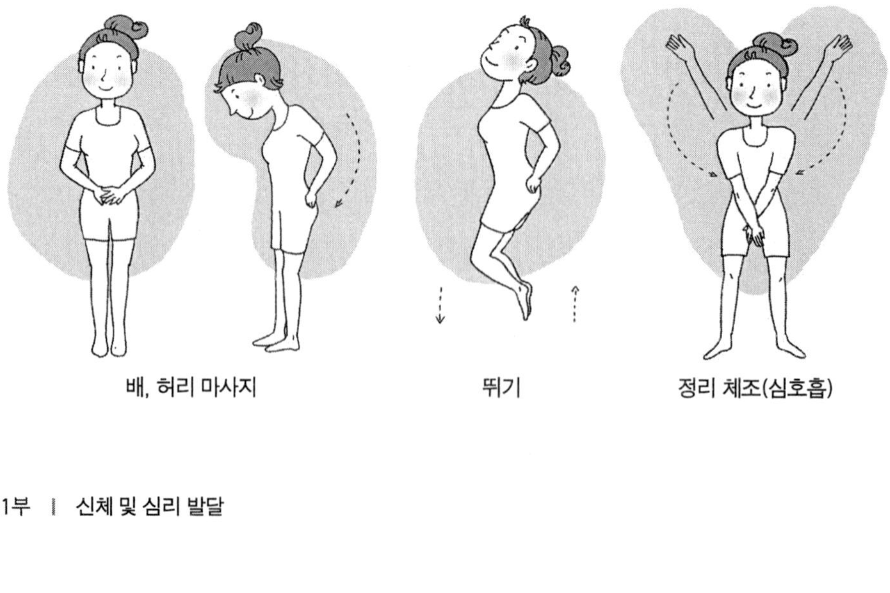

배, 허리 마사지 뛰기 정리 체조(심호흡)

02 남자들의 생리

사 례

Q **15세 남학생의 부모다. 아이가 아직 몽정을 하지 않고 있는데 생식기능에 이상이 있는 것은 아닐까?**

A 처음 몽정을 경험하는 시기는 아동의 건강 및 영양 상태, 지역적인 생활 문화 차이 등으로 개인차가 있다. 우리나라의 경우 평균 연령 14~15세로, 80%의 남학생이 15세 이전에 몽정을 경험하는 것으로 조사된 바 있다.

Q **하루에도 몇 번씩 몽정 또는 유정 현상으로 정액이 몸 밖으로 배출되곤 하는데, 병이 생긴 것은 아닌지 궁금하다.**

A 사정(몽정) 현상은 생리적인 현상이기 때문에 누구에게나 일어나는 것이 당연하다고 하지만 이런 경우에는 의사와 상담을 해 보는 것이 좋다.

문제의 정의 및 처치

13, 14세경이 되면 무슨 현상인지도 모르며 사정을 경험하는 학생들이 생겨난다. 그들은 그러한 사실을 혼자만의 비밀로 간직하거나 심한 경우에는 병으로 알고 걱정을 하기도 한다. 몽정이라는 자기도 모르는 사이에 생겨나는 현상 또는 자위를 통해 사정을 경험하게 된다. 이와 같이 우연이든 의도적이든 성적인 쾌감을 느끼게 되고, 성욕과 연결됨으로써 중요한 문제로 나타난다.

사정을 처음 경험하는 시기는 개인의 여러 가지 조건에 따라 다르다.

일반적으로 우리나라 청소년이 사정을 처음 경험하게 되는 평균 연령은 14~15세로 조사되었다. 빠른 학생은 10세경에 이미 경험하기도 하며 늦은 학생은 18세경에야 비로소 경험하게 되는 경우도 있다. 그러나 80%에 가까운 청소년이 15세까지는 어떤 형태로든지 사정 현상을 경험하는 것으로 밝혀졌으며, 따라서 조기에 성교육을 해야 할 필요가 있다.

그림 2-04 몽정을 처음 경험하는 나이

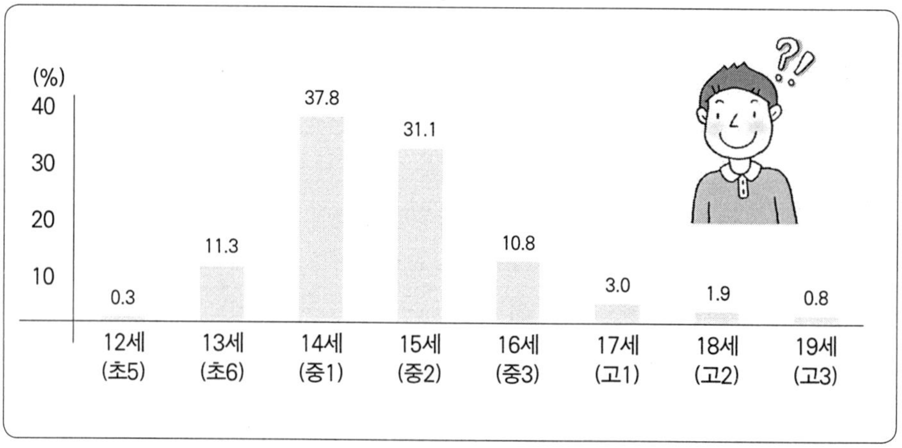

출처: 사랑의 교실 편저(1990). 자녀의 성교육 내일은 늦다. 범림출판사.

가정에서의 지도

- 사춘기가 되면 신체적인 변화와 심리적인 변화가 있음을 지도한다.
- 장애 학생 중에는 씻는 것을 싫어하는 경우도 있는데 필요한 때에 스스로 씻을 수 있도록 지도한다.
- 장애 학생도 스스로 자기관리를 할 수 있도록 반복해서 지도한다.
- 청결의 필요성에 대해 지도한다(건강하게 살기 위해서, 주위사람으로부터 호감을 얻기 위해서, 더 나아가 이성친구를 사귀기 위해서).
- 신체적 변화는 어른으로 성장하기 위한 과정이기 때문에 생식기를 청결하게 관리하고, 안전하게 보호해야만 건강한 성인으로 성장할 수 있음을 강조한다.
- 몽정은 대부분의 청소년이 겪는 정상적인 과정이므로 자연스럽게 받아들일 수 있도록 지도한다.

지도 내용 및 활동 계획

활동 목표

- 몽정, 사정 후의 심리적 · 신체적 변화에 대하여 올바르게 대처하는 방법을 알고 실천한다.
- 사춘기 남성의 신체적 · 심리적 특징을 이해하고, 남성의 변화에 대하여 올바른 자세를 갖는다.
- 몽정, 사정 현상의 바른 이해로 올바른 태도를 갖는다.

활동 내용 및 방법

신체 퍼즐 맞추기

- 두 팀으로 나누고 각 팀에 성인 나신 퍼즐 조각을 준다.
- 주장을 뽑고 팀 이름과 구호를 의논하여 정하고 구호를 외쳐 본다.
- 두 주장은 팀에서 떨어져 앞으로 나가서 자기 편의 인체 퍼즐을 들고 서 있는다.
- 팀에서 한 사람씩 돌아가며 가위바위보를 한 후 이긴 사람이 자기편 주장이 가지고 있는 신체 퍼즐 앞에 있는 숫자 중 하나를 고르면 주장이 뜯는다.
- 팀별로 돌아가며 숫자를 골라 무작위로 열어 보아 어떤 그림인지 먼저 맞추면 이기는 게임이다.

신문 활용 교육

- 남성의 외부 생식기 명칭을 알아보기
- 신문에서 자료를 모아 구조와 명칭을 붙여 보기

지점토로 신체 모양 만들기

- 신문을 깔고 지점토를 나누어 준다.
- 자신의 몸(2차 성징이 나타나도록)을 생각하며 자유롭게 만든다.

- 생식기를 표현한다.
- 완성된 작품을 보고 자신의 신체 중 자랑스럽게 여기는 부분을 말한다.
- 사춘기 신체적 특징과 남녀 생식기의 차이를 비교한다.

⚥ 동영상 시청(몽정, 사정 현상의 바른 이해 및 대처 방법)

- '신세대 성교육 가이드 1' 동영상 시청하기
- 남성의 내부 생식기 구조 살피기
- 몽정, 사정의 뜻과 생리 현상이 일어나는 원인에 대하여 알아보기
- 몽정 현상에 대한 올바른 태도 갖기
- 나라면 이때 어떻게 할까요?(사례연구)
- 몽정, 사정 후의 뒤처리 방법 알아보기

(자고 일어난 후 축축해진 팬티는 어떻게 해야 하나요?)

그림 2-05 몽정으로 당황하는 모습

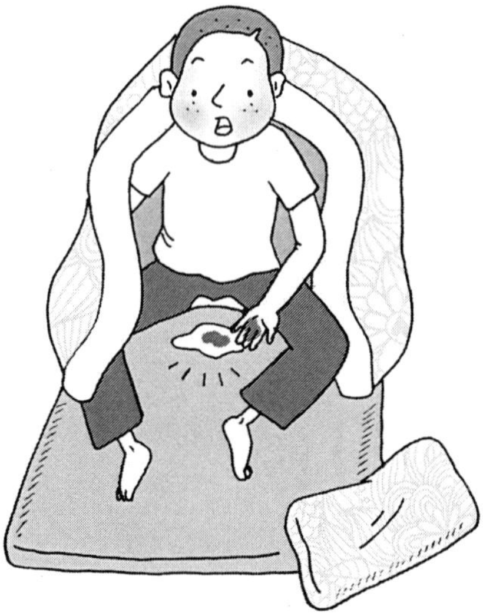

♂ 몽정 현상에 대해 알기(○× 퀴즈)

■ ○×퀴즈 풀기

- 교실 가운데에 줄을 그어 ○× 구역으로 나눈다.
- 문제를 풀어 가면서 틀린 사람은 탈락한다.
- 마지막까지 남은 사람에게 퀴즈왕 포상을 한다.

■ ○×퀴즈 항목

- 밤에 야한 꿈을 꾸면서 자기도 모르게 정액을 배출하는 것을 몽정이라고 한다. (○)
- 남자는 어른이 되어도 몽정을 한다. (×)
- 몽정은 낮에 하는 것이다. (×)
- 몽정이란 여자들의 생리와 마찬가지로 아기를 낳기 위한 준비다. (○)
- 몽정은 생리와 마찬가지로 한 달에 한 번 하는 것이다. (×)

♂ 몽정 후의 처리 방법 함께 익히기

■ 몽정의 경험 이야기해 보기

■ 언제 발기가 되는지 이야기해 보기

- 수업 중이나 친구와 놀 때 무심결에 나타남
- 음경에 무엇인가 살짝 스쳐갈 때
- 좋아하는 여자 연예인이나 친구를 생각할 때
- TV나 신문, 잡지에서 키스 장면을 볼 때
- 자고 있는 동안 나도 모르게
- 야한 생각을 할 때

■ 발기(몽정)가 위험하고 나쁜 것인지에 대해 이야기해 보기

■ 몽정(사정) 후 처리는 어떻게 하였는지 이야기해 보기

■ 발기가 공공장소에서 일어났을 때의 극복 방법 알아보기

- 겉옷으로 가린다.
- 화장실을 다녀온다.
- 손을 찬물에 씻는다.

몽정의 원리 알기(정자가 되어 봅시다)

■ 정자 되어 보기

- 학생 수만큼의 정자꼬리와 커다란 종이상자를 준비한다.
- 남녀 학생 모두 정자꼬리를 허리에 매달아 정자가 된다.
- 정자가 된 학생들은 준비된 상자 속으로 한 사람씩 들어간다.
- 상자 속에 사람이 가득 차면 앞에 있던 정자는 밖으로 밀려 나와 정해진 길을 따라 나간다.

사정의 경로 알기

■ 미로찾기

- 연필을 이용하여 미로 그림의 길 찾아보기
- 완성된 길을 확인하고 적색 매직펜으로 덧칠하기
- 유인물 위에 TP자료를 덧대어 정자의 이동경로를 알아보기
- 그림 위에서 정자의 이동경로를 따라 정자 모형을 움직여 보기

■ 자석놀이

- 아크릴판 위에 발기된 음경과 고환을 측면으로 그린 그림 붙이기
- 정자는 어디에 있을까? 정자가 생성되는 곳 찾아보기
- 정자 모형 뒤에 동전자석을 부착한 다음 생식기 모형(정소) 위에 올려놓기
- 판 뒷면에 또 다른 자석으로 정자 모형 자석을 움직여 보기

활동 자료

■ 신체 퍼즐 맞추기: 신체 그림 퍼즐

■ 지점토로 신체 모양 만들기: 신문지, 지점토, 지점토용 칼

■ 몽정, 사정의 바른 이해 및 대처 방법: 생식기의 내부 구조도 및 기전 설명도

■ ○× 퀴즈: 개인의 ○× 카드

■ 정자가 되어 봅시다: 커다란 종이상자, 꼬리와 허리띠, 접착식 색테이프(길 표시)

■ 사정의 경로 알기: 미로그림, 남자 생식기 TP자료, 자석, 정자 모형 자석

유의점

- 몽정은 대부분의 청소년이 겪는 정상적인 성장 과정이며, 지적장애아도 당연히 경험하는 생리 현상이다.
- 여러 가지 신체 변화는 어른으로 성장하기 위한 과정이기 때문에 내 몸, 내 생식기를 청결하게 관리하고, 안전하게 보호해야만 건강한 성인이 될 수 있음을 강조한다.
- 음경이 휘어 있거나 작아도 발기에는 문제가 없으며 비정상이 아님을 알려준다.

03 임신 과정

사 례

Q **같은 지적장애인끼리 결혼을 했는데 임신이 되질 않는다. 알고 보니 성교조차 하지 않는 것 같다.**

A 임신, 출산, 성교에 대한 지식이 없거나 성욕이 발달하지 않아서 그렇다. 우선 체계적인 성교육이 필요하다. 부모님이나 가까운 선생님과 함께 성교육을 시작하는데, 부모님의 일상생활 모습을 보여 주는 것이 성교육의 시작이라고 볼 수 있다. 임신과 육아 부분은 상세한 설명과 실제적인 교육을 해야 하며, 직접 모형이나 자신에게 혹은 배우자에게 실습을 해 보도록 하는 것이 좋다. 그러나 만약 성욕이 발달하지 않은 것이라면, 아기를 원하는지를 물어본 후 그에 맞는 적절한 상담과 조치가 필요하다.

Q **12세 된 경증 지적장애 남학생이다. 임신한 선생님의 배를 보고 "뭐예요?"라고 묻는데, 어떻게 대답해 주어야 할까?**

A 성 호기심의 시작이다. 당황하지 말고 부드럽고 담담하게 임신에 대한 설명을 해 주는 것이 좋다. 먼저 남녀의 성 차이나 2차 성징 등에 대해 설명을 해 주면서 간단한 그림자료를 보여 준다. 여자의 뱃속에서 아기가 자라며 그러기 위해서는 남자 고환의 정자(아기씨)와 여자 몸속의 난자(아기씨)가 만나야 한다고 설명해 준다. 설명보다는 그림자료와 사진, 인형 등을 통한 교육이 훨씬 효과적이다.

문제의 정의 및 처치

임신과 출산은 결혼을 하게 되는 모든 성인 남녀에게 중요한 사항이다. 임신의 과정과 임신의 생리적 기전에 관한 정보만을 제공하는 것이 아니라 생명의 중요성을 알고, 사랑의 감정을 통한 임신이야말로 행복한 일임을 알 수 있게 해 주어야 한다.

- 남녀 성별에 따른 신체적 차이를 그림자료나 인형을 가지고 설명한다.
- 여성 몸 안의 자궁이라는 아기집에서 아기가 자라며, 엄마와 아빠의 아기씨가 만나서 아기가 된다고 설명한다.
- 임신의 선행 조건으로 사랑이 있어야 함을 설명한다.
- 임신에 따른 책임(육아 부분)에 대하여 설명한다.

가정에서의 지도

- 어릴 때부터 엄마, 아빠와 눈을 10초 이상 마주 보고, '사랑해'라는 말을 수시로 하도록 하며 자존감을 높일 수 있게 한다.
- 주변에 임신한 사람이 있다면, 임산부와 만나 함께 이야기하는 시간을 마련한다.
- 임신과 관련된 사진이 많은 책이나 동영상 자료를 보여 주면서 설명해 준다.
- 자신도 원하면 임신을 할 수 있는 소중한 몸이라는 것을 설명해 준다.
- 임신을 원하는 부부라면, 임신에 따른 책임에 대해서 구체적으로 설명해 준다.
- 임신 후에 나타날 몸의 변화에 대하여 미리 설명을 해 주어 임신 후의 변화에 대해 자연스럽게 받아들일 수 있도록 돕는다.

지도 내용 및 활동 계획

활동 목표

- 임신의 과정에 대해 안다.
- 임신 후 산모와 아기의 변화를 체험한다.
- 태교의 중요성에 대해 안다.

활동 내용 및 방법

수정 과정 알기

- 하트 모양을 반으로 나누어 반쪽의 앞면에는 난자, 뒷면에는 아기 얼굴의 반쪽을 그린다.
- 나머지 반쪽도 같은 방법으로 정자와 아기 얼굴을 그려 준비한다.
- 난자는 여학생이 들게 하고, 정자는 남학생이 들게 한다.
- 각각의 성에 맞는 아기씨가 있다고 설명한다.
- 난자는 가만히 기다리게 하고, 정자는 교실 뒤에서부터 난자를 찾아 걸어오도록 한다.
- 둘이 만나면 서로 좋아하며, 뒷면을 친구들에게 보여 주고, 정자와 난자가 만나 아기가 되었음을 설명한다.

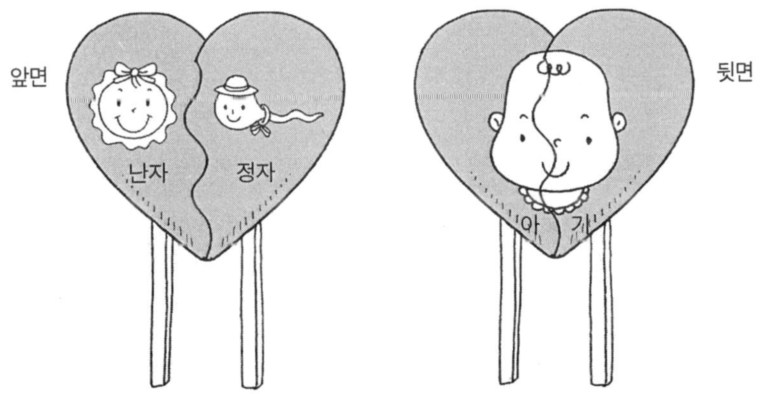

남자아기일까? 여자아기일까?

- 부직포로 여러 마리의 정자를 만들어 그 속에 남, 여를 표기한다.
  (X · Y, 남 · 여, ♂ · ♀, 남자 · 여자 화장실 표시 등)
- 정자의 머리에 클립을 끼운다.
- 부직포로 난자 모양을 크게 만들어 자석을 붙여 책상 한가운데에 놓는다.

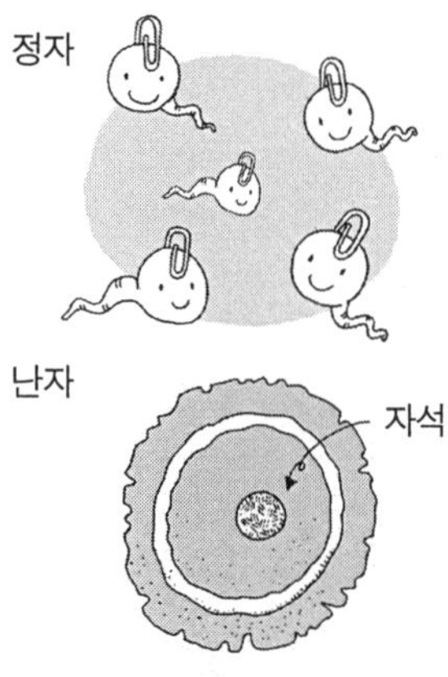

예)

이름 / 성	홍XX	박△△	최○○	…
원하는 성	남	여	남	…
나온 성	여	남	남	…

- 한 명씩 원하는 아기의 성을 말하도록 한 다음 칠판에 적는다.
- 차례로 나와 눈을 감고 정자를 책상 위에 뿌리게 한다.
- 자석에 의해 난자와 정자가 만나게 되면 정자에 표기된 성을 칠판에 적는다.
- 자신이 원했던 성과 일치하는지 비교한다.
- 성별의 결정은 원하는 대로 되는 것이 아니라 이렇게 난자와 처음 만나는 정자로 인하여 결정되는 것임을 설명한다.

아기가 자라고 있어요!

- 아기가 된 하트를 엄마의 그림판의 자궁에 붙인다.
- 자궁이 아기가 열 달 동안 자라게 될 방임을 설명한다.
- 각자 풍선을 불어 활동복 안에 넣도록 한다.
  - 풍선이 터지지 않게 조심하게 한다.
  - 풍선은 아트용 풍선(약간 질긴 것)을 사용한다.
- 모두 배 안에 넣었으면 그 상태로 계속 수업을 받도록 한다.
- 아기 엄마가 되어 보는 체험임을 설명해 주고, 앞으로 숙이기, 걷기, 물건 운반하기 등을 해 보면서 임신 과정 동안 불편한 점을 알 수 있도록 한다.
- 불편했던 점을 자유롭게 이야기해 본다.
- 조심스럽게 행동해서 끝까지 터뜨리지 않은 학생에게는 칭찬 스티커를 나누어 준다.

아기 엄마는 힘들어요!

- 3kg이나 1kg의 설탕이나 밀가루가 든 포대, 풍선, 천을 준비한다.
  (또는 꿈나무교육정보사의 임신출산 세트의 3kg 아기 모형을 준비한다.)
- 한 명씩 설탕포대와 풍선을 앞으로 대어 묶는다.
  (또는 배낭에 설탕을 넣고 배 쪽으로 맨다.)
- 설탕이 터지지 않게 주의시킨 후 지금부터 아기 엄마가 되어 보는 것이라고 설명한다.
- 계단 오르내리기, 물건 줍기, 복도 걷기, 앉아 있기, 서 있기 등을 하게 한다.
- 수업시간 동안 계속해서 활동을 하게 한 후 소감을 이야기 나눠 본다.
- 수업시간 종료 시까지 풍선이나 설탕 포대를 터뜨리지 않은 학생에게는 상을 준다.

태교의 중요성 알기(엄마의 기분을 아기도 알아요!)

- 부직포로 만든 임신한 엄마를 준비한다.
- 엄마와 아기의 얼굴 표정을 여러 가지 그림판에 준비한다.
- 얼굴 표정을 붙일 수 있게 벨크로를 뒷면에 붙인다.
- 엄마의 감정에 맞는 아기의 감정 그림판을 하나씩 붙여 가며 맞춘다.

• 엄마가 운다 → 아기도 운다
(설명하면서 엄마의 우는 표정을 엄마 얼굴에 붙이고, 아기의 얼굴 표정을 이어서 아기의 얼굴에 붙인다.)
• 엄마가 맛있는 것을 먹는다 → 아기도 맛있는 것을 먹는다
• 아기가 튼튼해지려면 어떻게 해야 하는지 질문을 한다.
(엄마의 기분이 좋아야 하고, 엄마가 맛있는 것도 많이 먹고, 운동도 열심히 해야 하는 것이라고 설명해 준다.)

■ "엄마의 기쁜 표정을 붙여 놓고 지금 아기는 어떤 기분일까?"라고 질문한다.

■ 한 명씩 나와 아기 표정을 직접 붙이도록 한다.

활동 자료

■ **수정 과정 알기:** 하트 모양 하드보드지 또는 우드락, 난자 · 정자 · 아기 그림

■ **남자아기일까? 여자아기일까?:** 부직포(난자 · 정자용), 클립, 낚싯대, 자석

■ **아기가 자라고 있어요!:** 아기 그림, 엄마 그림판, 자궁 그림판, 풍선, 활동복, 각각의 개월 수에 따른 태아 사진

■ **아기 엄마는 힘들어요!:** 설탕이나 밀가루 포대 3kg, 1kg짜리, 꿈나무교육정보사의 임신출산 세트, 포대기용 천

■ **엄마의 기분을 아기도 알아요!:** 부직포로 만든 임신한 엄마 그림판, 아기와 엄마의 여러 표정 그림(웃는 그림, 우는 그림, 화내는 그림 등), 아기와 엄마의 여러

모습 그림(운동하는 모습, 밥 먹는 모습, 자는 모습, 기분 좋은 모습 등)

유의점

- 임신은 누구나 가능한 것이 아니고, 될 수도 있고 안 될 수도 있다고 설명해 준다.
- 임신의 결정은 본인이 아기(육아)를 책임질 수 있을 때 할 수 있도록 보호자와 교사는 사전 성교육을 적극적으로 실시해야 한다.
- 아기를 양육할 몸과 마음의 준비가 되었을 때 임신하는 것이 바람직하다.
- 임신 중 정서적 안정을 갖기 위해 본인과 가족이 함께 노력해야 한다.
- 실질적 체험을 통해서 직접 익히는 것이 중요하다.
- 임신의 과정에는 사랑이 중요한 것임을 주지시킨다.
- 모두 부모의 사랑으로 태어난 소중한 생명임을 인식시킨다.

참고 내용

■ 임신을 확인하는 방법

임신진단 시약(U-test) 사용, 산부인과에서 초음파 진단 받기 등

■ 임신 초기에 나타나는 증상

- 월경이 없어진다.
- 온몸이 피곤하고 잠이 많이 온다.
- 소변이 자주 마렵다.
- 입덧을 한다. 음식이 먹고 싶지 않고 음식 냄새를 맡으면 구역질이 난다.
- 신경이 예민하다. 화가 나고, 불안하고, 괜히 신경질이 난다.

■ 임신 중의 몸의 변화

① 임신 초기(임신 1~3개월)

- 월경이 없어진다.
- 마음이 불안하고 예민해진다.

- 유방이 팽팽해진다.
- 입덧이 생겨 신맛 음식이나 평소 먹지 않던 음식이 먹고 싶어진다. (귤, 딸기, 돼지족발, 순대 등)
- 입덧이 심한 경우 권장하는 음식: 누룽지, 구운 과자, 크래커 등
- 유산의 가능성이 높아서 각별히 주의해야 한다.

② 임신 중기(임신 4~7개월)

- 배가 불러 오는 것이 보인다.
- 유방이 많이 커진다.
- 뱃속에서 아기가 움직이는 것이 느껴진다(태동).
- 질 분비물이 많아지고 가려움증도 생길 수 있다.

③ 임신 말기(임신 8~10개월)

- 배가 나오고, 호흡하는 데 힘들고, 앉고 서기도 힘들다.
- 체중은 10kg 이상 증가한다.
- 유방이 커지면서 유두 주위가 갈색으로 변한다.
- 불규칙하게 자궁이 수축한다(배가 뭉치는 듯하다).
- 발이 붓고 손발이 저리다.

■ 임산부가 주의할 점

- 임신의 확인은 반드시 산부인과 의사에게 진단을 받는다.
- 태교의 중요성을 안다.
  - 산모의 기분은 태아에게 전달된다.
  - 아기를 잘 키울 수 있다는 마음가짐이 태아를 건강하게 한다.
- 월 1회 정기적으로 산부인과에서 검진을 받는다.
  - 출혈이 있는 경우에는 바로 병원으로 간다.
  - 분만할 병원을 미리 정해 놓는다.
- 영양을 충분히 섭취한다.
  - 신선하고 영양가 높은 음식과 소화가 잘되는 음식을 먹는다.
  - 약물, 흡연, 술을 피한다.
- 위생관리를 철저히 한다.

- 빈뇨로 인해 수시로 오줌을 지리(요실금)는 경우가 많으므로 자주 샤워한다.
- 속옷을 매일 갈아입는다.

• 분만예정일을 달력에 표시해 둔다.

• 분만의 전구 증상을 알아 둔다.
  - 양수(소변과 같은 색)가 터진다.

• 진통이 찾아올 경우 할 일에 대해서 준비한다.
  - 미리 정해 놓은 산부인과에 전화하여 상담한다.

• 평상시 잠을 잘 자고 충분한 휴식을 취한다.

■ 임신 중 가족이 도와야 할 점과 주의사항

• 마음을 편안하고, 즐겁게 갖도록 도와준다.
• 집안일을 남편이 돕는다.
• 무리한 가사일이나 장거리 여행은 금물이다.
• 힘든 운동, 오랫동안 서 있는 것을 삼간다.
• 임신 초기와 말기에는 부부관계를 절제한다.

04 출산

사 례

Q **분만에 대해서 많이 두려워하고 있는 임신한 지적 장애인의 출산 준비는 어떻게 해야 할까?**

A 분만 과정에 대해 자세히 설명해 준다. 출산 준비는 가장 가까운 보호자(어머니)와 함께 한다. 분만 과정과 관련된 자료는 탁틴내일 사이트(www.tacteen.net) 자료실의 분만에 대한 내용을 참고할 수 있다. 또한 『내 동생이 태어났어』(정지영 저, 비룡소)를 통해 자연스럽게 분만 과정을 설명해 준다.

문제의 정의 및 처치

임신한 여성이 성교육이나 출산에 대한 교육을 받지 못했다면, 출산에 대한 불안과 무지로 분만 과정이 원활하지 못한 것은 당연하다. 지적 장애인도 마찬가지로 출산에 대해서 체계적이고, 지속적인 교육을 실시하여야만, 분만에 대해 준비할 수 있다.

- 분만 과정은 엄마가 되기 위한 필수 과정임을 설명한다.
- 분만에 대한 불안감을 태어날 아기에 대한 사랑과 희망으로 대치시킨다.
- 분만 시 협조해야 할 사항에 대하여 설명한다.

가정에서의 지도

- 산전 진찰을 받을 때 의사와 상의하여 분만실을 견학시킨다.
- 분만실 환경에 적응하도록 분만 의자에 직접 앉아 보게 하거나 가능하면 분만기구를 직접 만져 보게 한다.

- 분만 전 증상(양수가 터짐, 이슬—약간 붉은 빛을 띠는 점액질의 분비물—이 비침, 자궁의 수축으로 인한 진통 등)에 대하여 미리 설명한다.
- 분만 전 증상이 나타나면 바로 연락할 비상연락처를 항상 소지하게 하고, 직접 전화해 보게 한다.
- 앞에 소개된 분만 전 호흡법과 체조를 매일 연습하도록 한다.

지도 내용 및 활동 계획

활동 목표

- 건강한 아기가 태어나기 위한 출산 환경에 대해 이해한다.
- 출산 과정을 통해서 출산의 고통과 기쁨에 대해 이해한다.
- 건강한 아기가 태어나기 위하여 아빠 또는 엄마가 해야 할 일을 이야기할 수 있다.
- 분만 전 체조를 할 수 있다.
- 분만 시 호흡법을 할 수 있다.

활동 내용 및 방법

분만 과정 이해하기(나는야! 산부인과 의사!)

- 영상 자료로 분만 장면을 보여 준다.
- 아기가 나오는 모습을 보여 주며 어디로 아기가 나오는지 묻는다.
- 임산부 인형이나 모형을 가지고 직접 아기가 나오는 모습을 보여 준다.
- 한 사람씩 가운을 입고, 직접 산부인과 의사가 되어 본다.
- 아기 인형을 나오게 한 다음 탯줄을 끊게 한다.
- 아기가 어디서 나왔는지 다시 묻는다.
- 우리의 성기가 왜 중요한지를 확인한다.

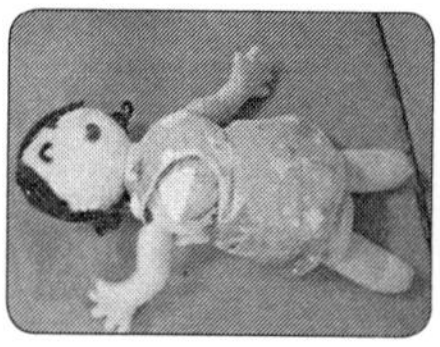 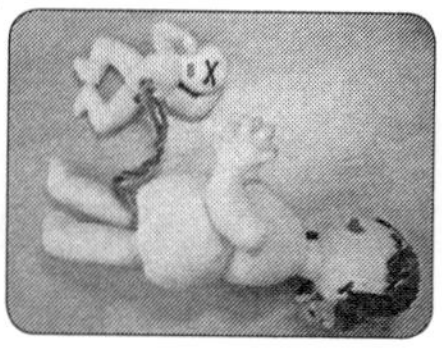  

감사편지 쓰기(부모님 감사합니다!)

- 종이, 매직이나 예쁜 펜을 준비한다.
- 동영상 자료로 출산장면을 보여 준다.
- 출산의 고통에 대해 이야기를 해 주며, 임신기간 동안 잘 키워 주신 것과 이렇게 힘들게 소중한 자신을 낳아 준 것에 감사하는 카드를 작성하게 한다.
- 한 사람씩 나와서 친구들 앞에서 크게 소리 내어 읽는다.
- 발표하면 칭찬 스티커를 준다.

감사카드

엄마 아빠
○○를
엄마 뱃속에서
키워 주셔서
감사합니다.

탄생 모의 경험하기(엄마 몸 밖으로 나가는 아기 되어 보기)

- 한 사람이 들어갈 만한 박스나 가마니를 만들고, 한 사람이 통과할 만한 크기로 가마니를 연결하여 통로(또는 장애물 통과용 비닐길)를 만든다.

- 주머니에는 '엄마 배 안의 자궁(아기주머니)'이라는 표지판을 붙이고, 통로에는 '질'이라는 표지판을 붙인다.
- 나오는 곳에는 '바깥세상'이라는 표지판을 붙인다.
- 한 명씩 또는 두 명씩 들어가서 엄마 몸 밖으로 나오는 과정을 체험한다.
- 나오기에 성공하면 "응애~!"라고 아기 우는 소리를 내게 한다.
- 모두 성공한 학생에게는 고깔모자를 씌워 준다.
- 그 안에서의 느낌이 어땠는지 물어본다.
- 바깥세상으로 나오게 된 소감을 말하게 한다.

⚥ 분만 시 호흡법 알기(심호흡을 잘해야 예쁜 아기를 낳아요!)

- '라마즈 호흡법'과 '심호흡'에 대해서 설명을 한다.
- 교사가 직접 시범을 보이고 학생들이 따라서 할 수 있게 한다.
- 코로 들이마시고, 입으로 내쉬도록 한다.
- 30cm 앞에 초를 놓은 다음 한 명씩 나와서 입으로 숨을 불면서 끄게 한다.
- 초를 20개 준비하여, 나란히 세운 다음 한 명씩 차례로 코로 들이마시고, 입으로 내쉬어서(심호흡) 20개를 모두 끄게 한다.
- 숨을 쉬면서 좋은 생각을 하게 한다.

산전 건강 관리하기(건강한 아기를 낳아요!)

■ 건강한 아기를 낳기 위한 방법

- 산전 운동
- 충분한 영양 공급
- 몸에 좋은 음식 골라 먹기
- 좋은 생각, 기쁜 생각하기

■ 산전 운동 그림을 보여 주면서 시범을 보인다.

■ 학생들이 모두 따라서 할 수 있도록 지도한다.

■ 배에 베개나 풍선 등을 넣어서 천으로 고정한 후에 운동을 하게 한다.

출산 준비물 알기

■ 산모에게 필요한 물품: 의료보험증, 진찰권, 복대, 산후용 거들, 덧옷, 오로용 패드, 모유패드, 수건 등

■ 아기에게 필요한 물품: 속싸개, 겉싸개, 배냇저고리, 배냇가운, 기저귀, 기저귀 커버, 우유병과 분유, 보온병 등

■ 산모용 물품과 아기 물품을 보여 주고 어디에 쓰는지 설명한다.

■ 한 명씩 연습해 보도록 한다.

활동 자료

■ 나는야! 산부인과 의사!

- 대한가족보건복지협회의 '그래, 그건 그래' 동영상 CD
- 꿈나무정보교육사의 임신출산 세트
- 임산부 인형: 스펀지를 조각하여 그 겉에 헝겊을 씌워 만든다.
- 아기 인형: 아기를 천으로 만들어 솜을 채운다.
- 탯줄: 모루나 털실로 준비한다. 아기 쪽 끝 부분은 5cm를 남기고 자를 수 있도록 똑딱핀으로 연결하고, 양끝에도 똑딱핀이나 벨크로를 붙여 각각 아기와 엄마에게 연결하도록 한다.
- 흰 가운

■ 부모님 감사합니다!: 종이, 매직이나 예쁜 펜, 어려워하는 학생을 위한 카드 양식

- 엄마 몸 밖으로 나가는 아기 되어 보기: 가마니 3개 이상 또는 장애물 경기용 프레임, 아기주머니, 질, 바깥세상 표지판(우드락이나 하드보드지로 만듦), 고깔모자
- 심호흡을 잘해야 예쁜 아기를 낳아요: 라마즈 관련 그림자료나 게시물, 초 20개 이상, 성냥, 비상용 소화기나 대야와 물
- 건강한 아기를 낳아요: 산전 운동법 그림판, 베개, 풍선, 천
- 출산 준비물 알기: 아기 물품과 산모 물품(실물이나 그림자료)

유의점

- 아기가 태어나는 과정은 힘들지만 행복한 일이라고 설명해 준다.
- 활동을 할 때 공포심을 느끼는 아동이 있으면 무리하게 하지 않는다.
- 부직포에 붙이는 물건이 너무 무거우면 떨어질 수 있으므로 되도록 부피가 작은 것을 준비하거나 부피가 큰 경우 사진을 준비한다.
- 결혼한 부부가 모두 아기를 낳는 것은 아니라고 설명한다.
- 원하지 않으면 아기를 낳지 않을 수도 있다는 것을 설명한다.
- 활동 시 화제에 주의한다.

참고 내용

그림 2-06 순산을 위한 체조

05 육아, 수유

사 례

Q **여성 장애인이 얼마 전 아기를 낳았는데, 아기가 울어도 가만히 쳐다보기만 하는데 어떻게 해야 할까?**

A 산후 우울증인지 육아에 대한 지식 부족인지 확인해 본다. 만약 산후 우울증이라면 그에 따른 적절한 상담과 치료를 받도록 해야 한다. 그리고 육아에 대한 지식 부족이 원인이라면, 곁에서 육아 과정에 대해서 설명해 주고, 조금씩 혼자서 아이를 돌볼 수 있도록 도와준다.

문제의 정의 및 처치

부모가 된다는 것은 일반인에게도 많이 낯설고 어려운 발달 과업 중 하나다. 많은 연구에서 지적장애인들에게 부모 역할 훈련 과정이 필요하다고 주장하지만 충분히 계발되어 있지 못한 것이 현실이다. 실제로 많은 지적장애 부부들이 생겨나고 있는 만큼, 보다 체계적이고 전문적인 부모 역할 훈련으로 삶의 질을 향상시키는 것이 중요하다.

- 출산 후 부모가 해야 할 일에 대해서 설명해 주고, 직접 해 보도록 한다.
- 출산 후 자신과 아기가 모두 소중한 존재라고 설명해 준다.
- 출산 후의 일은 부부가 함께 해야 할 일임을 설명한다.
- 생명의 소중함에 대해서 알게 한다.

가정에서의 지도

- 자녀에게 긍정적인 행동을 하도록 하기 위해 칭찬을 많이 한다.

- 가족 중에 아기가 있는 친척이 자주 방문하게 하여 함께 있게 한다.
- 육아와 관련된 영화를 자주 보여 준다.
- 아기 모형을 마련하여 아이를 먹이고, 목욕시키는 것을 연습하게 한다.
- 식사 중이나 무언가를 하고 있을 때 아기 우는 소리를 들려주며 어떻게 해야 하는지를 묻고, 지도한다.
- 육아는 남녀 공동의 책임이므로 부부가 함께 교육을 받을 수 있게 한다.
- 가정에서 부모의 행동이나 말투가 그대로 학습될 수 있으므로, 항상 서로 돕는 분위기를 유지하도록 한다.

지도 내용 및 활동 계획

활동 목표

- 육아에 필요한 일이 무엇인지 안다.
- 아기에게 우유병을 물릴 수 있다.
- 아기의 기저귀를 갈아 주어야 할 시기를 안다.
- 아기의 기저귀를 갈아 줄 수 있다.

활동 내용 및 방법

⚤ 아기 키우기는 어려워요

- 〈아이엠 샘〉 영화의 육아 부분을 보여 주기
- 주인공이 힘들어하는 상황에서 멈추기
- 왜 주인공이 힘들어하는지 물어보고 이야기 나누기
- '한솔교육 재미나라' 캐릭터 키우기 참고
- 아기를 키우기 위한 조건
  - 아기를 사랑해야 한다.
  - 아기는 2시간마다 배고프다고 울기 때문에 자다가도 일어나야 한다.
  - 기저귀는 젖을 때마다 수시로 갈아주어야 한다.
  - 부모가 건강해야 한다.

• 아기의 옷과 먹을 것을 사 주기 위해 돈이 있어야 한다.

■ 아기가 울 때는 어떻게 해야 할까?

  • 우유를 먹인다.
  • 기저귀를 갈아 준다.
  • 아기가 아프거나 열이 나면 병원에 데려간다.

■ 대답에 성공하면 웃는 아기 얼굴 스티커를 준다.

■ 최종적으로 스티커가 제일 많은 학생에게 커다란 웃는 엄마 얼굴 스티커나 배지를 준다. 또는 교실 벽에 붙여 놓아 자랑할 수 있게 해 준다.

아기 엄마가 되었어요

■ 3kg 아기 모형, 젖병, 우유, 포대기를 준비한다.

■ 한 명씩 아기를 업고 교실을 다녀 본다.

■ 아기가 떨어지거나 다치지 않게 주의해야 한다고 설명해 준다.

■ 아기를 업은 느낌을 이야기해 본다.

아기가 배가 고프대요

■ 수업을 시작하면서 우유 주는 시간이라고 알려 준다.

■ 손을 씻는다.

■ 손을 씻은 후 아기가 웃는 모양의 스티커를 준다.

■ 아기를 만지기 전에는 반드시 손을 씻어야 함을 설명해 준다.

■ 아기가 우는 모습이나 우는 동영상 자료를 보여 준다.

■ 아기가 배고픈 것이라고 설명해 준다.

■ 모유를 먹이는 것이 분유 수유보다 훨씬 좋은 것임을 설명해 준다.

  • 아기가 튼튼해진다(면역력 증가).
  • 엄마의 사랑을 느낄 수 있다.
  • 아기 몸에 잘 맞는다.

■ 모유 수유가 어려운 경우 우유(분유)를 먹인다고 설명해 준다.

■ 한 명씩 아기에게 젖병을 물려 보게 한다.

스티커 예

- 젖병을 물릴 때에는 공기가 들어가지 않게 주의한다.
- 아기가 젖을 잘 빨지 않을 때는 젖병을 돌려 먹도록 한다.

■ 다 먹은 후 트림을 시킨다.

- 트림시키는 법: 어깨에 아기를 얹어 등을 토닥토닥 두드려 준다.
- 녹음한 트림소리를 들려준다.

■ 아기가 트림을 했으면, 45° 로 앉힌다(만약 누울 경우 오른쪽 옆으로 눕히는 그림 자료를 보여 주면서 옆으로 눕힌다).

■ 한 사람씩 실습을 성공하면, 웃는 아기 얼굴 스티커를 준다.

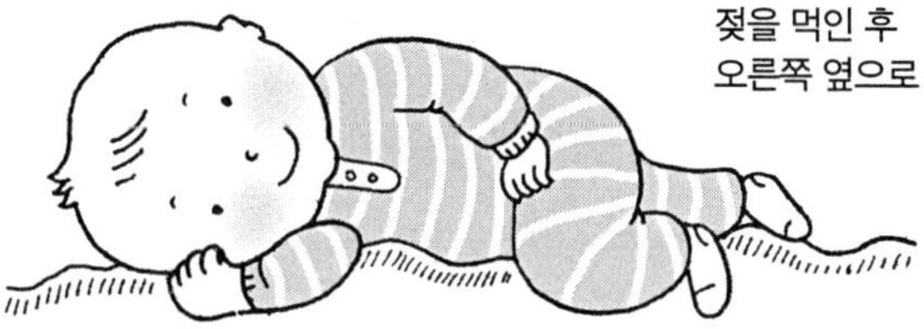

우유를 만들어 봐요

■ 물 끓이는 전기주전자, 젖병, 분유, 물을 준비한다.

■ 우유를 주는 시간을 설명한 후 손을 씻게 한다.

■ 손을 씻으면 웃는 아기 얼굴 스티커를 준다.

■ 분유통의 설명서를 보여 주며 농도 맞추는 부분을 읽어 준다.

■ 설명서 내용대로 물과 분유 양을 조절하여 분유를 탄다.

■ 한 명씩 농도를 맞춰 분유를 타 보도록 한다.

■ 적절한 농도로 맞추었으면, 먹기에 적절한 온도 맞추는 방법을 설명한다.

■ 팔 안쪽에 한두 방울 떨어뜨려 뜨겁지 않으면 먹기에 적당한 온도임을 설명해 준다.

■ 적절한 온도를 맞추었으면, 웃는 아기 얼굴 스티커를 준다.

아기가 쉬를 했어요

■ 수업에 앞서 손을 씻게 한다.

- 아기를 만지기 전에는 반드시 손을 씻어야 한다고 설명해 준다.
- 일회용 기저귀를 보여 준다.
- 일회용 기저귀를 앞뒤로 만져 보게 한다.
- 인형에게 채워 주는 시범을 보인다.
- 한 명씩 직접 아기에게 기저귀를 채워 보게 한다.
- 기저귀에 물을 적신다.
- 손으로 앞뒤를 만져 보게 한다.
- 어떤 느낌이 드는지, 축축한 느낌이 드는 것이 어느 것인지 묻는다.
- 이때 기저귀를 갈아 주어야 함을 알려 준다.
- 기저귀를 갈게 해 본다.
- 기저귀를 갈아 준 후에는 보이지 않게 접어서 버리도록 한다.
- 기저귀는 일회용 기저귀보다는 면 기저귀가 좋다고 설명해 준다.
- 모두 성공하면 웃는 아기 얼굴 스티커를 준다.

아기 목욕시키기

- 손을 씻는다.
- 주변을 따뜻하게 한다.
- 팔꿈치를 담가 따뜻한 정도로 목욕물 온도를 맞춘다.
- 깨끗한 거즈에 생리식염수를 적셔 아기의 눈을 안쪽에서 바깥쪽으로 닦아 준다.
- 얼굴과 목의 접힌 부분을 닦는다.
- 머리 감기 → 얼굴 → 귀 → 가슴 → 배 → 팔 → 다리 → 엉덩이 순서로 닦는다.
- 머리 감을 때는 귀를 솜으로 막아 주어 물이 들어가지 않게 한다.
- 목욕이 끝난 후 탯줄이 남아 있으면, 알코올로 탯줄 부위를 닦고 말린다.
- 아기 로션을 발라 준다.
- 옷을 입힌다.

활동 자료

- 아기 키우기는 어려워요: 〈아이엠 샘〉 영화의 육아 부분, 웃는 아기 얼굴 스티커

- 아기 엄마가 되었어요!: 3kg 아기 모형, 포대기
- 아기가 배가 고프대요!: 웃는 아기 얼굴 스티커, 아기가 우는 모습이나 우는 동영상 자료, 젖병, 3kg 아기 모형, 흰우유나 물
- 우유를 만들어 봐요!: 물 끓이는 전기주전자, 젖병, 분유, 물, 웃는 아기 얼굴 스티커
- 아기가 쉬를 했어요!: 일회용 기저귀, 물, 3kg 아기 모형, 웃는 아기 얼굴 스티커
- 아기 목욕시키기: 목욕통, 따뜻한 물, 아기 로션, 3kg 아기 모형, 웃는 아기 얼굴 스티커

유의점

- 아기를 키우는 일에는 책임감이 따름을 알려 준다.
- 아기를 갖기 전에는 부부가 서로 많은 이야기를 해 보는 것이 중요하다고 설명해 준다.
- 부부가 모두 해야 하는 일이므로 남녀 모두 실습하게 한다.
- 화상 및 안전사고가 일어나지 않도록 주의한다.
- 아기를 키우는 일이 힘들고, 책임감이 필요한 부분이 많은 것과 함께 즐겁고, 기쁜 일임을 알게 한다.

참고 내용

- 산욕기

정의: 분만이 끝나고 임신과 분만으로 인한 신체의 변화가 차차 정상으로 회복하는 과정으로 보통 산후 약 6주간을 말한다.

① 이상증상(병원 진료가 필요한 경우)

- 분만 후 10일이 지나도 질 분비물(오로)에 혈액이 섞여 나오거나 양이 많아지면서 나쁜 냄새가 날 때
- 소변이 보고 싶은데 잘 볼 수 없거나 손발이 찬 것을 느끼지 못할 때
- 오한 또는 열(체온이 38도 이상)이 있을 때
- 얼굴 또는 몸이 붓거나 지속적인 두통이 있을 때

- 수술 부위가 심하게 아프고 농이 나올 때
- 출혈량이 생리량보다 많고 그 색깔이 선명할 때
- 회음절개 부위의 통증이 지속되거나 부종이 오래 지속될 때
- 질 무력증이나 요실금 현상이 있을 때

② 산욕기 회복 시 주의사항

- **복대**: 특별한 이유가 없는 한 필요하지 않다. 그러나 심한 기침이나 무리한 움직임이 있을 때 잠깐씩 착용하면 도움이 된다.
- **수분 섭취**: 하루 8~10잔(주스, 국, 물)가량의 수분 섭취를 권장한다.
- **샤워**: 분만 1주 후부터 가능하다. 샤워 시 거즈를 떼어 버리고 특별한 처방이 없는 한 소독하지 않는다.
- **목욕**: 욕조에 몸을 담그는 통목욕은 산욕기 동안 피해야 한다(6주간).
- **생활 방법**: 골반 휴식이 중요하므로 성생활, 운전, 무거운 물건을 들어 올리는 일, 무리한 운동 등은 4~6주간 금하지만 가벼운 운동은 권장한다.
- **운동**: 고혈압, 심장병 및 기타 합병증이 없는 한 되도록 빠른 운동이 산욕기 회복에 좋다. 무거운 물건을 들거나 하복부에 압력을 가하는 것은 피한다
- **빈혈 예방**: 어지럼증을 느끼거나 수유하는 경우 3개월 정도 조혈제를 복용한다. 의사로부터 빈혈이 있다고 설명받은 경우는(Hb 10.0 이하) 3~5개월간 조혈제를 복용한 후 재검사를 하여 혈색소 수치를 확인한다. 철분제 복용 시 녹황색 채소나 주스를 섭취하면 도움이 된다.
- 특별한 지시가 없는 한 수술한 상처 부위에 뜨거운 찜질을 하지 않는다. 감각이 무디어 화상을 입을 수 있다.
- **고위험 산모**: 임신 자간전증(임신중독증)으로 진단받고 분만하는 사람은 10~12주간 침상 휴식이 필요하고 복부통증, 두통, 전신 부종을 포함한 부종의 증상, 사물을 볼 때 시야가 흐리고 이중으로 보일 때는 꼭 병원을 방문한다.

■ 유방 관리 및 수유 시 주의사항

- 젖을 먹이기 전에 손을 깨끗이 씻는다.
- 가슴을 유선형으로 마사지한 후 젖을 닦고 먹인다.

- 유두 부위만 물리지 말고, 유륜 부위까지 물린다.
- 젖이 아프거나 응어리가 생겼을 때는 더운물을 적신 수건을 사용하여 온습포를 하고 젖을 자주 짜내어 응어리가 없도록 한다.
- 아기가 젖을 다 먹은 후에는 아기를 약간 세운 자세에서 아기의 등을 가볍게 두드려 트림시킨 다음 오른쪽 옆으로 눕힌다.
- 가족 중에 전염성 질환(감기, 결핵, 간염 등)을 앓는 사람이 있을 때에는 격리하고 접촉하지 않도록 한다.

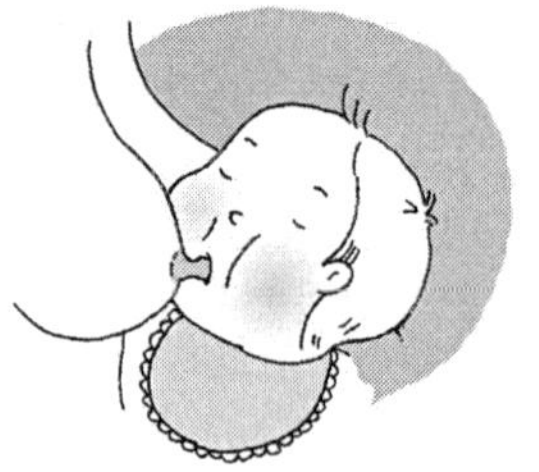

유두만 물린다(X)

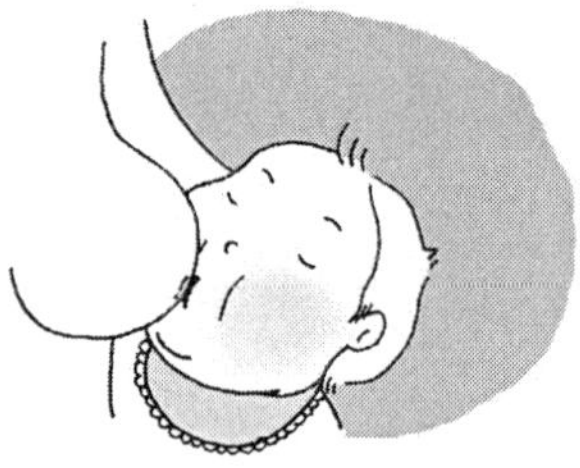

유륜까지 물린다(O)

■ 수유하지 않는 경우의 유방 관리

- 고여 있는 젖을 충분히 마사지하여 완전히 짜낸다.
- 젖 말리는 약을 복용한다.

  젖 말리는 약은 위장장애(오심, 구토, 식욕부진)를 유발하는 부작용이 있을 수 있으니 반드시 의사와 상의하여 복용한다.
- 가슴 압박대를 약 2주간 착용한다(복대나 탄력붕대 이용).

  가슴 압박대를 사용하는 동안 숨이 차거나 소화가 안 될 때는 잠시 풀었다가 다시 한다(압박대를 풀어 놓은 동안에는 가슴 마사지를 하지 않는다).
- 수유하지 않는 경우 월경은 바로 다음 달에 나올 수도 있으므로 피임에 유의하도록 한다.
- 가슴 압박대 착용 후 2~3일까지는 응어리, 통증, 체온 상승이 있을 수도 있다.
- 젖이 아프거나 응어리가 장기간(5일 이후까지) 풀어지지 않거나 열이 날 때는(38도 이상) 유방염의 가능성이 있으므로 바로 병원에 간다.

06 피 임

사 례

Q **18세의 경증 지적장애 여학생 부모다. 이성을 좋아하여 주변의 남자들을 잘 따르는데 그러다 원치 않는 임신이 될까 걱정이다. 어떻게 지도를 해야 할까?**

A 성관계를 하면 임신이 될 수 있다는 사실과 몸과 마음, 경제적으로 준비가 되었을 때 임신을 하는 것이 바람직하다는 것을 지도한다. 임신 과정과 적절한 피임 방법을 알려 주고 달력을 준비하여 매달 생리 시작일을 표시하도록 한다.

문제의 정의 및 처치

건강한 남녀의 성관계는 임신과 직결되므로 몸과 마음이 성숙하고 사회적으로도 인정받을 수 있는 부부가 되었을 때 임신을 해야 한다. 임신은 인간의 생명과 관계되는 일이므로, 언제 아기를 갖고 몇 명의 아기를 낳을 것인가 하는 계획은 아주 중요하다. 준비되지 않은 상태에서의 임신과 출산은 부모와 아기에게 모두 불행을 초래할 수 있으므로 임신을 원하지 않을 때에는 반드시 피임을 해야 한다. 임신이 임신부에게 건강상 위험을 초래하거나 성폭행을 당해 임신이 되었을 때, 결정적인 유전병이 있다는 의사의 진단이 있을 때는 임신 중절이 가능하다. 그러나 우리나라의 경우 법적으로 인공 유산을 원칙적으로 금지하고 있어 원하지 않는 임신이라고 해서 유산시키는 것은 허용되지 않는다.

지적장애 여자 성인의 경우 성폭행 대상이 되어 원하지 않는 임신이 되는 사례가 종종 있다. 성관계는 임신으로 직결될 수 있으므로 임신 중절을 예방하기 위한 다양한 피임 방법을 정확하게 알려 준다.

- 피임의 필요성에 대해 안다.
- 피임과 임신 중절이 무엇인지 알려 준다.

- 다양한 피임법과 정확한 피임 방법을 알려 준다.
- 피임 방법의 장단점과 피임 효과를 알아본다.
- 성폭력 피해자에게 제공될 수 있는 임신 예방법이 무엇인지 알아본다.

가정에서의 지도

- 임신 중절은 모체에 많은 해를 끼치고 윤리적 측면에서도 바람직하지 못하므로 적절한 피임 방법을 선택하여 원치 않는 임신은 사전에 예방하도록 한다.
- 장애 학생이 평소 돈, 음식, 선물 등을 통한 성적인 도구로 이용되지 않도록 지도한다.
- 피임도구 사용법은 부모님이 요청한 경우에만 지도한다.
- 피임은 학생에게 필요한 경우에 실시한다.
- 콘돔은 값이 싸고 피임의 효과도 높으나, 다루는 방법을 익히는 데는 지속적인 교육이 필요하므로 가정에서 아버지나 아버지 역할을 하는 보호자가 보여주고 사용법을 지도한다.

지도 내용 및 활동 계획

활동 목표

- 피임의 필요성을 안다.
- 여러 가지 피임 종류와 피임 방법에 대해 익힌다.

활동 내용 및 방법

임신의 원리 알기(내 몸의 아기집, 아기씨 위치 찾기 놀이)

- 임신의 원리 설명하기
  - 여자의 아기씨와 남자의 아기씨가 만나 여자의 아기집에서 자란다.
  - 난자 부채와 정자 부채가 만나서 아기가 된다.

• 아기는 엄마의 배란일에 맞추어 정자와 난자가 만나야만 생긴다.

■ 내 몸의 아기집, 아기씨의 위치 찾아보기

• 심장, 폐, 위 그림을 옷에 붙이며 남녀 학생의 신체기관에 공통 부분이 있음을 안다.

• 남녀의 신체기관 중 차이가 있는 곳이 있다고 말해 주고 사전 지식을 알아본다.

• 여자는 아기집과 아기씨, 남자는 아기씨를 가지고 있음을 설명해 준다.

• 여학생은 자신의 주먹을 아랫배에 갖다 대고 아기집 위치를 찾아본다.

• 여학생의 아기씨는 자신의 주먹만 한 아기집 양쪽 끝에 나팔꽃 모양으로 생긴 곳에서 아기집으로 한 달에 한 개씩 나온다고 월경을 설명해 준다.

• 남학생의 아기씨는 고환에 있는데, 꽉 차면 소변이 나오는 곳으로 나온다고 설명해 준다.

그림 2-07 여자 아기씨와 아기집, 남자 아기씨 그림, 난자 부채와 정자 부채 그림

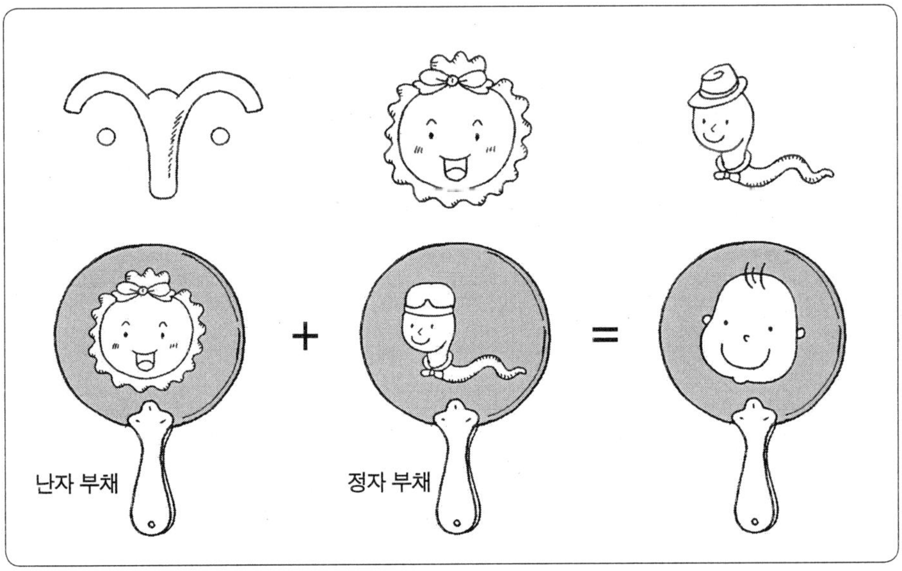

■ 아기집, 아기씨를 몸에 붙여 보기(벨크로를 이용)

• 여학생은 아기집을 아랫배에 붙이고 그 안에 아기씨를 붙인다.

• 남학생은 아기씨를 바지의 앞 지퍼 부위에 붙인다.

• 여자의 아기씨와 남자의 아기씨가 만나 여자의 아기집에서 아기가 생겨 10개월을 자란 후 아기가 태어난다는 것을 인형으로 보여 준다.

피임의 필요성 알기

■ 그림자료를 실물 화상기로 보여 주며 피임의 필요성 설명하기

- 부모가 키울 수 있는 만큼의 자녀를 낳기 위해서
- 건강한 자녀를 갖기 위해서
- 자녀 사이에 적절한 터울을 갖기 위해서
- 부모도 건강하고 행복하게 살기 위해서
- 원하지 않는 임신을 하게 될 경우를 대비하기 위해서
- 부모의 신체적 · 정신적 장애로 인해 임신을 피하는 경우를 위해서

어린 학생이 임신한 어색한 상황 / 아기를 돌봐 줄 사람이 없어 쩔쩔매는 상황 / 돈이 없어 분유를 못 사고 있는 상황

■ 엄마와 아빠는 몇 명의 아이를 낳을 수 있는지 알아보기

- 부부만 있는 가정, 자녀 1~2명인 가정, 자녀 10명인 가정
- 학생들에게 결혼하여 아기를 몇 명이나 낳고 싶은지 물어본다.

■ 만약 내가 10명의 자녀를 낳는다면 어려운 점이 무엇일지 알아보기

- 많은 생활비 / 주거 공간 / 부모님의 건강 / 혼자서 아기를 키우기 어려움

그림 2-08 다양한 가정 구성

임신 중절에 대해 알기(낙태 동영상 자료 시청)

- 임신 중절의 다른 말 알기
  - 낙태, 인공 유산
  - 우리나라는 법적으로 낙태를 허용하지 않는다.
- 낙태 과정을 동영상 자료로 시청한 뒤 소감 말하기
  - 수정 과정부터 생명으로 보기 때문에 살인을 했다는 죄의식을 갖게 된다.
  - 신체에 부담이 많이 가므로 건강에 해롭다.
  - 자궁 골반 염증, 출혈, 자궁 외 임신, 불임 등의 후유증이 생길 수 있다.
- 임신 중절을 허용하는 경우 알기(그림자료 게시)
  - 임신이 임신부에게 건강상 위험을 초래한다고 판단되었을 때
  - 강간이나 준강간 등의 성폭행을 당하고 임신이 되었을 때
  - 결정적인 유전병이 있다는 의사의 진단이 있을 때

피임 방법 알기

- 수정 과정을 통해 피임을 설명하기
  - 수정: 엄마의 아기씨(난자 부채) + 아빠의 아기씨(정자 부채) = 아기(아기 부채)

• 피임: 여자의 아기씨와 남자의 아기씨가 만나지 않게 하는 것

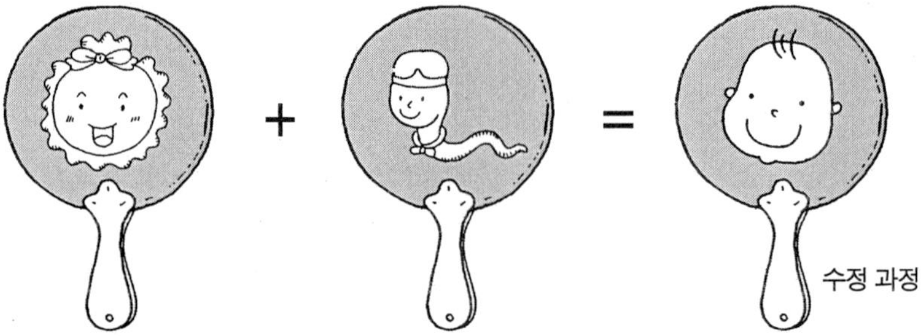

■ 여성이 하는 피임법

• 난관 수술
• 페미돔: 실제 페미돔 보여 주기
• 먹는 피임약: 피임약 보여 주기
• 자궁 내 장치 피임법: 루프 삽입 그림자료 게시

■ 남성이 하는 피임법

• 정관 수술
• 콘돔: 실제 콘돔 및 바른 사용법 그림자료 게시

그림 2-09 콘돔의 바른 사용법

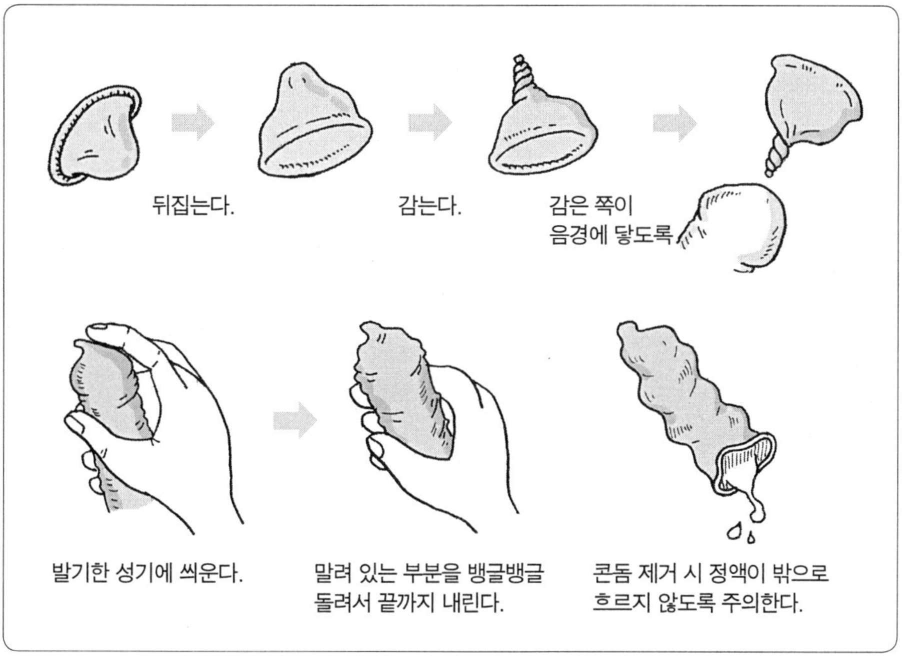

■ 피임 종류 알아보기

원리	피임법
1. 임신 가능 기간 동안의 금욕으로 정자의 질 내 진입 기회 봉쇄	• 월경 주기 이용법 • 자궁경관 점액 관찰법 • 기초 체온 이용법
2. 정자의 질 내 진입 방해	• 콘돔 사용법* • 페미돔 사용법* • 질외 사정법
3. 질 내에 사정된 정자의 무력화	• 발포성 살정제 • 질 좌약 살정제 • 살정 젤리
4. 정자의 자궁 통과 방해	• 자궁 내 장치(일명: 루프)*
5. 호르몬제 투여로 배란 억제	• 먹는 피임약* • 주사피임법 • 피하 이식 피임법
6. 정자와 난자의 통로 차단	• 정관 수술* • 난관 수술*

* 많이 알려진 피임법

피임 기구 실습하기(피임 동영상 자료 시청)

■ 동영상 자료로 피임 방법 시청하기

- 남성 피임기구인 콘돔을 모형 남성 성기에 끼우는 실습해 보기
- 여성 경구피임약을 보여 주고 투약 방법 설명하기
- 여성 피임기구인 루프를 보여 주고 자궁에 삽입한 모습 그림자료를 통해 보여 주기
- 각 기구의 장점과 단점을 알려 주기

피임 방법의 장단점과 피임의 효과 알기

■ 여성 피임법

- **월경 주기법**: 월경 주기 중 배란기 전후의 임신 가능 기간 동안 정자의 자궁 내 진입을 예방하는 방법으로, 배란 및 임신 가능 기간이 월경 주기마다 다르고 개인차가 커서 정확한 피임 효과를 기대하기 어렵다.
- **난관 수술**: 여자의 난관을 막아 난자의 자궁 내 진입을 방해하여 피임하는 방법으로 영구 피임을 목적으로 가장 적합하다.
- **페미돔**: 여성 스스로 자신의 질 내부에 장착하는 것이나 가격이 다른 피임법에 비하여 상대적으로 비싸다.
- **먹는 피임약**: 여성이 매일 1알씩 복용함으로써 난소에서 난자 생성을 억제하여 임신이 되지 않도록 하는 방법이다. 일반적인 부작용으로 1~2주기 복용 시 오심, 구토, 두통, 체중 증가나 기미, 유방통, 비정상적인 질 출혈이 있을 수 있으나 대개 3~4주기 복용 후에는 자연히 없어지는 경우가 많다. 그러나 먹는 피임약은 정맥류 등 혈관계 질환을 유발할 위험이 있으므로, 장기간 복용하지 않는 것이 좋고 특히 35세 이상의 흡연 여성은 복용을 삼가야 한다.
- **자궁 내 장치 피임법**: 방법은 간편하나 출산의 경험이 없거나 자궁의 위치, 모양 등에 이상이 있는 사람은 시술이 불가능하다.
- **기타**: 기초 체온법, 살정제, 응급피임약(의사 처방 필요) 등이 있다.

■ 남성 피임법

- **정관 수술**: 남자의 정관을 막아 정자의 배출을 억제하는 것으로 영구 피임 목적으로 가장 적합하다.
- **콘돔**: 남성의 음경에 씌우는 얇은 고무막으로 정자의 질 내 진입을 차단하여 피임하는 방법이다. 비교적 사용이 간편하고, 피임 효과를 눈으로 확인할 수 있으며 성병을 예방할 수 있다.

활동 자료

■ **내 몸의 아기집, 아기씨 위치 찾기 놀이**: 심장, 폐, 위 그림자료, 여자 아기씨와 아기집 · 남자 아기씨를 붙일 벨크로, 난자 부채와 정자 부채로 이용할 부채

■ **피임의 필요성 알기**: 그림자료 및 실물 화상기

■ **낙태 도영상 자료 시청**: 낙태 관련 동영상 자료, 임신 중절이 허용되는 사례와 관련된 그림자료

■ **피임 방법 알기**: 그림자료

■ **피임 동영상 자료 시청**: 피임 실습 관련 동영상 자료, 경구피임약, 콘돔과 남성 모형 성기, 루프의 실제 모형

■ **피임 방법의 장단점과 피임의 효과 알기**: 피임 방법 관련 동영상 자료

유의점

■ 지적장애인에 대한 성폭력을 근본적으로 차단할 수 없으므로 피임은 나 자신의 몸 건강을 위하여 필수적인 내용임을 알게 한다.

■ 학생들이 피임의 필요성을 알고, 필요한 경우 피임기구를 사용하도록 한다.

■ 100% 완벽한 피임 방법은 없다는 것을 알고, 서로 간에 확실한 합의와 장래에 대한 설계가 없다면 성관계를 갖지 않는 것이 바람직하다는 것을 알려 준다.

3장

성심리 발달

01. 사춘기의 심리 발달 (호기심, 성욕)

01 사춘기의 심리 발달(호기심, 성욕)

사 례

Q **12세 된 남자 지적장애 학생으로, 여학생들이 옷을 갈아입는 것을 훔쳐보고, 어두운 데서나 사람들이 잘 안 보이는 곳에서는 살짝살짝 여자 아이들의 가슴을 만지기도 한다.**

A 사춘기는 성에 관심이 많아지는 시기다. 호기심을 해결해 주기 위해서는 먼저 남녀의 성차이나 2차 성징 등에 대해 설명을 해 주면서 간단한 그림자료 등을 보여준다. 그다음에는 하지 말아야 하는 행동에 대해서는 약속을 받아 두는 것이 좋다. 문제행동이 자꾸 반복된다 하더라도 주변의 어른들은 민감한 반응을 보이지 않는 것이 좋다. 문제행동을 하는 경우에는 단호하게 "안 돼!"라고 말하며, 그 자리에서 중지시킨다.

Q **정서장애가 있는 중학교 남학생으로 여학생만 보면 머리냄새를 맡거나 뽀뽀를 하려고 달려든다.**

A 성호기심이 발달하면서 성충동의 조절이 되지 않는 경우다. 그렇지만 정말 머리냄새가 좋은 건지, 여성에게 관심이 많은 것인지 한번 확인해 본다. 먼저 향기를 좋아하는 경우라면, 향기가 좋은 샴푸로 머리를 감도록 해 주고, 만약 여성에게 관심이 많은 것이라면, 지속적으로 남녀의 성 차이에 대해서 설명을 해 준다. 그와 함께 예의를 지켜야 하는 행동에 대해서 설명해 준다. 뽀뽀하려는 행위는 어디선가 학습된 것일 수 있다. 주변에 불건전한 볼거리나 동영상이 있다면 치워서 건전한 환경을 만들어 준다.

Q 15세 된 정서장애 남학생이다. 아무 곳에서나 치마 입은 사람을 보면 "스타킹 신었어?"라고 물으며 다른 사람의 스타킹을 강제로 쓰다듬는 행동을 일삼는다. 여선생님들의 치마까지 걷어 올리면서 쓰다듬어 선생님들이 힘들어한다.

A 이성에 대한 관심이 과도한 나머지 과격한 행동을 보이는 경우다. 먼저, 이성 간의 예절을 설명해 준다. 그렇지만 너무 과도한 반응을 보이면, 아동이 죄책감을 가질 수 있으므로 객관적인 자세로 이야기를 해야 한다. 그리고 스타킹 외의 다른 촉감을 느끼게 해 준다. 쌀, 모래, 사포, 흙 등을 자주 접하게 해 주면서 촉감놀이를 시도해 본다. 그래도 스타킹에 너무 심한 집착을 보인다면 당분간 스타킹을 신겨 주거나 인형에게 스타킹을 씌워 주어 학생에게 제공해 주어 편하게 만지며 스타킹 촉감을 충분히 느낄 수 있는 기회를 준다.

문제의 정의 및 처치

지적장애인에게는 성에 대한 부분이 상당히 금기시되어 온 것이 사실이다. 낮은 지적 수준으로 인해 성에 노출되는 것이 오히려 위험할 것이라는 판단으로 많은 부모들이 무조건적으로 성을 피하곤 한다.

그러나 학생들이 성장하면서 성적으로도 함께 성숙하기 때문에 성교육은 간과해서는 안 되며, 학생 스스로 준비할 수 있게 도와주어야 한다.

- 남녀 성의 차이에 따른 신체적 차이를 목욕탕에서나 옷을 갈아입을 때 자연스럽게 알려 준다.
- 각각의 성의 차이에 따른 2차 성징에 대한 지식을 제공한다.
- 조용히 앉아 있어야 하는 경우에는 성기에 대한 관심을 분산시키기 위한 손을 활용한 게임(블록)을 하게 한다. 호기심이 강한 아이에게는 여러 가지 체험을 직접 해 보게 한다(직접 스타킹 신어 보기, 아기 엄마 되어 보기, 가슴을 만들어 보기 등).
- 성적 욕구의 해결을 위한 운동(예: 수영, 에어로빅, 축구, 농구 등)을 실시한다.
- 예의 바른 행동과 공적 · 사적 장소에 대해서 설명한다.
- 학생이 성욕에 집중하지 않고, 스스로 자기 계발을 할 수 있도록 돕는다.

- 촉각놀이(쌀, 모래, 사포, 흙 등)를 자주 해 보게 하여 특정 감각 외의 다른 촉감을 경험하게 하여 다양한 촉감에 흥미를 갖게 한다.

가정에서의 지도

- 목욕탕에서나 가정에서 옷을 갈아입을 때 자연스럽게 남녀의 차이에 대해서 설명한다.
- 남녀의 신체적 차이에 대해서 설명을 할 때 가급적 실제적 자료(그림이나 인형 등)를 사용하여 설명한다.
- 아동에게 인형 등을 탐색할 시간을 준다. 아주 가까운 사이(예: 부부나 부모님)에서만 이루어지는 행동이 있음을 알려 준다.
- 아동의 주변 환경에 성적 자극물을 최소화한다(야한 동영상, 성인잡지 등을 치운다).
- 아동이 성에 관심을 보인다고 너무 과도하게 반응하지 않는다.
- 아동의 이상 성행동(예: 자위행위나 가슴 만지기, 훔쳐보기 등)을 발견했을 경우에는 즉시 그 자리에서 중지시킨 후 사적인 영역(혼자 있을 수 있는 곳)으로 가도록 한다.
- 이성 간에 자연스럽게 만날 수 있는 모임(교회나 동아리 활동 등)을 마련한다.
- 아동이 외모를 깔끔하게 꾸미도록 도와주고, 아동의 외모에 자신감을 가져 자신을 사랑할 수 있게 해 준다.
- 아동의 이야기를 끝까지 들어주어 자아존중감을 높일 수 있게 돕는다.
- 학교에서 어떻게 지냈는지 물어보거나, 선생님의 이야기를 학생이 말로 전달하게 한다.
- "나는 소중한 사람이에요!"라고 말하며, 부모님과 눈 맞추기를 10초 이상 하도록 한다.
- 평상시에도 좋아요, 싫어요, 사랑해요 등 자기표현을 할 수 있게 도와주며, 지시보다는 선택을 할 수 있게 한다.

지도 내용 및 활동 계획

활동 목표

- 성욕(이성 간에 사랑하는 감정이 생겨 아기를 갖게 하는 행위를 하고 싶어 하는 마음)에 대해 알고, 성욕이 발생하였을 때 나타나는 신체 반응에 대처하는 방법을 안다.
- 이성과의 자연스러운 접촉을 통해 이성에게 적절한 행동을 한다.
- 긍정적인 자아상을 확립하여 원만한 인간관계를 형성한다.

활동 내용 및 방법

⚤ 나의 미래상

- 잡지 여러 권, 종이, 풀 등을 준비한다.
- 자신이 생각하는 미래상이나 되고 싶은 나의 모습을 잡지에서 오려 붙이기를 한다.
- 한 명씩 나와서 미래상을 왜 이렇게 만들었는지, 왜 이런 모습을 바라는지 발표하게 한다.

⚤ 매력 찾기

- 여러 배우의 사진 준비하기
- 각자 좋아하는 배우를 고르기
- 각자 고른 배우의 사진을 보고 매력적인 부분 발표하기
- 한 명씩 나와서 자신이 고른 배우가 마음에 드는 이유 발표하기

⚤ 요즘의 내 마음은……

- 아래 양식의 학습지를 나누어 준다(또는 옆모습의 뇌구조 그림에 칸을 10칸 정도 만든다).
- 교사가 소형 문장 카드를 나누어 준다.

  (예: 혼자 있고 싶다, 담배를 피우고 싶다, 이성친구를 사귀고 싶다, 술을 마시고 싶

다, 여자 친구들의 가슴을 만지고 싶다, 멋진 이성을 만나면 가슴이 뛴다, 여자 연예인이 좋다, 엄마 아빠와 있으면 짜증이 난다, 가만히 있어도 짜증 난다 등)

- '이렇게 해 볼래요'에 해당하는 고민이나 갈등을 해소할 수 있는 방법을 적은 문장카드를 나누어 준 다음 직접 붙이거나 손으로 쓰게 한다.
  (예: 책을 많이 읽는다, 운동을 열심히 한다, 음악을 듣고, 춤을 춘다, 재미있는 놀이를 다른 친구와 한다, 친구와 축구를 한다, 친구들과 놀이동산에 간다 등)
- 한 명씩 나와서 친구들에게 보여 주며 큰 소리로 발표하게 한다.

풍선 안아서 터뜨리기

- 교사가 풍선을 적당한 크기로 분 후, 학생과 마주 서서 안아서 터뜨리는 시범을 보인다.
- 몸통만 사용하게 하고, 남녀 2인 1조로 풍선을 나누어 준다.
- 시작 신호에 맞추어 풍선을 불어서 먼저 터뜨리는 조가 우승한다.
- 우승한 조에게는 적절한 보상(상품)을 주어 게임에 열중하게 한다.

이성과 신체 접촉하기(빼빼로 과자 먹기 놀이)

- 빼빼로 과자를 준비한다.
- 남녀 조를 짜서 양쪽에서 빼빼로를 물게 한 후 손을 안 대고 짧게 먹기 게임을 한다.

■ 빼빼로가 가장 짧게 남도록 먹는 팀을 우승팀으로 선발 후 보상한다.

■ 게임 종료 후 게임을 할 때 어떤 느낌이 들었는지 이야기 나눠 본다.

마음에 드는 이성을 볼 때 몸의 변화 이야기하기

■ 멋진 연예인 사진 여러 장, 적절하게 야한 사진, 학생들이 좋아하는 이성친구의 사진을 칠판에 붙인다.

■ 한 명씩 나와서 좋아하는 사진에 웃는 표정의 그림을 붙이도록 한다.

■ 고른 사진을 보면 어떤 마음이 드는지 이야기한다.

■ 그런 마음이 들면 자신의 몸에서 어떤 일이 일어나는지 이야기하게 하거나 그림을 고르게 한다.

(예: 얼굴이 빨개져요, 성기가 뻣뻣해져요, 가슴이 쿵쾅거려요 등)

얼굴이 빨개져요 / 성기가 뻣뻣해져요 / 가슴이 쿵쾅거려요

유방은 어떻게 생겼나요

■ 유방 그림을 준비한다.

■ 유방 그림을 한 장씩 떼어내며 유방의 사실적인 모습과 필요성을 설명한다.

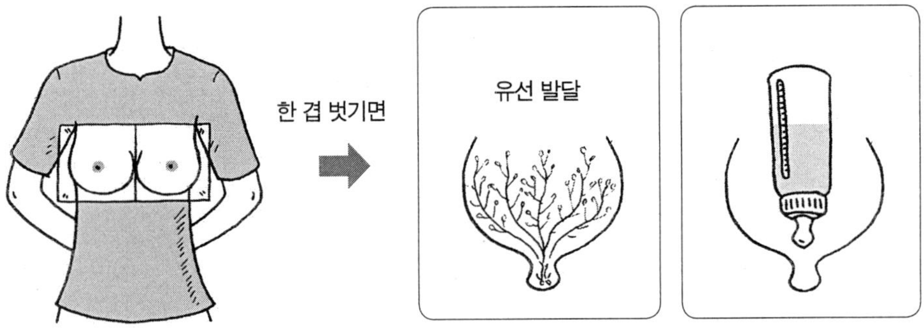

다트게임

- 사춘기의 정서적 변화와 행동 특성, 건강하게 보내는 방법을 그림자료를 통해 설명한다.
- 각각의 상황이 있는 카드를 칠판에 붙인다.
  외모에 관심이 많음, 이성에 대한 호기심 증가, 이성친구 괴롭히기, 심한 감정변화, 부모님께 반항하기, 형제와 다투기, 신경질 내기, 소리 지르기, 혼자 있기 등
- 스트레스 해소법(성욕 조절하는 방법)을 한쪽에 붙인다.
  신나게 노래 부르기, 춤추기, 운동(수영, 배구, 농구, 던지기 등), 친구들과 게임하기, 취미활동 하기 등
- 한 사람씩 나와서 자신의 상황에 맞는 카드를 고른 다음, 고른 카드 숫자만큼 스트레스 해소 다트판에 핀을 던진다.
- 다트판에 꽂힌 해소법대로 실행한 다음 실행을 끝낸 친구에게 보상을 해준다.

이럴 땐 이렇게 해요

- 각각의 상황이 묘사된 그림을 칠판에 붙인다.
  (발기가 된 모습, 좋아하는 사람과 함께 있는 모습, 실수하여 사과를 해야 하는 상황 등)
- 한 사람씩 나와서 내가 이 상황이라면 이렇게 하겠다는 발표를 한다.
  (좋아하는 사람에게 먼저 가서 말을 건다, 고추를 만지고 싶어지면 화장실로 간다, 발기가 되었을 때는 윗옷으로 가리고 다른 곳으로 간다, 귀를 후빈다 등)

- 발표가 끝난 후 그림자료를 보여 주면서 각 상황에 맞는 적절한 표현과 방법을 가르쳐 준다.
- 교사의 설명을 들은 후 학생이 한 명씩 나와서 각 상황에 맞는 역할극을 한다.

활동 자료

- 나의 미래상: 잡지 여러 권, 종이, 풀
- 매력 찾기: 배우 사진 여러 장
- 요즘의 내 마음은……: 학습지, 문장카드
- 풍선 안아서 터뜨리기: 풍선, 보상용 선물
- 빼빼로 과자 먹기 놀이: 빼빼로, 선물
- 마음에 드는 이성을 볼 때 몸의 변화 이야기하기: 연예인 사진 여러 장, 개인용 스마일 그림판, 발기된 그림, 얼굴이 빨개진 그림, 가슴이 뛰는 그림, 만지려고 하는 그림 등
- 유방은 어떻게 생겼나요: 유방 그림자료
- 다트게임: 다트판, 다트(공기압축식), 사춘기의 행동 특성 그림, 스트레스 해소법 그림
- 이럴 땐 이렇게 해요: 발기된 그림, 좋아하는 사람과 함께 있는 모습, 얼굴이 빨개진 그림, 가슴이 뛰는 그림, 실수하는 그림, 화장실 그림, 옷으로 가리는 그림 등

유의점

- 사춘기에 이성교제를 하거나 이성에 관심을 갖는 것은 자연스러운 과정임을 알게 한다.
- 수줍어하지 않고 큰 소리로 자신의 감정을 솔직하고 자연스럽게 발표함으로써 충분한 경험의 장이 될 수 있도록 하며, 진지한 분위기에서 듣고 입장을 바꾸어 생각하며 경청하도록 한다.
- 사춘기의 행동 특성은 모든 사람에게 똑같이 나타나지 않는 것임을 알게 한다.
- 사춘기의 이성교제의 한계를 분명히 설명하고 그 표현의 적합성이나 격식, 예절에 대하여도 함께 지도한다.

■ 슬기롭게 극복한 경우와 그렇지 못한 경우를 비교하여 알게 하고, 건전하게 승화·극복하도록 돕는다.

■ 언어적 표현이 어려운 경우 표정으로 자신의 감정을 나타내도록 반복 연습시키며 전 수업기간을 통해 자기주장이나 자기표현을 스스럼없이 하도록 분위기와 기회를 만들어 준다.

■ 이성 짝을 의식하지 않고 게임에 열중하면서 자연스러운 신체 접촉을 하도록 적절한 보상을 사전에 준비한다.

■ 발표를 통하여 학생은 자신의 고민이나 갈등을 진지하고 솔직하게 표현하도록 하여 스트레스 해소의 기회가 되도록 한다.

참고 내용

■ 사춘기의 심리적 변화

- 외모에 관심이 많아진다.
  예) 여드름 때문에 고민한다.
- 성적 호기심이 커진다.
  예) 여자화장실을 훔쳐본다, 야한을 사진 본다,
  기수, 운동선수, 탤런트를 짝사랑해 가슴앓이한다
- 감정에 변화가 심하여 충동적으로 행동할 수 있다.
  예) 우연한 기회에 성인용 동영상, 잡지를 접하고 충격을 받기도 한다.
  그 때문에 어른들에 대해 불결한 생각을 갖기도 한다.
- 이성에 관심이 많아져서 남자는 여자에게, 여자는 남자에게 잘 보이려고 애쓴다.
  - 사춘기에는 누구나 이성에 대한 관심과 호기심이 커진다.
- 혼자 있고 싶어 한다.
  - 부모나 가족의 보호와 간섭으로부터 벗어나 독립하고 싶어 하는 마음이 싹튼다.
  - 방문을 걸어 잠그고 혼자 있고 싶어 한다.
  - 사소한 일로 가출을 하기도 한다.

- 속마음을 나눌 수 있는 단짝 친구를 원한다.
- 사춘기 때는 누구나 생각을 많이 하게 되고 고민하게 된다.
  - 이러한 현상은 자연스러운 것이므로 놀라거나 당황하지 않는다.

■ 사춘기를 슬기롭게 보내는 행동

- 취미활동

  불안한 정서를 다스리는 데 도움이 된다.

  예) 등산, 수영, 축구, 태권도 등의 체육활동, 미술활동, 봉사활동, 가사일
- 또래 친구와 우정 쌓기
  - 또래 친구들은 애정과 이해의 바탕이 된다.
  - 스스로 일을 처리하려는 자율성과 독립심이 길러지도록 자신감을 준다
  - 성숙한 인간으로 성장하는 데 도움이 된다.
- 학교 안팎에서의 활동에 참여하기
  - 그룹활동이나 모임 등에 참가하여 많은 경험을 쌓는 기회를 갖는다.
- 책을 많이 읽기
  - 간접 경험을 통해 세상을 배운다.
  - 자신의 성장에 도움이 되는 지식을 얻는다.

4장

성건강

01. 생식기 보호

02. 성인성 질환

03. 자위행위

01 생식기 보호

사 례

Q **아이의 가슴이 나오기 시작해서 브래지어를 사서 입혔다. 그랬더니 아무 곳에서나 이를 빼 버리는데 어떻게 지도해야 하나?**

A 처음에는 러닝과 브래지어의 기능이 함께 있는 러닝브래지어를 입으면 거부감이 적어 대체로 잘 착용한다. 러닝 위에 브래지어를 착용하는 방법도 있다.

Q **5세 남자 아이인데 평상시에 팬티를 잘 입지를 않는다. 어느 날 갑자기 걸음걸이가 이상해서 보니 회음부와 귀두부가 빨갛게 부어 있었다.**

A 남자의 경우 팬티를 입지 않고 바지의 지퍼를 올릴 경우 음경의 표피가 지퍼에 물릴 수 있으므로 꼭 팬티를 입는 습관을 갖도록 지도한다. 속옷을 아이가 좋아하는 것으로 선택해 본다. 속옷이 너무 작거나 커도 불편하고 소양증을 일으키므로 반드시 신체에 잘 맞는 속옷을 입도록 지도한다.

문제의 정의 및 처치

인간은 다른 동물과 달리 자연적인 상태에서 신체 보호 수단을 갖고 있지 못하다. 따라서 인간은 자연환경으로부터 몸을 보호하기 위하여 옷을 착용하기 시작했으며, 신체 보호 기능은 현대인의 옷에서도 매우 중요하다.

속옷은 겉옷의 모양을 바르게 하는 것뿐 아니라 보건 위생의 중요한 역할을 한다. 즉, 속옷은 보온, 청결, 위생 등 신체를 보호하는 기능이 있다.

가정에서의 지도

- 속옷을 거부하는 원인을 분석한다.
  (거친 시접솔기, 브래지어 사이즈 불량, 고무줄의 넓이 등)
- 충분한 시간을 갖고 지도한다.
- 브래지어의 뒤 잠금장치를 스스로 잠글 수 있도록 지도한다.
- 속옷 선택에 아동의 선호도를 배려한다.
- 비데 사용법(좌욕하는 방법)을 지도하여 생식기를 스스로 청결하게 관리할 수 있도록 한다.
- 자신의 속옷을 스스로 정리정돈할 수 있도록 지도한다.

지도 내용 및 활동 계획

활동 목표

- 생식기 보호의 중요성을 알고 위생적으로 관리한다.
- 자신의 몸에 맞는 속옷을 선택하여 착용한다.
- 속옷을 바른 순서로 착용한다.

활동 내용 및 방법

인체도 그려 보기

- 전지에 남녀 학생 1명씩을 눕게 한 후 몸을 따라서 그리기
- 본뜬 모형 안에 인체의 각 부분을 그려 넣기
- 각 기관의 명칭을 알아보기
- 각 기관의 기능을 알아보기
- 동의를 구해서 다른 사람이 만져도 되는 부분을 표시하기
  - 머리, 손, 발, 얼굴, 다리 등
- 나만이 만질 수 있는 부분 표시하기(팬티와 러닝 입는 부위)
  - 속옷 입히기
  - 나뭇잎으로 가리기

• 신문지를 찢어서 붙이기

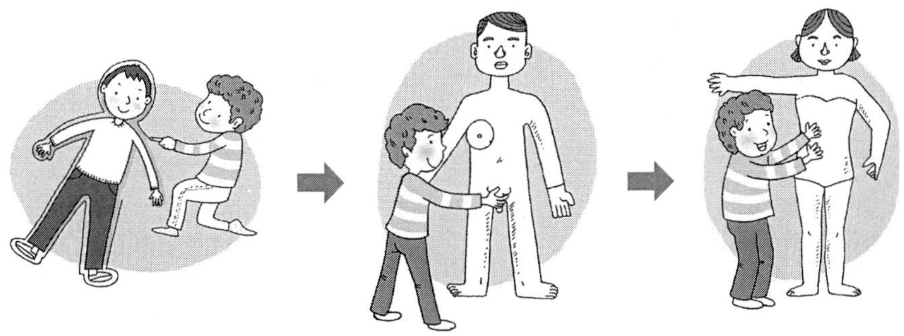

전신 그리기 모형 붙이기 속옷 입히기

보호하는 방법 찾기(포장놀이)

■ 깨지기 쉬운 물건은 어떻게 보호할까?(유리컵 안전하게 이동하기)

■ 쉽게 긁히는 물건은 어떻게 보호할까?

■ 우리의 몸을 보호(포장)하는 방법 찾기

- 피부의 생김(두께, 조직, 색깔 등)과 역할을 알아보자.
- 온몸의 피부 중에서 제일 약한 곳은 어디일까?
- 약한 부분을 보호하기 위해 우리가 할 수 있는 일은?

속옷감 선택하기(옷감 고르기)

■ 여러 가지 종류의 옷감을 준비하기

■ 얼굴(볼)에 옷감을 비벼 보며 느낌 이야기하기

■ 각 옷감 위에 물을 주사기로 떨어뜨려 흡수되는 속도를 살펴보기

■ 속옷으로 적당한 옷감을 고르기

속옷의 종류 알아보기

■ 함께 뒤섞여 있는 속옷을 여성용과 남성용으로 분류하기

■ 뒤섞여 있는 속옷 속에서 자기에게 맞는 속옷 찾기

- 남성용과 여성용을 구분하여 화이트보드 위에 붙여 보기
- 여성 속옷과 남성 속옷의 다른 점을 살펴보기
- 팬티를 안 입는다면 어떤 느낌일지, 또 어떤 점이 불편할지 알아보기
- 브래지어 컵의 크기를 비교해 보기
  (브래지어 사이즈=밑가슴둘레+컵 사이즈)

브래지어 컵 사이즈 산출 방법

컵 표시	밑가슴둘레와 가슴둘레의 차이
AA	5cm 내외
A	7.5cm 내외
B	10cm 내외
C	12.5cm 내외
D	15.5cm 내외
E	17cm 내외

브래지어 사이즈 산출 방법

브래지어 사이즈	밑가슴둘레 허용 범위
65	63 ~ 67cm
70	68 ~ 70cm
75	73 ~ 77cm
80	78 ~ 82cm
85	83 ~ 88cm
90	89 ~ 93cm
95	93 ~ 98cm
100	99 ~ 103cm

⚥ 속옷 선택하기(상점놀이)

- 가게 점원과 손님을 정하기

점원 어서 오세요, 무엇을 도와드릴까요?

손님 속옷을 사려고 왔는데요, 브래지어를 보여 주세요.

점원 여기 있습니다. 골라 보세요.

손님 어떤 천을 사용한 속옷이 좋을까요?

점원 속옷은 면으로 된 것이 피부를 보호하고 땀 흡수도 잘 되지요.
이것은 어떠세요?"

손님 제게 맞는 사이즈(크기)는 어느 정도가 좋을까요?

점원 (줄자를 사용하여 손님의 치수를 잰다.)

손님 75A, 80B, 85C의 숫자는 무엇을 뜻하나요?

점원 밑가슴둘레와 브래지어 컵의 크기를 나타냅니다. 손님은 밑가슴둘레가

80cm이고 가슴둘레가 86cm이므로 80A사이즈가 맞습니다.

손님　이것이 마음에 드는군요. 얼마예요?

(자신의 몸에 맞는 속옷을 고르고 상점을 나온다.)

■ 브래지어는 체형, 계절, 기능에 따라 다양하게 선택하도록 지도한다.

그림 4-01 속옷의 종류

속옷 입는 순서 알기(인형 옷 입히기)

■ 어떤 옷들이 필요할까요?

■ 속옷은 언제 갈아입을까요?

- 팬티는 매일 갈아입는다.
- 자위행위나 몽정 후 깨끗한 팬티로 갈아입는다.
- 목욕하고 나서 깨끗한 속옷으로 갈아입는다.

■ 속옷을 입는 순서대로 나열해 보기

■ 옷을 바른 순서대로 입혀 보기

⚤ 속옷 정리하기

■ 빨랫감 통에서 속옷 분류하여 따로 세탁하기

■ 자기 속옷(팬티) 빨기

■ 브래지어 접는 방법 알기

■ 팬티 접는 방법 알기

■ 속옷 보관하기

그림 4-02 속옷 접는 순서

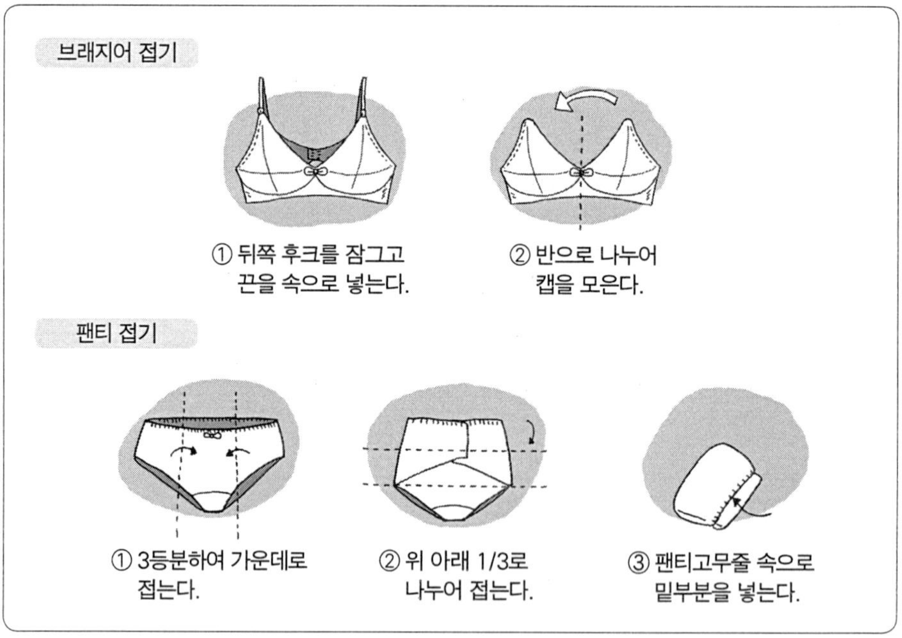

활동 자료

- 인체도 그려 보기: 전지, 색연필, 나뭇잎, 신문지, 수건
- 포장놀이: 유리컵, 에어비닐 포장지, 신문지, 끈, 헝겊
- 옷감 고르기: 여러 가지 종류의 옷감, 물, 주사기
- 속옷의 종류 알아보기: 여러 가지 속옷(여성용, 남성용, 아동용)
- 상점놀이: 여성용 속옷, 남성용 속옷, 상품 진열대, 옷걸이, 줄자
- 인형옷 입히기: 인형, 팬티, 브래지어, 러닝셔츠, 거들
- 속옷 정리하기: 학생 각자의 속옷, 여러 종류의 의복

유의점

- 내 몸은 나부터 사랑하고 아껴야 함을 지도한다.
- 생식기의 중요성을 알고 소중하게 관리해야 함을 지도한다.
- 지나치게 달라붙는 옷을 입으면 음낭의 온도가 상승하여 정자의 활동이 약화되거나 감소될 수 있음을 주의시킨다.

참고 내용

- 올바른 신체 사이즈 측정법
  - 계측 자세
    측정 시 옷을 모두 벗고 슬립 차림으로 머리는 깔끔하게 정리하고, 눈은 정면을 향하고, 허리는 곧게 편다.
  - 윗가슴둘레(top)
    - 가슴이 처지지 않은 경우에는 줄자로 가슴을 누르지 않은 상태에서 유두점을 지나 수평으로 잰다.
    - 가슴이 처진 경우에는 밑가슴이 시작하는 곳에 양 손바닥을 펴서 가슴을 살짝 받친 상태로 유두점을 지나 수평으로 잰다. 이때 너무 세게 가슴을 받치면 정확한 사이즈를 잴 수 없다.
    - 가슴을 받치는 자세로 정면을 바라본다. 이 상태의 모습이 가장 아름다운 가슴의 모습인지 확인하고 줄자가 유두를 지나도록 하여 수평으로 잰다.

- 밑가슴둘레
  - 가슴을 완전히 감싸 올리고 가슴이 시작되는 곳에 줄자를 두른다.
  - 줄자를 수평으로 돌렸으면, 감싸 올렸던 가슴을 내려놓고 팔은 차렷 자세로 호흡을 내쉰 후, 편안한 자세에서 밑가슴 부위를 수평으로 잰다.
- 허리둘레
  - 이상적인 체형을 가진 사람의 정상적인 허리 위치는 팔꿈치 안쪽 두드러진 뼈와 만나는 선이다.
  - 차렷 자세에서 팔꿈치 안쪽 뼈와 허리에서 가장 가는 부분이 일치하면 그 부분을 호흡을 내쉰 후 수평으로 재면 된다.
  - 이때 너무 꼭 조여 재거나 너무 느슨하게 재지 않도록 주의하며, 호흡을 내쉰 후 편안한 자세에서 잰다.
- 배둘레
  - 배둘레는 앞면에서보다 옆면에서 재는 것이 더 정확하다.
  - 옆에서 보아 배 부위에서 가장 두드러지게 나온 부분을 수평으로 잰다.
  - 이때 배의 가장 두드러진 부분을 찾기 어려우면 골반뼈의 가장 위쪽 두드러진 부분을 수평으로 돌려 재면 쉽고 정확하게 잴 수 있다. 주의할 것은 배둘레가 볼록할 경우 줄자가 미끄러져 처지므로 줄자를 살짝 손가락으로 누른 후 수평이 되게 돌려 잰다.
- 엉덩이둘레
  - 엉덩이둘레 역시 옆면에서 재는 것이 정확하다.
  - 옆면에서 보아 엉덩이 부분에서 가장 두드러지게 나온 부분에 줄자를 돌려 수평으로 잰다.
  - 배가 많이 나온 경우에 배 부분에서 플라스틱자 등을 대고 엉덩이둘레를 재서 여유분을 더해 준다.
- 넓적다리
  - 넓적다리 둘레는 정면에서 보아 허벅지의 가장 두드러진 부분을 수평으로 잰다.
  - 양쪽 허벅지를 모두 재며, 가장 두드러진 부분을 찾기 어려우면 2~3군데를 재서 가장 큰 치수를 선택한다.

그림 4-03 올바른 속옷 사이즈 측정법

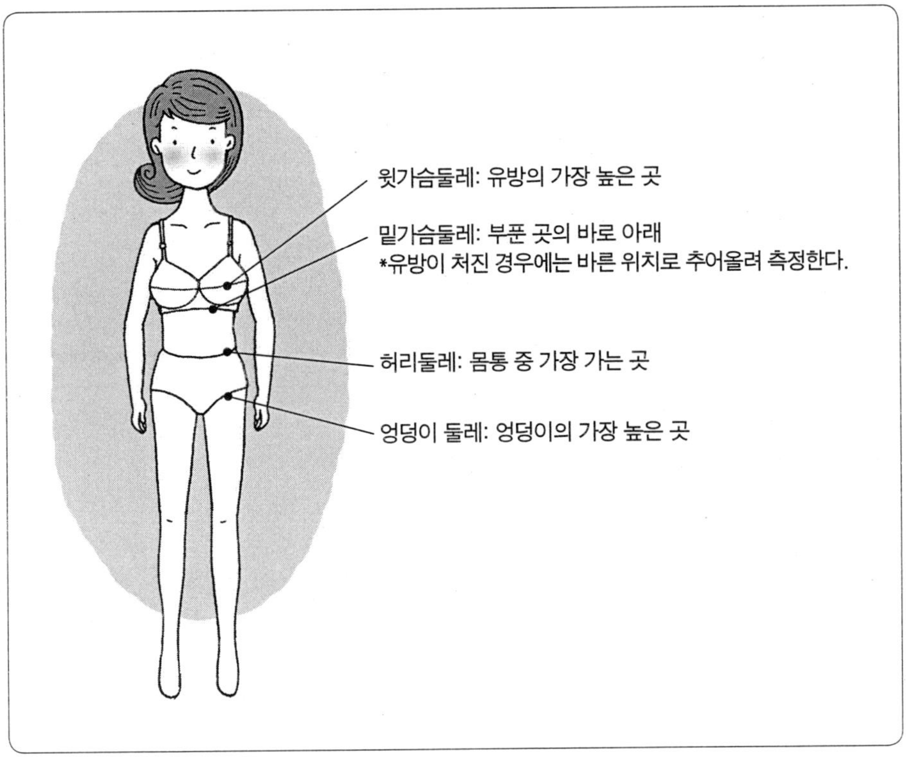

02 성인성 질환

사 례

Q **목욕을 시켰는데도, 16세 된 여학생에게서 불쾌한 냄새가 계속 나서 살펴보니 질구 부위에 염증이 심하고, 작은 레고 블록이 들어가 있었다.**

A 더러운 손으로 생식기를 심하게 만질 경우 외상이나 염증이 생길 수 있으며, 질구에 이물질을 넣는 경우에는 정기적인 병원 검진을 받는 것이 좋다.

Q **아이가 성폭행을 당한 후 자꾸 회음부를 만져서 살펴보니 냄새 나는 분비물이 생겼다.**

A 성인성 질환은 성적 접촉으로 인해 전염된다. 성폭행을 당한 경우 계속적인 추후 관리가 요구된다.

문제의 정의 및 처치

성인성 질환이란 성 접촉으로 인하여 올 수 있는 모든 질환을 말한다. 과거에는 직접 성교에 의하여 옮겨지는 질환을 생식기 질환이라고 하였다. 그러나 환자들이 병원을 꺼려하는 경향이 있어서 치료에 문제가 있었다. 이로 인해, 환자들의 병원 접근을 용이하게 하기 위해 성적 접촉으로 인해 전파되는 전염성 질환을 포함한 포괄적 용어로 '성인성 질환'이라는 용어를 사용하게 되었다.

성인성 질환은 한 번 걸려서 치료했다고 면역이 생기는 것이 아니며, 생식기에만 감염되는 것이 아니라 항문, 입술, 손, 가슴 등 어느 부위에도 생길 수 있다. 현대에 들어 의학기술의 발전에도 동서양을 통해 근절되지 않고 있다.

오늘날 성인성 질환은 그 치료 방법이 잘 알려져 있음에도 청소년층에서 많이 발병하고 있어 사회문제가 되고 있다. 따라서 어릴 때부터 성인성 질환에 관한 지식을 갖게 함으로써 성행동에 관한 책임감을 갖게 해야 한다.

가정에서의 지도

■ 성인성 질환의 일반적인 예방법

- 성인성 질환에 대한 지식을 알아야 한다.
- 감염자와의 접촉을 피하고, 감염 시 조기에 적절하고 유효한 치료를 서두른다.
- 생식기에 이상이 있다면 바로 진찰을 받도록 한다.
- 생식기에 분비물이 있는지 또는 물집이나 궤양이 있는지 살펴본다.
- 성인성 질환에 감염된 것이 확인되면 상대에게 그 사실을 알려야 한다.
- 서둘러서 검진하고 치료해야 더 심각한 2차 질환을 예방할 수 있다.
- 생식기 부위를 잘 닦고 깨끗하게 세탁된 속옷을 입는다.
- 비누(특히 강한 향이 있는)는 생식기에 자극을 주고 세균을 잘 번식하게 하므로 되도록 사용하지 않는 것이 좋다.
- 남자는 가성포경 시 샤워기의 흐르는 물로 표피를 쓸어내려 귀두부도 씻을 수 있도록 한다.

■ 질염 예방법

- 대변을 닦을 때는 항상 앞쪽에서 뒤쪽으로 닦는 습관을 갖도록 한다.
- 가급적 면 팬티를 입는다.
- 질세정제 등을 너무 자주 사용하여 질 내부를 세척하는 것을 피한다.
- 항생제를 필요 이상 과용하지 말아야 한다.
- 질에 불쾌감을 주거나 통증을 유발하는 성행위는 피한다.

지도 내용 및 활동 계획

활동 목표

- 성인성 질환(예: 에이즈)의 감염 경로와 증상을 알고 성인성 질환의 예방법을 안다.
- 성인성 질환에 대해 알고 성에 관한 바람직한 태도를 갖는다.

활동 내용 및 방법

⚥ 동영상 시청하기 '생식기 질환과 에이즈는 예방이 최고'

- 동영상을 보고 난 느낌 발표하기
- 성인성 질환이란 무엇인지 알아보기
- 성인성 질환의 감염 경로, 증상, 예방법 알아보기
- 성인성 질환의 심각성 알기
- 동영상을 통해서 새롭게 알게 된 사실이나 더 알고 싶은 것 질문하기

⚥ 질병 사진 보기(실물 화상기 이용)

- 종류와 증상이 생각했던 것보다 심각함을 강조한다.
- 성인성 질환의 주 감염 원인
  - 직접 성교에 의한 감염
  - 보균자나 환자와 함께 이불을 덮고 자거나 피부 접촉으로 감염(사면발이)
  - 키스, 수혈, 체액 등에 의한 전염
  - 임신 중 모체로부터 감염(매독)
- 성인성 질환은 초기에 발견하여 치료하면 대부분 치료가 가능하므로 이상이 있으면 혼자 고민하거나 숨기지 말고 부모님, 선생님과 의논하거나 병원에 가서 정확한 진단과 치료를 받도록 중점 지도한다.
- 그러나 무엇보다 중요한 것은 예방임을 강조한다.

성인성 질환에 노출되는 상황 판단하기

- 일상생활에서 성인성 질환 예방을 위해 조심해야 할 상황 구분하기
- 여러 상황 그림판에 × 모양 스티커 붙여 보기

괜찮아요	안 돼요
밥을 같이 먹는다	키스를 한다
손을 잡고 걷는다	옷을 벗고 같이 잔다
면도기(칫솔)는 내 것만 사용한다	남의 면도기(칫솔)를 사용한다
대중탕에서 개인용 비닐깔개를 사용한다	대중탕에서 축축한 수건을 깔고 앉는다

성인성 질환 예방법 알기(우리가 할 수 있는 일)

- 대변을 닦을 때는 항상 앞쪽에서 뒤쪽으로 닦는다.
- 깨끗한 면 팬티를 입는다.
- 질 세정제 등을 너무 자주 사용하여 질 내부를 세척하는 것을 피한다.
- 강한 향이 있는 비누는 생식기에 자극을 주고 세균을 질 번식하게 하므로 가능한 사용하지 않는다.
- 남자는 가성포경 시 샤워기의 흐르는 물을 사용하여 표피를 쓸어내려 귀두부도 씻을 수 있도록 하다.
- 항생제를 필요 이상 과용하지 말아야 한다.
- 대중탕 이용 시 앉을 자리를 비누로 깨끗이 닦고 앉는다.

에이즈란(정의 및 증상)

- 우리 몸의 면역에 대해 알아본다.
- 에이즈는 면역의 힘을 약하게 만드는 바이러스에 감염되는 병이다.
  - 후천성면역결핍증: 에이즈 바이러스가 몸에 들어와 몸속에서 세균을 죽이는 역할을 하는 림프구를 죽게 하므로 몸속에 여러 가지 병이 생기게 되어 죽게 되는 병이다.

■ 에이즈의 진행 단계 알기

단계	증 상
1	• 감기와 비슷한 증상 • 몸이 피곤하고 식은땀이 나며, 뼈마디와 근육이 아프다. 목이 아프고 설사가 나기도 한다.
2	• 2~5년쯤 증상이 없다가 목, 겨드랑이 사타구니 등 온몸의 림프선이 부어서 혹같이 만져진다.
3	• 감염 후 3년쯤 후에 나타난다. • 38℃ 이상의 고열, 기침, 설사, 체중 감소, 피부병이 생긴다.
4	• 카포지 육종, 폐렴, 곰팡이 감염, 치매 증상을 보이다 결국 사망한다.

■ 단계별 그림판으로 에이즈의 진행 과정 순서를 나열해 본다.

⚤ **신문 활용 교육**(에이즈 관련 기사 발표 및 소집단 활동)

■ 에이즈 관련 기사 찾아보기

■ 서로 돌려 가며 읽고 발표하기

■ 에이즈에 대한 지식을 아동이 수집한 자료로 스크랩하기

■ 포스터 만들기(수집한 여러 자료로 포스터 및 게시물 만들어 보기)

⚤ **에이즈 정리**(○× 퀴즈)

■ 에이즈는 HIV라는 바이러스가 우리 몸에 들어와서 생기는 병이다. (○)

■ 에이즈는 걸리자마자 1년 이내에 죽는다. (×)

■ 에이즈에 걸리면 처음에는 꼭 감기를 앓는 것처럼 아프다. (○)

■ 에이즈에 걸린 엄마에게서 태어난 아기는 에이즈에 걸리지 않는다. (×)

■ 칫솔, 면도기는 자신의 것을 정해서 사용한다. (○)

■ 헌혈을 하면 에이즈에 걸린다. (×)

■ 에이즈 환자와 함께 식사를 하면 에이즈에 걸린다. (×)

■ 에이즈 균에 감염된 주사기로 주사를 맞으면 에이즈에 걸린다. (○)

■ 에이즈 환자들은 위험하므로 가족들과 따로 떨어져 살게 해야 한다. (×)

영화 시청하기('굿바이 마이 프렌드')

- 영화를 상영하기 전에 감상의 관점을 미리 제시해 준다.
- '에이즈에 걸린 사람과 진짜 친구가 될 수 있을까?' 토론하기
- 영화 내용(예: '굿바이 마이 프렌드') 중에서 에이즈에 대한 지식을 알 수 있는 부분에 대하여 질문한다.
  - 남자아이는 왜 에이즈에 걸렸나요?
  - 남자아이는 어머니와 떨어져 지내나요?
  - 불량배를 만났을 때 불량배는 자신과 남자아이의 상처에 난 피를 보고 왜 도망갔을까요?
  - 에이즈를 완전히 치료할 수 있는 방법이 있나요?

활동 자료

- 성인성 질환 예방법 알기: 각 상황 그림자료
- 성인성 질환에 노출되는 상황 판단하기: 각 상황 그림판, ×모양 스티커
- 신문 활용 교육: 에이즈 관련 기사, 스크랩북, 가위, 풀
- '에이즈란': 진행 단계별 그림판
- 에이즈 정리(○× 퀴즈): 개인용 ○×판
- (에이즈 관련) 동영상, 영화 시청하기: VTR기기, 동영상 CD('생식기 질환과 에이즈는 예방이 최고' / '굿바이 마이 프렌드')

유의점

- 성인성 질환 예방에는 올바른 성가치관 형성이 중요하다.
- 성적 욕구 해소는 다른 이들에게나 자신에게 피해가 가지 않는 건전한 방법이어야 함을 강조한다.

03 자위행위

사 례

Q **3세 된 유아가 자꾸 생식기를 만진다.**

A 걷기 시작할 무렵 아기는 손에 닿는 것은 무엇이든 만져 봄으로써 이해하려고 하는데 생식기를 만지는 행위도 자기 신체의 여러 부분을 발견하여 각각의 부분이 주는 다른 감각을 인식하는 과정이기도 하다.

Q **유치원에 다니는 아동인데, 오후 낮잠 시간에 누워서 생식기를 만지작거린다.**

A 일시적인 손장난일 경우 묵인하면 자연히 없어진다. 그러나 이때 어른들의 시각에서 보며 자꾸 금기시하면 때로 심해져서 습관화될 수도 있다.

Q **15세 남학생을 둔 학부모다. 하루는 아이가 오랜 시간 방에서 문을 잠그고 나오지를 않아서 비상키로 열고 들어가 봤더니 아이가 탈진할 정도로 자위행위를 하고 있었다.**

A 자위행위하는 정확한 방법을 몰라 일어나는 문제다. 청소년기에는 사정까지 할 수 있도록 아버지나 주위의 남자 성인의 도움을 받아 정확한 방법을 지도하는 것이 바람직하다.

Q **틈만 나면 화장실로 가서 자위행위를 하곤 한다. 어떤 때는 수업 중에도 슬그머니 빠져나가기도 한다.**

A 사춘기에는 충동 조절에 어려움이 있다. 특히 장애 아동의 경우 충동 조절 능력이 현저히 떨어지는 경우가 있다. 자위행위를 자주 하는 학생의 경우 오랫동안 혼자 있게 두지 않는다.

Q **16세 여학생에게서 이상한 냄새가 나서 살펴보니 질 속에 이물질이 가득 들어 있었다.**

A 여학생의 경우 질구 부위의 가려움증으로 자위행위를 유발하는 경우가 있다. 쾌감을 얻기 위해 위험한 물건을 사용하지 않도록 지도한다.

Q **중학교 남학생인데, 아무 곳에서나 생식기를 꺼내 들고 자위행위를 한다.**

A 자위행위 시 주변 사람들에게 혐오감을 주지 않도록 일정한 사적 장소를 제공하여 정해진 장소에서만 자위행위를 하도록 지속적인 지도가 필요하다. 또 정확한 방법으로 사정을 하여 욕구를 해결할 수 있도록 개별지도가 필요할 수도 있다.

Q **지적장애 중학교 남학생이다. 아이가 자꾸 “배 아파, 배 아파” 해서 봤더니 발기 상태에서 사정을 못해서 그런 것 같다. 어떻게 해야 할까?**

A 동성의 부모님가 학생과 함께 정확한 자위 방법(자극부터 사정까지의 방법)을 지도해야 한다. 발기한 상태에서 사정을 못할 경우 자위의 빈도만 늘어나며 배 아픈 증상이 나타날 수 있고 행동이 과격해질 수 있다.

Q **18세 여학생이다. 사람들이 있는 곳에서도 팬티 안에 손을 넣고 생식기와 항문을 자극하곤 한다.**

A 여성도 자위행위를 하는 것은 정상이다. 그러나 지나친 자극이나 바르지 못한 방법으로 시도한다면 질염 등의 성인성 질환에 노출되기 쉽다. 먼저 질염이나 성인성 질환이 있는지 확인 후 자위하는 장소 및 구체적 방법에 대한 적절한 지도가 필요하다.

문제의 정의 및 처치

지적장애인의 성행동 유형을 조사해 본 결과 자위행위가 가장 많이 나타나며,

그것도 공공장소에서 나타나는 것이 문제다.

자위행위는 사춘기 청소년기에 누구나 한번쯤 겪는 성장 과정이기도 하다. 그러나 사춘기 이전의 어린이도 종종 자위행위를 하는 경우가 있는데 이는 사정도 없고 성적 공상도 없다.

돌 전의 아기들이 한때 손가락을 빨듯이 대부분의 아이들은 돌을 지나면서부터 가끔 생식기를 만지작거리며 놀 때가 있다. 걷기 시작할 무렵의 아기는 손에 닿는 것은 무엇이든 만져 봄으로써 이해하려 하는데, 생식기를 만지는 장난도 자기 신체의 여러 부분을 발견하여 각각이 주는 다른 감각을 인식하는 과정이기도 하다.

생식기를 만지는 행동은 특히 한가할 때나 욕구가 좌절되었을 때, 심심하거나 우울할 때에 더 빈번해지는 경향이 있다.

서너 살이 되면 여자아이든 남자아이든 생식기를 만지면서 일종의 쾌감을 얻어 낼 수 있다는 것을 알게 되며, 스스로 생식기를 자극하는 행동을 취하기도 한다. 이때 아이들이 느끼는 쾌감은 어른이 느끼는 것과는 다른 것이며, 다만 다른 부위를 접촉했을 때보다 예민한 감각 때문에 자꾸 만져 보고 싶을 뿐이다.

생식기를 만지는 장난은 무의식적으로 아무 뜻 없이 이루어질 때와 의식적으로 쾌감을 얻기 위하여 행동할 때가 있으니 이 두 현상을 잘 살펴보고 지도하는 것이 바람직하다.

▩ 자위행위를 유발할 수 있는 요인

- 젖먹이 때부터 아이의 대소변 처리를 할 때 항문과 생식기 부위를 물로 씻고 마른 수건으로 닦는 것은 당연하지만, 너무 지나치게 자극하면 성장하는 아이가 이러한 자극을 쾌감으로 느끼는 기회가 되기도 한다.
- 젖먹이가 발육하는 과정에서 배뇨 직전의 발기현상에 주의력을 돌려 그 결과 성감대 중에서 가장 민감한 생식기를 쾌감의 대상으로 느껴 자위로 발전할 수 있다.
- 음부나 생식기 주변이 불결하여 기생충이 기어 다니거나 간지러워 긁기 시작한 것이 생식기를 만지는 요인이 될 수 있다.
- 남아의 경우 귀두의 표피가 심한 포경으로 되어 귀두염이나 표피염이 발생할 수 있는데 이 염증이 귀두의 말초신경을 자극하여 자위의 동기를 만드

는 경우도 있다.

- 여아의 경우 음핵, 음순 주위에 염증이 있거나 질염이 있을 경우 자위의 원인이 될 수 있다.
- 모서리에 앉거나 자전거 타기, 계단 난간에서 미끄럼 타는 동작에서 생식기를 반복적으로 자극하게 되는 것이 자위의 동기가 될 수 있다.
- 너무 몸에 꼭 맞는 바지나 속옷이 생식기를 압박하게 되어 자극이 가고 손으로 만지는 것이 습관이 되기도 한다.

■ 자위행위 유형

- 손이나 다리로 하는 자위행위: 만지거나 긁기도 하고 반복적으로 비비거나 문질러 자극을 주는 행위
- 물체를 이용하는 자위행위: 책상 모서리나 계단 난간 등을 이용하여 생식기를 압박 자극하는 행위
- 이물질을 삽입하는 자위행위: 대체로 여자아이의 경우이며 이물질이 요도나 방광 속으로 들어가는 일도 있다. 이는 질구 부위의 가려움증으로 인해 발생할 수 있다.

가정에서의 지도

일시적인 손장난일 경우 묵인하면 자연히 없어진다. 그러나 이때 어른들의 시각에서 자꾸 금기시하면 때로 심해져서 습관화될 수도 있다.

오랜 기간에 걸쳐 습관적으로 자위를 할 경우 청소년의 성의식이나 인격 형성에 영향을 끼친다. 자위행위를 할 때 얻을 수 있는 쾌감에 집착하면 성장에 도움을 주지 않을 뿐 아니라 신경이 피로해지고 정서 발달에도 좋지 않으므로 개인의 문제에 따른 적절한 지도가 필요하다.

문제 발견 시 대처하는 부모나 교사의 태도에 따라 이후에 나타나는 정서적인 문제나 이성교제 시의 태도는 물론 결혼 후 부부관계에서도 심각한 문제를 일으킬 수 있다.

■ 지나친 자위행위 시의 지도 방법

- 혼자 있거나 자위를 할 수 있는 만큼의 시간을 주지 않는다.
- 그 나이 또래에 흥미롭게 할 수 있는 운동을 규칙적으로 하여 체력 소모를 한다(잠자리에 들기 전에 하는 것이 좋다).
- 몸에 딱 맞는 옷은 피한다(속옷도 끼는 옷은 피한다).
- 바지는 항상 벨트로 조여 입는다(고무줄바지를 입지 않는다).
- 손톱은 항상 짧고 깨끗하게 정리한다.
- 이불은 가벼운 것으로 덮는다.
- 잠자리에 미리 누워 뒤척이지 않게 한다.
- 잠이 깨면 바로 일어나 활동하는 습관을 기른다.
- 생산적 · 창조적 활동에 성 에너지를 발산하도록 가만히 앉아 있는 시간을 줄이고 손을 이용한 조작 활동을 한다.
- TV 시청 시에는 누워서 보지 말고 바른 자세로 앉아서 본다.
- 행위가 한창 진행 중일 때는 그대로 내버려 두는 것이 좋다. 흥분이 고조되었을 때 중단되면 욕구불만이 생겨 또 다른 문제행동으로 나타날 수도 있기 때문이다.
- 자위행위로 인해 공포심이나 위협이나 죄의식을 느끼지 않게 해야 한다.
- 자위를 습관적으로 하는 경우에는 세심한 관심을 가지고 지속적으로 배려해야 한다.
- 자위행위의 빈도를 달력 등에 기록하여 아동의 심신 상태를 주의 깊게 관찰한다.
- 자폐 아동의 경우 자위행위 시 정확히 사정을 못하여 노출행동이나 공격적인 행동을 보이는 경우가 있다. 정확한 방법으로 사정할 수 있도록 지도하는 것이 필요하다(예: 따뜻한 욕조 이용).
- 개별지도를 원칙으로 하면서 가정과 학교가 지속적으로 연계 지도하는 것이 바람직하다.

대체로 자위는 일시적이고 자연스러운 현상임을 깊이 인식하여야 하고 일상생활에서 만족하지 못하여 공허감이나 소외감을 느끼지 않도록 노력해야 한다. 관심과 애정으로 즐거운 생활을 영위할 수 있게 하는 부모의 적극적이고 긍정적인 자세가 가장 중요하다.

지도 내용 및 활동 계획

활동 목표

- 자위행위를 위생적으로 처리한다.
- 자위행위에 적합한 장소와 시간을 알고 스스로 조절한다.

활동 내용 및 방법

동영상 시청(자위행위)

- '자녀성교육시리즈 5(변성과 사정)' 동영상 시청하기
- 시청 후 느낌 얘기하기
- 나의 경우는 어떠한지 발표하기(장소, 방법, 느낌 등)
- 자신의 자위 방식과 같은가, 다른가?
- 다르다면 어떤 점인가?

자위행위와 관련된 경험 발표하기

- 자위행위를 경험한 후 느낌과 시행 방법을 말해 보기
- 다른 사람의 자위행위 장면을 봤을 때의 느낌을 말해 보기

공적 장소, 사적 장소 구분하기

- 칠판이나 전지에 '공적 장소' '사적 장소'로 칸을 나눈다.
- 여러 장소 그림을 공적 장소와 사적 장소로 나누어 붙여 본다
- 자위행위와 연관 지어 이야기를 해 본다.
- 자위행위를 해도 괜찮은 곳에 스티커를 붙여 본다.

바람직한 자위행위 방법 알아보기

■ 자위행위 전 단계

- 장소 선택: 혼자 있을 수 있는 조용하고 깨끗한 자기 방
- 손 씻기: 더러운 손으로 음경을 만지지 않도록 한다.
- 손톱은 짧고 깨끗이: 자위행위 시 손톱에 의해 상처가 생길 수 있고 그로 인한 감염이 우려된다.

■ 자위행위 단계

- 상처가 생기지 않도록 조심한다.
- 너무 오랜 시간을 소비하지 않도록 한다.
- 위험한 도구를 사용하지 않는다.

■ 자위행위 후 단계

- 생식기 주위를 깨끗이 닦는다.
- 휴지나 물수건은 앞에서 항문 쪽 방향으로 닦는다.
- 깨끗한 속옷으로 갈아입는다.

잘못된 자위행위로 인한 부작용(병원놀이)

■ 의사와 환자의 역할을 정한다.

환자 (어정쩡한 걸음걸이로 병원 문을 열고 들어온다.)
여기가 비뇨기과 병원입니까?

의사 예, 비뇨기과 병원입니다. 어떻게 오셨습니까?

환자 선생님 제 음경이 빨갛게 부풀었어요.
또 몹시 아파서 만질 수도, 잘 걸을 수도 없어요. 왜 그럴까요?

의사 (상처 부위를 이리저리 살피며 진찰한다.)
이런! 더러운 손으로 생식기를 만져서 염증이 생겼군요.

환자 선생님 나을 수 있을까요?

의사 더러운 손으로 음경을 만지지 마세요.
또 속옷을 자주 갈아입으세요.

■ 생식기 감염 예방을 위한 생식기 청결의 중요성을 정리한다.

자위행위 정리(○× 퀴즈)

- 생식기를 만지고 나서만 손을 씻는다. (×)
- 사람이 없는 화장실 바닥에 앉아 자위행위를 해도 된다. (×)
- 자위행위는 병이다. (×)
- 지나친 자위행위는 정신건강에 해를 끼친다. (○)
- 자위행위는 남자만 한다. (×)
- 자위행위는 좌창이나 다른 피부질환을 일으킨다. (×)

내가 할 수 있는 일(그림 찾기)

- 몸에 딱 맞는 옷은 피한다(속옷도 끼는 옷은 피한다).
- 바지는 항상 벨트로 조여 입는다(고무줄바지를 입지 않는다).
- 손톱은 항상 짧고 깨끗하게 정리한다.
- 이불은 가벼운 것으로 덮는다.
- 잠자리에 미리 누워 뒤척이지 않게 한다.
- 잠이 깨면 바로 일어나 활동하는 습관을 기른다.
- 생산적 · 창조적 활동에 성 에너지를 발산하도록 가만히 앉아 있는 시간을 줄이고 손에 무엇을 잡고 하는 조작활동을 한다.
- TV 시청 시에는 누워서 보지 말고 바른 자세로 앉아서 본다.
- 흥미롭게 할 수 있는 운동을 규칙적으로 한다.

활동 자료

- **동영상 시청(자위행위)**: 동영상 '자녀성교육시리즈 5(변성과 사정)'
- **자위행위와 관련된 경험 발표하기**: 자위행위 그림자료
- **공적 장소, 사적 장소 구분하기**: 각종 시설 그림 또는 사진자료(놀이시설, 공공시설, 화장실, 목욕탕 등)
- **바람직한 자위행위 방법**: 외부생식기 모형, 비누, 수건, 휴지, 팬티, 동영상 자료
- **병원놀이**: 의사 가운, 청진기 확대경, 의자, 생식기 염증 그림
- **○× 퀴즈**: ○× 개인카드, 각 질문에 관한 그림자료 제시
- **내가 할 수 있는 일**: 여러 상황 그림

유의점

- 일시적인 손장난일 경우 묵인하면 자연히 없어진다. 그러나 이때 어른들의 시각에서 자꾸 금기 시하면 때로 심해져서 습관화될 수도 있다.
- 오랜 기간에 걸쳐 습관적으로 자위행위를 할 경우 청소년의 성 의식이나 인격 형성에 영향을 끼친다. 자위행위를 할 때 얻을 수 있는 쾌감에 집착하면 성장에 도움을 주지 않을 뿐 아니라, 신경이 피로해지고 정서발달에도 좋지 않으므로 개인의 문제에 따른 적절한 지도가 필요하다.
- 쾌감을 얻기 위해 위험한 물건을 사용하지 않도록 지도한다.
- 자위행위 시 주변 사람에게 혐오감을 주지 않도록 깨끗이 뒤처리하는 방법을 지도한다.
- 지위행위 후의 철저한 개인위생지도가 습관화되도록 가징과 연계하어 지도한다.

참고 내용

- 성욕(성충동)을 줄이는 방법
  - 지나친 신체 접촉을 피한다.
  - 어둡고, 좁은 곳이나 인적이 드문 곳에 가지 않는다.
  - 노출이 심한 옷, 지나치게 조이는 옷은 입지 않는다.
  - 잠을 충분히 잔다.
  - 운동을 열심히 한다.

- 성욕(성충동) 발생 시, 발기 시 대처 방법

- 소지품이나 윗옷을 꺼내어 가린다.
- 화장실에 가서 소변을 본다.
- 면봉으로 귀를 후빈다.
- 가벼운 체조나 운동을 한다.

제2부

인간관계 이해

5장

결혼과 가정

01. 결혼의 필수조건

02. 가정의 기능

03. 가족구성원의 이해

01 결혼의 필수조건

사 례

Q **지적장애인 생활시설에서 지내며 학교를 졸업한 N양(지적장애 1급)은 8년 연상의 지적장애 1급 남성과 결혼하여 남아 한 명을 두고 시부모님의 보살핌을 받으며 장애연금과 약간의 수입으로(노동) 살아가고 있다. 현재는 자녀가 아직 어리고 시부모님의 도움이 있으나 향후 경제적인 관리 및 자녀 양육 등의 문제를 해결하기 위해 시부모 외에 지속적이고 다각적인 도움을 필요로 한다.**

A 동사무소 소속 사회복지사의 도움으로 현재 기초생활수급권자(5인 가족)로 등록되어 있고, 부부 모두 장애연금을 받고 있어 경제적으로 큰 어려움은 없으나, 부모 사망 후 N양이 자랐던 사회복지시설에서는 매년 부부 세미나를 열어 필요한 교육을 하고 있으며 결혼한 가정에 대해 정기적인 방문과 수시 상담, 홈커밍데이 등 다양한 행사를 통해 지속적인 지원을 하고 있다.

Q **생활시설에 거주했던 중복장애인 여자(뇌성마비 3급, 지적장애 3급)와 비장애인 남자가 결혼하여 자녀 1명(비장애인)을 출산하고 단독세대로 살고 있으나 남편의 질병으로 인하여 경제적인 어려움을 겪었다.**

A 남편의 투병기간 중 동사무소의 기초생활수급제도 및 육아도우미, 가사도우미를 활용하는 방법으로 어려움을 극복하였고, 현재 남편은 건설노무자로 일정한 수입이 있으며 비장애인 자녀는 초등학교에 재학 중으로 기존 시설의 사회복지사와 거주지역 사회복지사의 지속적인 개입과 지원으로 자녀 교육비와 노후 자금까지 준비하며 생활하고 있다.

지도 내용 및 활동 계획

활동 목표

- 결혼의 의미를 안다.
- 결혼을 위해 갖추어야 할 여러 가지 조건을 안다.
- 결혼에 따른 책임과 의무를 안다.

활동 내용 및 방법

⚥ 결혼생활과 독신생활 알기(NIE)

- 결혼에 대한 생각 발표하기
  - 결혼을 하고 싶은가?
  - 왜 결혼을 하고 싶은가?
  - 결혼을 하지 않고 혼자 살고 싶은가?
  - 왜 결혼을 하지 않고 혼자 살고 싶은가?
- 결혼을 원하는 학생과 원하지 않는 학생 두 팀으로 나누기
- 각 팀에 전지 한 장과 결혼식 그림과 독신의 모습 그림을 주어 전지 상단에 붙이기
- 잡지나 신문에서 결혼에 관한 내용과 독신생활에 대한 내용을 각각 찾아서 붙이기
  - 결혼: 결혼식 모습, 행복한 가족, 귀여운 자녀 모습, 가족을 위한 책임 있는 사회생활, 새로운 삶, 동반자로서 서로 배려하고 돌보기
  - 독신: 혼자 지내는 모습, 친구나 동료와의 공동생활, 스스로가 책임지는 생활, 자유로운 식생활, 애완동물 키우기, 시간적 · 경제적 여유, 자유로운 취미생활
- 장단점 발표하기

⚥ 결혼생활과 독신생활 알기(예쁘게 꾸며요)

- 두 팀으로 나누기(결혼, 독신)

■ 소품을 이용하여 결혼을 원하는 팀은 신랑 신부로, 독신을 원하는 팀은 처녀 총각으로 꾸미기
■ 준비한 바구니 중 신랑 신부는 커플바구니를, 처녀 총각은 독신바구니를 들고 있기
■ 바구니에 결혼과 독신에 해당하는 그림카드를 담아 보기
  • 결혼: 사랑, 경제적 독립, 책임 있는 성, 노력하는 삶, 건강, 육아, 가사, 양가의 새로운 가족관계 등
  • 독신: 자유로운 생활, 시간적 · 경제적 여유, 다양한 취미생활, 가족의 돌봄이 필요할 때(질병, 고민, 외로움) 등

⚤ 결혼식 영상물 보기

■ 현대 결혼식과 전통 결혼식 동영상 보기
  • 웨딩 촬영, 결혼 예식 동영상 활용
■ 결혼식의 다양한 모습 살펴보기
■ 자신의 결혼관 발표하기
  • 몇 살에 결혼을 하고 싶은가?
  • 내가 원하는 배우자는?
  • 결혼식은 어떻게?

- 내가 바라는 결혼생활은?

■ 나와 다른 친구의 결혼관에 대해 서로 이야기 나누기

결혼 과정 알아보기(기차놀이)

■ 결혼에 이르는 순서 알아보기

- 만남(미팅, 주변의 친구나 어른들의 소개, 직장 동료, 동호회 등)
- 데이트(서로에 대해 신중하게 알아보기)
- 사랑(서로의 진실한 마음)
- 결혼(책임감, 경제력 등)

■ 교실 바닥에 색테이프로 기차 그리기

■ 기차표 만들기

- A4 용지를 이용하여 신사 1, 2, 3, 4번과 숙녀 1, 2, 3, 4번 만들기

■ 기차놀이 방법 알아보기

- 표 사기(남녀 각각 4명씩만 표를 살 수 있다.)
- '신사숙녀역'에서 기차 타기
- 지정된 자리에 앉기(좌석번호는 신사 1, 2, 3, 4 숙녀 1, 2, 3, 4이며 신사는 왼쪽에 숙녀는 오른쪽에 각각 따로 앉기)
- 간단한 자기소개(이름, 나이, 특기)를 통해 손짓으로 지적하여 짝짓기(두 팀 이상의 커플이 성사되지 않을 경우 번호표 추첨 등을 이용하여 짝짓기)
- 커플놀이(풍선 안아 터뜨리기, 막대과자 양 끝 물고 함께 먹기)를 통해 상대 알아보기
- '만남의 역'에서 이성과의 만남을 원하지 않을 경우 1차 하차 여부 결정하기
- 장기자랑, 상호 장단점에 대해 서로 이야기 나누기
- 더 이상 만남을 원하지 않으면 그 커플은 '데이트 역'에서 2차 하차 여부 결정하기
- 서로의 결혼관과 진실한 마음 확인하기(꽃으로 청혼하기)
- 결혼에 대한 마음이 맞지 않으면 꽃을 거절하고 '사랑역'에서 최종 하차하기
- 청혼을 받아들이면 '결혼역'에 도착한다(결혼을 원하는 커플은 서로의 사랑을 확인하고 결혼을 약속한다).

• 기차를 타지 않은 나머지 학생들이 만든 아치 장식을 통과하며 결혼 결정 축하 받기

■ 승무원(교사)의 안내방송(참고 자료 참조)에 따라 기차 여행 즐기기

⚤ 결혼의 조건 알기(그림카드 찾기)

■ 결혼의 조건에는 어떤 것들이 있는지 카드를 통해 알아보기
- 결혼에 적절한 조건
- 결혼에 적절하지 않은 조건

■ 제목에 맞는 그림카드를 찾아 붙이기
- 사랑, 성격, 직업, 건강, 일정한 연령, 가족관계, 국적, 책임감, 경제적인 면(일정한 수입, 금전 관리 능력), 공통의 취미 및 관심사, 부모님 허락, 주위의 축복, 나쁜 습관(도벽, 게임중독, 가출 습관, 약물중독, 청결 등) 등

■ 결혼에 적절한 조건을 위해 내가 노력할 일 발표하기(자립심, 청소, 세탁, 요리 등 가사 수행 능력, 경제력, 건강, 사회성 등)

결혼에 적절한 조건	결혼에 적절하지 않은 조건

⚤ 결혼의 조건 알기(웨딩케이크 꾸미기)

■ 사각이나 둥글게 자른 스티로폼 2개 준비하기

■ 두 단으로 붙여 모형 케이크 만들기

■ 케이크 장식하기(축 결혼, 꽃, 리본 테이프)

■ 결혼의 여러 가지 조건이 쓰인 삼각 깃발 만들기

■ 초 대신 삼각 깃발 꽂기(결혼의 적절한 조건만 꽂기)

■ 완성된 케이크 놓고 축가 부르기

⚥ 결혼생활 생각해 보기(내가 결혼을 한다면)

■ 부모님 생각해 보기

- 우리 엄마 아빠는: 열심히 일하시고, 부지런하시고, 가족을 사랑하시고, 요리를 잘하시고, 상냥하시고, 서로 사랑하시고, 청소를 잘하시고, 자녀와 잘 놀아 주신다.

■ 내가 되고 싶은 배우자

- 상대가 힘들 때 도와주기
- 상대의 마음 배려하기
- 상대를 사랑하고 존중하기

■ 내가 되고 싶은 부모

- 가족을 위해 열심히 일하기
- 가족 사랑하기
- 자녀를 잘 돌보고 자녀에게 모범이 되기
- 성실하고 올바르게 살기

■ 내가 원하는 가정생활

- 화목한 가정
- 배우자와 집안일 함께하기
- 취미생활 함께하기

⚥ 올바른 결혼의 조건 알기(사다리 게임)

■ 자신이 원하는 결혼 상대에 대하여 발표해 보기

■ 자신이 가장 중요하다고 생각하는 조건을 선택하여 사다리 타기를 해 보기

■ 결혼이 이루어졌나 알아보기

■ 결혼이 이루어지지 않았으면 그 이유 알아보기

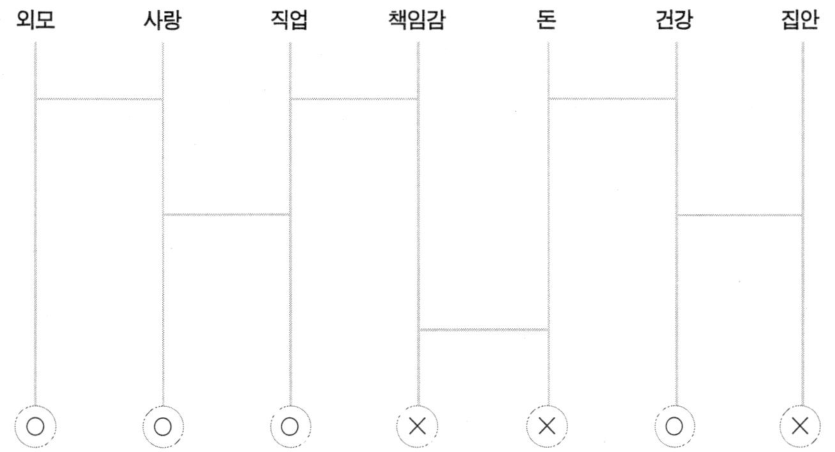

신혼여행 가방 준비하기

■ 신혼여행에 필요한 물건 알기

- 커다란 가방 그림과 대형마트 전단지, 신문, 잡지 등을 준비한다.
- 각 모둠별로 신혼여행에 필요한 물건을 대형마트 전단지, 신문, 잡지 등에서 오려 붙이기
- 완성된 가방을 보고 필요한 이유를 모둠별로 발표하기

그림 5-01 신혼여행에 필요한 물품

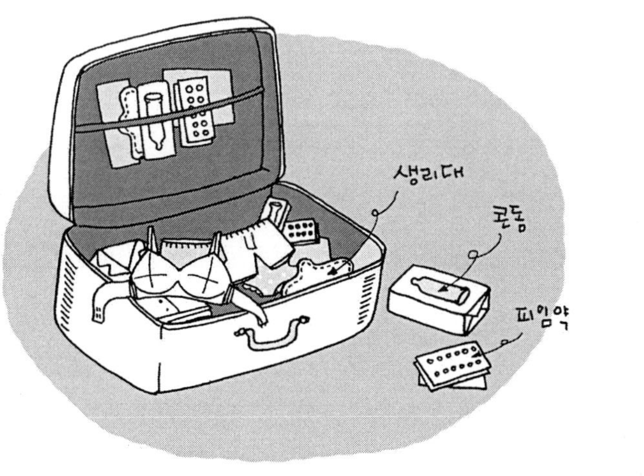

결혼식 연습 해 보기(모의 결혼식)

■ 결혼식 절차 알아보기

- 날짜, 시간, 장소, 주례 정하기, 청첩장 만들기, 주변에 알리기, 신혼여행지 정하기

■ 신랑신부를 정해서 꾸미기

■ 결혼식 해 보기

- 사회자 안내
- 신랑 신부 입장(웨딩마치)
- 주례사 듣기
- 부모님과 하객들께 인사
- 신랑 신부 퇴장

활동 자료

■ **결혼과 독신생활 알기**: 전지 2장, 결혼 가족이나 독신생활과 관련된 그림, 잡지, 신문, 풀, 가위

■ **예쁘게 꾸며요**: 분장소품(신랑·신부, 처녀·총각), 바구니, 그림카드

■ **결혼식 영상물 보기**: 결혼예식 동영상

■ **기차놀이**: 의자, 색테이프, 마이크, A4 용지

■ **승무원(교사) 안내방송**

- 이 기차는 '신사숙녀역'을 출발하여 '결혼역'까지 가는 '결혼호'입니다. 표를 가지신 승객 여러분께서는 지금 곧 기차를 타고 정해진 자리에 앉아 주시기 바랍니다(신사 – 왼쪽, 숙녀 – 오른쪽).
- 저희 기차를 이용해 주신 승객 여러분 대단히 감사합니다. 다음 역은 '만남의 역'이 되겠습니다. 만남을 원하시는 승객은 선택한 상대와 같이 앉아 주시기 바라며, 만남을 원치 않으시면 기차에서 내려 주시기 바랍니다(남녀 같이 짝을 지어 앉기).
- 승객 여러분께서는 '만남의 역'에서 서로 만났습니다. 계속적인 만남을 원하시는 분은 그대로 계시고, 만남을 원치 않으시는 분은 다음 '데이트역'에서 내려 주시기 바랍니다(커플로 내림).

- '데이트역'까지 오신 승객 여러분 감사합니다. 다음은 '사랑역'입니다. 서로의 진실한 마음을 확인한 후 결혼을 원하시는 커플은 그대로 계시고, 결혼을 원치 않으시면 내려 주시기 바랍니다(커플로 내림).
- 이곳은 이 기차의 종착역인 '결혼역'입니다. '결혼역'까지 오신 승객 여러분께 감사 드리며 '결혼역'에 내려서 주위사람들의 축하를 받으시기 바랍니다.

▪ **그림카드 찾기**: 전지 2장, 매직펜, 그림카드(결혼의 조건들), 풀

▪ **웨딩케이크 꾸미기**: 스티로폼, 리본 테이프, 장식용 조화, 빨대, 색종이, 스티커, 본드

▪ **사다리 게임**: 유인물, 붉은 색연필

▪ **신혼여행 가방 준비하기**: 학습지, 대형마트 전단지, 신문, 잡지

▪ **모의 결혼식**: 신랑·신부 소품, 웨딩마치 음악

유의점

▪ 결혼은 서로가 깊이 사랑하고 존중하는 마음으로 이루어져야 하며 책임이 따름을 알도록 한다.

▪ 결혼을 긍정적으로 여기고 건전한 결혼관을 갖도록 한다.

▪ 결혼하지 않고 혼자 또는 친구나 동료와 그룹생활을 하는 생활방식도 있음을 알도록 지도한다.

▪ 다문화 결혼, 연상연하 결혼 등 다양한 결혼 문화를 이해하도록 한다.

02 가정의 기능

사 례

Q **횡설수설하는 것 외에는 인지능력이 어느 정도 되는 중학교 3학년 남학생으로 자주 집을 나가 패스트푸드점 등에서 구걸을 하거나 길거리를 배회하고 가끔은 밤에도 귀가하지 않아 가족의 속을 태운다. 물론 밤늦은 시간에 귀가했을 경우에는 늦잠으로 결석을 한다.**

A 자신은 보물과 같은 소중한 사람으로 온 가족이 사랑하며, 늦은 시간까지 귀가하지 않을 경우 온 가족이 애태우며 기다린다는 것을 알려 준다. 또한 늦은 시간 혼자 거리를 배회함으로써 염려되는 위험한 상황을 알려 주어 경각심을 갖도록 한다. 가족 구성원 각자는 가정 내에서 가족으로서 지켜야 하는 책임이 있음을 알고 학교나 직장과 마찬가지로 가정생활도 성실한 자세와 마음가짐이 필요함을 지도한다.

문제의 정의 및 처치

성적 성숙과 더불어 이성이 서로 사랑하게 되면 두 사람은 결혼을 하고 자녀를 낳아 가정을 이룸으로써 사회를 구성하는 기본 단위를 형성하고, 일생 동안 더불어 살아간다. 남녀가 하나의 독립된 개체로서 함께 살아가는 보람과 행복을 누리려면 가족구성원 간에 서로 사랑하고 서로 존중하며 협력하는 자세가 중요하다. 각자의 처지와 형편을 수용하면서 가까울수록 예의를 지키는 일에도 최선을 다해야 한다.

가정에서의 지도

- 평소 가족구성원의 관심과 애정을 느낄 수 있도록 외출 중에도 휴대폰 문자나 전화를 통하여 안부를 챙기고 배려하는 모습을 보인다.

■ 아침 등교 시 하교시간을 엄수하도록 지도한다.

■ 귀가 후 가정에서 청소, 심부름 등 과제를 주어 바깥에서 배회할 기회를 줄이고 가정 내에서 가족 간 예절을 잘 지키도록 지도한다.

지도 내용 및 활동 계획

활동 목표

■ 가정의 기능을 안다.

■ 바람직한 가정의 모습을 안다.

활동 내용 및 방법

⚤ 가정의 여러 형태 알기(과일나무 꾸미기)

■ 초록색의 부직포로 된 커다란 과일나무 제시하기

■ 과일나무 열매에 가정의 여러 형태를 글과 그림으로 넣기

■ 일반가정, 편부, 편모, 소년·소녀 가장, 조부모, 시설, 독신가정 등

■ 각 가정의 장점과 단점, 특색에 대해 알아보기

■ 각 가정의 형성 원인 찾아보기

■ 각 가정의 형성 원인은 이혼, 질병, 사고, 부모의 가출 등 다양함

■ 그림자료, 사진자료, 동영상자료 등 제시하기

⚤ 부모님의 하루 살펴보기(부모님의 하루 관찰일기 써 보기)

■ 다음의 양식에 따라 부모님의 하루 관찰하기

- 엄마는 아빠를 위해서 무엇을 하셨는가?
- 아빠는 엄마를 위해서 무엇을 하셨는가?
- 부모님이 가족을 위하여 오늘은 무엇을 하셨는가?
- 부모님이 자기 자신을 위하여 무엇을 하셨는가?
- 부모님이 나를 위해서 무엇을 하셨는가?

■ 여학생은 아빠를, 남학생은 엄마를 관찰해 오기

■ 관찰일기를 썼을 때 새롭게 알게 된 일, 좋았던 점, 좋지 않았던 점 등을 발표하기

부모님 / 하시는 일	아빠	엄마
부모님이 자신을 위해서 하시는 일		
가족을 위해서 하시는 일		
부모님이 서로를 위해서 하시는 일		
부모님이 나를 위해서 하시는 일		

⚥ 엄마 아빠 역할 해 보기

■ 부모님이 가정에서 하시는 일을 생각해 보기

- 아빠: 직장에서 일하기, 몸 씻어 주기, 집안 수리하기, 무거운 물건 들어 주기, 아기 돌보기, 요리하기, 청소하기, 장 보기
- 엄마: 직장에서 일하기, 요리하기, 설거지하기, 빨래하기, 아기 모유 수유하기, 아픈 가족 간호하기, 운전하기

■ 일일 부모 되어 보기

- 짝을 지어 역할 정하기(일정한 시간을 정해 주기)
- 부모님이 나에게 한 것처럼 해 보기(용변 시 도와주기, 안전하게 보살피기, 식사 시 도와주기)
- 활동을 마친 후 느낌과 각오 이야기해 보기

■ 가족의 역할 분담과 협조가 이루어지지 않을 경우 가정의 다툼, 가출, 별거, 이혼 등 가정의 문제나 위기 상황이 올 수 있음을 알기

⚥ 가정의 여러 모습 알기(가족사랑 하트 퍼즐)

■ 다양한 색상의 우드락을 이용하여 얼굴을 가릴 정도의 두 조각 하트 퍼즐을 인원수대로 제작하기

- 두 조각 하트 퍼즐을 개인별로 제시하기
- 화목한 가정의 여러 모습을 그림이나 사진자료로 제시하기
  - 가족이 아플 때 돌보기
  - 가사 분담하기
  - 서로 양보하기
  - 식탁에 둘러앉아 식사하기
  - 다 함께 맛있는 간식 먹으며 TV 보기 등 단란한 시간 즐기기
  - 웃어른 공경하기: 할아버지 할머니께 문안전화 드리기, 절하기
  - 생일 축하 파티
  - 승진, 합격 등 좋은 일 축하하며 기뻐하기
  - 어려운 일 힘 모아 해결: 무거운 짐 들기, 이불 빨래 함께하기, 자녀 체험학습 함께하기
- 화목하지 못한 가정의 여러 모습을 그림이나 사진자료로 제시하기
  - 부부싸움
  - 형제자매 간의 싸움
  - 혼자서 아파하는 모습
  - 혼자 울면서 집을 지키는 모습
  - 부모님께 꾸중 듣는 모습
- 제시하는 그림을 보고 화목한 가정은 완성된 하트를 머리 위로 올려 '하~트' 하며 외치기
- 화목하지 못한 가정은 조각난 하트를 가슴 앞에 두고 '엉~엉' 우는 소리로 표현하기

가정에서의 예절 알기

- 여러 상황을 나타내는 그림카드 제시하기
  - 손님이 오셨을 때
  - 어른에게 반말 등으로 버릇없이 행동했을 때
  - 실수로 그릇을 깨뜨렸을 때
  - 부모님이 외출하고 돌아오실 때

- 등·하교할 때
- 식사 예절
- 전화를 잘못 걸었을 때
- 늦은 귀가나 외박을 했을 때

■ TV 시트콤, 드라마 등을 이용하여 다양한 상황을 제시하고 잘못된 예절과 대응방식 등 찾아보기

■ 가정에서 지켜야 할 예절 알기

⚤ 행복한 가정 만들기(말판놀이)

■ 학생을 두 모둠으로 나누기

■ 큰 상자를 이용해서 추첨함 만들기(흥미 유발을 위해 예쁘게 포장)

■ 하트 퍼즐 게임에서 이용했던 화목한 가정과 화목하지 못한 가정의 모습을 축소한 자료를 코팅하여 뒷면에 요철 접착 테이프 붙이기

■ 코팅 그림자료를 추첨함에 넣고 흔들어 골고루 섞기

■ 행복한 가정 만들기 말판(그림)을 두 곳에 제시하기

■ 두 팀 학생이 코팅 자료를 한 장씩 추첨하기

■ 화목한 가정 모습은 차례로 말판에 붙이고 화목하지 못한 가정의 모습은 버리기

- 먼저 행복한 가정을 완성한 팀이 승리

⚤ 가정의 소중함 알기(스위트홈 만들기 놀이)

■ 열 개의 면(일련 번호 1부터 10까지 기입된)으로 분리된 주택 그림 준비하기

■ 학생들은 원형으로 둘러앉기

■ 열 장의 신문지 준비하기

■ 1부터 10까지의 일련번호와 가정을 연상하게 하는 글이 기록된 열 개의 예쁜 종이 준비하기

(형광색 등 눈에 띄는 예쁜 색상의 메모지 이용)

- 따뜻한 방, 맛있는 음식, 엄마 목소리, 목욕탕, 귀여운 동생, TV, 책상, 포근

그림 5-02 행복한 가정 만들기 말판

한 침대, 피곤하거나 힘들 때 생각나는 곳, 재미있는 동화책, 장난감, 컴퓨터 게임, 기쁘거나 슬플 때 보고 싶은 사람, 예쁜 내 옷 등

- 각 신문지 갈피에 위의 예쁜 종이를 한 장씩 넣어 가며 포장하기
- 학생들은 신문지 뭉치를 돌려 가며 한 겹씩 풀어서 메모지의 글을 읽고 같은 번호를 찾아 주택 그림 게시물에 풀이나 테이프로 붙이기
- 교사는 가정의 여러 기능을 정리하여 알려 주기

활동 자료

- 과일나무 꾸미기: 과일 나무는 크게 만들어 열매 속 가정의 형태가 명확하게 전달되도록 하기
- 가정에서의 예절 알기: 다양한 상황을 제시하고 큰 소리로 대답하기
- 가족 사랑 하트 퍼즐: 하트 퍼즐은 얇은 종이보다는 우드락 등의 입체감이 느껴지는 재료를 선택
- 말판놀이: 부직포 등을 이용하여 크게 만들어 정면에 게시하고 코팅 자료 뒷면에는 요철 접착테이프를 붙여 만들기
- 스위트홈 만들기 놀이: 단계에 따라 크기가 다른 신문지 준비하기

유의점

- 가족의 기능을 이해하고 상대방의 입장에서 생각하고 서로 돕는 노력이 필요함을 알게 한다.
- 특정한 가정의 형태가 좋다는 내용은 피하고, 독신 가정도 증가하고 있음을 알린다.
- 화목한 가정이 되기 위해 가족구성원 모두가 서로 이해와 사랑으로 책임을 다해야 함을 알게 한다.
- 별거, 이혼, 결손가정 등 위기상황에 놓인 가정을 이해하고, 그 가족 구성을 인정하고 서로 돕는 자세를 갖도록 한다.

03 가족구성원의 이해

사 례

Q **장애인 생활시설에서 생활하는 7세의 초등학교 남학생으로 학교 여선생님과 여자 자원봉사자에게 '엄마'라고 부르며 껴안는 습관이 있다.**

A 시설 아동인 경우 특정 인물에게만 엄마로 호칭하도록 하고, 시설 내에서 일정한 규칙을 마련하여 일관된 호칭을 쓸 수 있도록 지도해야 한다. 그릇된 호칭을 구사할 경우 그 즉시 정확한 호칭을 알려 주고, 정정하여 다시 한 번 호칭하도록 지도할 것을 전 직원이 약속을 정하는 것도 필요하다.

문제의 정의 및 처치

사람은 태어나면서부터 여러 사람과 관계를 맺으며 살아가게 된다. 태어나기 전부터 이미 가장 소중하고 절대적인 어머니와의 만남이 이루어진다. 그리고 어머니와 분리하여 생각할 수 없는 아버지, 할머니, 할아버지를 만나게 되고, 먼저 태어난 형제자매를 만나고, 삼촌 · 고모 · 이모 등 친인척을 만난다. 가정 안에서 부부는 남편과 아내로 불리고, 자녀가 있으면 아버지와 어머니가 되고, 자녀들은 언니, 오빠, 형, 누나 등으로 서로 호칭이 달라지며 서로 이해하고 사랑함으로써 가족관계를 형성하며 살게 된다.

가정에서의 지도

- 가족 모임, 여행, 현장체험활동, 동호회 등 다양한 만남을 통해 자신과의 관계를 알고 적절한 호칭을 사용하는 기회를 갖도록 한다.
- 가족구성원과 나와의 관계를 알고 가족의 소중함을 알게 한다.

- 해당 인물에게 적절한 호칭을 하도록 지속적으로 반복 지도하고 가정이나 시설 외부에서 여자 어른을 '언니' '선생님' '아줌마' 등으로 적절히 호칭하면 칭찬으로 격려한다.
- 가정에서 가족구성원이 서로 정확하게 호칭을 하는 모습으로 본을 보인다.
- 부적절한 호칭을 사용하면 즉시 수정하도록 하여 바른 호칭의 사용을 습관화하도록 지도한다.

지도 내용 및 활동 계획

활동 목표

- 가족구성원의 호칭을 안다.
- 가족구성원의 역할을 안다.
- 가족의 소중함을 안다.

활동 내용 및 방법

가족관계 알기(가계도 만들기)

- 내가족과 핵가족의 가계도 제시하기(가계도는 다음의 그림과 같이 기꾸로 된 가계도를 제시)
- 풀 · 가위 · 잡지 등 준비하기
- 가계도의 호칭에 어울리는 사진을 잡지에서 오려 붙이기
- 우리 집의 가계도를 만들고 소개하기
- 가계도는 할아버지, 할머니, 외할아버지, 외할머니, 고모, 이모, 삼촌, 외삼촌, 형, 오빠, 누나, 언니 및 동생 등 범위를 정하여 만들기
- 내가 가장 좋아하는 사람에게 ♥스티커를 붙이고 그 이유에 대해 이야기하기
- 가계도를 보고 가족구성원의 호칭을 큰 소리로 부르기(가족 명칭을 글자카드로 제작하여 붙이는 활동으로 이용하기)

그림 5-03 가계도

호칭 알기(형, 언니, 누나, 오빠)

■ 학교, 시설 내의 여러 연령의 남녀 학생 사진을 준비하기

그림 5-04 '나'를 중심으로 한 호칭

- 네 면으로 구분하여 형, 언니, 누나, 오빠의 호칭이 기입된 대형 종이 준비하기
- 잡지에서 '나'를 정하여 오리기
- 사진을 보고 '나'를 기준으로 적절한 호칭을 알고 준비한 사진을 해당란에 붙이기

생애주기 알기(생애주기표 나열하기)

- 두 모둠으로 학생을 나누기
- 생애 각 주기를 나타내는 그림·글자카드 제시하기
  예: 탄생, 유아, 아동, 청소년, 청년, 장년, 노년기
- 가족구성원을 나타내는 그림·글자카드 준비하기
- 모둠별로 그림·글자카드를 생애주기 순으로 나열하기
- 모둠별로 그림·글자카드로 나열된 생애주기에 해당되는 가족구성원을 나타내는 그림·글자카드를 들고 서기
- 각 구성원은 해당 생애주기에 어울리는 소리, 행동 등 흉내 내기
  예. 응애응애, 걸음마, 노래 등

그림 5-05 생애주기를 나타내는 그림

가족이 하는 일 알기 1

- 여러 가지 가정생활을 나타내는 이미지 제시하기
  - 식사 준비하기
  - 청소하기
  - 운전하기
  - 빨래하기
  - 시장 보기
  - 설거지하기
  - 신발 정리하기
  - 집안 수리하기
  - 화초 돌보기
  - 애완동물 먹이 주기
  - 쓰레기 분리수거하기
  - 아기 돌보기
  - 회사에서 일하기
- 엄마(여자)가 하는 일, 아빠(남자)가 하는 일, 두 분 공통으로 하는 일로 나누어진 대형 학습지(A3 용지 이상의 크기) 제시하기
- 두 학생을 호명하여 각 가정의 상황대로 작성하기
- 두 가정을 비교하기
- 엄마·아빠 중 특정인에게 가사 분담이 과중되지 않고 공통으로 하는 일이 많은 경우가 바람직함을 알도록 하기
- 가족구성원의 특성에 따라 가사 분담의 형태가 달라질 수 있음을 알도록 언급하기

가족이 하는 일 알기 2

- 아파트의 단면도 제시하기: 방, 거실, 부엌, 화장실, 현관, 베란다 등을 배치하기
- 각 장소를 가사활동 현장으로 꾸미기: 방 청소, 설거지, 신발 정리, 과일 깎기, 빨래하는 모습 등

- 각 활동에서 얼굴 부분은 요철 접착테이프(벨크로)를 붙이고 비워 두기
- 엄마, 아빠, 할머니, 할아버지, 언니, 오빠, 형, 누나, 나, 그 외 가족구성원의 얼굴을 코팅자료로 제작하여 뒷면에 요철 접착테이프를 붙이기
- 각 가족구성원이 할 수 있는 가사활동을 찾아 적합한 얼굴을 부착하기

만약 우리 가족 중 누군가 없다면

- 가족이 하는 일을 구분하기
- 누군가 한 사람이 없을 경우, 없는 사람의 일을 가족구성원이 분담하기
- 가족 중 누군가가 없다면 어떤 기분이 드는지 이야기하기
- 가사를 추가로 분담하였을 때의 느낌 이야기하기
- 이때의 문제점을 이야기하기

  예: 학교에 지각을 하게 된다, 집이 지저분하다, 쓸쓸하다, 음식이 맛이 없다, 경제적으로 어려워진다 등

활동 자료

- 가계도 만들기: 나를 시작으로 하는 거꾸로 된 가계도 준비하기
- 가족이 하는 일 알기 1: 그림이나 사진자료를 준비할 때 양성평등에 기반을 두고 인물 배치하기
- 가족이 하는 일 알기 2: 아파트 단면도는 대형 우드락 한 장 정도의 크기로 만들고, 각 등장인물의 얼굴과 별도의 얼굴 코팅 자료에는 요철 접착테이프를 붙이기
- 만약 우리 가족 중 누군가 없다면: 가족이 하는 일에 관한 그림자료 참고하기

유의점

- 가계도는 학생 수준에 맞게 대가족과 핵가족을 각각 제시한다.
- 상위 집단의 학생은 자기 가족의 가계도를 직접 작성한다.
- 생애주기표 나열 시 수준에 따라 그림과 글자로 적절히 제시한다.
- 각 역할을 분담하거나 가족이 할 수 있는 일을 학습할 경우 성차별적인 내용은 삼가고 양성평등에 기초한 내용을 제시한다.

- 가족구성원 모두가 맡은 바 책임을 다하고 정확한 호칭과 적절한 경어를 구사하며 서로 존중하는 마음을 가진다.
- 시설, 학교 내에서도 상급생을 대상으로 정확한 호칭을 사용하도록 연습한다.

6장

대인관계와 자기표현

사 례

Q **자기주장이 너무 강하고 다른 사람의 기분을 이해하거나 다른 사람의 말을 전혀 들으려 하지 않는다. 그래서 지적 작업 능력이 탁월함에도 졸업 후 취업을 못하고 있다.**

A 다른 사람의 입장이 되어 그 기분을 경험하도록 하며 점차 다른 사람의 이야기를 듣는 훈련을 시킨다. 자아가 강하기 때문에 정적 강화기법을 사용한다.

Q **인지력이 높음에도 모든 대인관계에서 자기주장을 못하고 있다. 혼자 있을 때는 노래도 잘하고 큰 목소리로 소리를 지르기도 하나 대인관계에 있어서는 심지어 성희롱이나 성폭력을 당해도 실실 웃기만 한다.**

A 먼저 기초 감정의 이해와 표현을 지도하고 차츰 여러 사람 앞에서 자기 의견을 말하는 기회를 주며 자신감을 갖도록 한다.

Q **1:1관계에서는 '모르는 것이 없다'는 생각이 들 정도로 높은 인지 수준을 보이나 익숙하지 않은 타인을 만나면 상대를 쳐다보지도 못하고 반응을 전혀 보이지 않아 상대로 하여금 인지력이 아주 낮은 상대로 취급을 받는다.**

A 반복되는 대인관계 기술 훈련을 통하여 자신감을 키운다. 또한 물건 구입하기, 음식 주문하기 등 다양한 현장 경험 기회를 제공하여 의사소통 능력을 향상시키고 대인관계에서 상호작용을 증진토록 하여 자신감을 갖도록 한다.

문제의 정의 및 처치

지적장애인의 삶에 있어 비장애인과의 통합을 위한 사회성 기술 훈련은 개인의 지적 · 인지적 수준의 향상보다 우선되어야 하는 필수과제다.

사회성 기술은 주변의 모든 사람, 환경에 대한 상호작용으로 습득되고 향상되며 타인과의 의미 있는 학습의 결과다. 그러므로 체계적이고 반복적으로 훈련하여 실제 상황 발생 시 행동으로 즉각 옮길 수 있어야 한다.

- 자신과의 관계를 알고(이해하고) 상대방에게 알맞은 용어를 사용한다.
- 다른 사람의 이야기를 잘 듣고 중간에 끼어들지 않는다.
- 상대를 쳐다보며 말한다.
- 다른 사람의 기분을 이해하고 적절한 반응을 표현한다.
- 기초 감정을 이해하고 자기의 기분이나 느낌을 정확히 표현한다.
- 상황에 알맞게 목소리를 조절할 수 있다.
- 실제 상황에서 행동으로 나타나도록 충분한 반복훈련을 실시한다.
- 긍정적 수용은 강화하고 부정적 반응에 대하여는 즉시 피드백을 한다.

가정에서의 지도

- 여러 사람과 여행, 체험학습, 동호회 활동 등 다양한 상황에서 어울릴 수 있는 기회를 자주 갖는다.
- 자신감과 성취감을 맛보도록 격려해 준다.
- 잘못된 감정 표현이나 대인관계에 대하여 즉각적으로 교정해 준다.
- 반복적 훈련으로 실제 상황에서 행동으로 나타나게 한다.
- 처음 대하는 사람이나 상황에 대하여 미리 설명을 해 주어, 당황하지 않도록 하며 긍정적 반응이 나오도록 돕는다.
- 한 번에 큰 기대를 갖지 말고 목표를 낮게 구체적으로 세운다.
- 자신과 타인의 권리를 존중하여 자기 의사 표현을 하도록 한다.

01 다른 사람 의견 존중하기, 경청하기

지도 내용 및 활동 계획

활동 목표

- 다른 사람의 이야기를 바른 자세로 조용히 듣는다.
- 이야기하는 사람과 눈을 마주 보며 듣는다.
- 이야기 도중에 끼어들지 않는다.

활동 내용 및 방법

이야기 듣고 질문에 답하기

- 바른 자세로 앉아 이야기하는 사람을 쳐다보며 듣기
- 간단한 동화를 세 부분으로 나누어 읽어 주기
- 주인공, 사건, 사건의 결과 등 그 내용을 묻고 대답하기
- 줄거리를 간단한 문장으로 완성하기
- 참고사이트 재미나라(jaeminara.co.kr), 깨비키즈(kebikids.com) 활용
- 사건의 결말이 분명하고 쉬운 동화를 선택하기

귓속말 듣고 전달하기 놀이

- 커다란 탁자를 가운데 두고 두 모둠으로 의자를 나란히 하고 앉기
  - 게임요령 설명 듣기(상대편이 듣지 못하도록 작은 소리로 정확히 말한다.)
- 제시어(단어 혹은 문장) 집중하여 듣기

  예: "토끼 두 마리가 소풍을 가요."

  "초록 우산" 등 집단의 수준에 맞춘다.
- 마지막까지 전달되었을 때 상대편 대표가 먼저 제시어 이야기하기
- 제시어가 끝까지 잘 전달되어도 상대편이 맞출 경우는 패한 것으로 함

노래를 듣고 빠진 소절 찾기

■ 8~16마디 정도의 익숙한 동요 1절을 듣고 빠진 가사 알아맞히기

예: 〈도깨비나라〉

이상하고 아름다운 도깨비나라
(방망이)를 두드리면 무엇이 될까
금 나와라와라 뚝딱
(은) 나와라와라 뚝딱

■ 익숙하지 않는 2절 가사는 4마디 정도씩 짧게 끊어 들려준다.

참고 사이트 깨비키즈(kebikids.com) 참조

예: 〈오빠 생각〉

1. 뜸북뜸북 뜸북새 (논)에서 울고
빼꾹빼꾹 빼꾹새 (숲)에서 울 제
우리 오빠 말 타고 (서울) 가시면
(비단구두) 사 가지고 오신다더니

2. 기럭기럭 기러기 (북)에서 오고
귀뚤귀뚤 (귀뚜라미) 슬피 울건만
(서울) 가신 오빠는 소식도 없고
나뭇잎만 (우수수) 떨어집니다

목소리 알아맞히기

방법 1

■ 각자에게 같은 단어나 문장 지정하기

■ 책상 위에 모두 엎드려 눈 감기

■ 교사가 지적(다가가 뒤에서 차례임을 남들이 모르게 알려 줌)한 학생만 고개를 들고 말하기

■ 나머지 학생은 누구 목소리인지 알아맞히기

방법 2

■ 학교 내 교사나 교직원 학생들의 목소리 녹음하기

■ 두 팀으로 나누기
■ 녹음한 목소리를 듣고 서로 상의하여 알아맞히기
■ 마지막 단계에서는 교사 자신의 음성변조도 흥미 유발에 효과가 크다.

자기소개하기(나도 대통령)

■ 단상과 마이크를 준비하기
■ 자신감을 갖고 적당한 크기의 목소리로 듣는 사람을 쳐다보며 자기를 소개하기 (예: 이름, 나이, 좋아하는 연예인, 좋아하는 음식, 장래 희망, 가족사항 등)
■ 교사는 자신감을 주는 동기 부여를 위해 마이크, 손인형, 탈 등 다양한 소도구를 준비하기
■ 자기소개를 듣고 소개된 내용을 중심으로 질문하기

■ 질문에 답을 가장 많이 한 학생에게 상 주기
■ 특히 발표 중 태도가 불량한 학생과 반대로 열심히 경청한 학생을 선택하여 앞에서 본 발표자의 느낌을 이야기해 보기
■ 듣는 태도가 불량한 학생은 퇴장시킨 후 벌칙 주기

지시 듣고 심부름하기

■ 학생의 능력을 고려하여 한 가지 또는 두 가지 이상의 심부름 시키기
예: "휴지 좀 뜯어 오렴."
"교무실에 가서 쓰레기봉투를 가져오렴."
"빨강, 초록 색연필 한 자루씩을 가져오렴."
"창문 열고, 휴지를 뜯어 오렴."
"주전자에 물을 버리고 새 물을 떠오렴." 등

녹음 내용 듣고 그대로 따라 하기

- 사전에 여러 가지 간단한 지시를 녹음한다.

  예: "○○와 손을 잡고 나오세요."

  "신발장에서 신발주머니를 가져오세요."

  "손 머리 하고 뒤로 나가세요." 등
- 같은 크기의 목소리로 녹음을 하며 사이사이 넉넉한 시간 간격을 둔다.
- 볼륨을 크게 시작하여 점차 작게 한다.
- 지시 내용을 간단한 것에서 점차 복잡한 것으로 바꾼다.
- 지시 내용을 집중하여 듣고 그대로 실행한다.

끼어들어 말하지 않기(누가 누가 오래 있을까?)

- 다른 사람이 이야기를 하는 동안 끼어들거나 잡담을 하지 않도록 한다.
- 전분종이(쓴 약 싸는 것) 준비하기
- 2~3겹을 포개어 입을 다물고 입에 붙이기
- 이야기 듣는 동안 말을 하지 않고(끼어들지 않고) 끝까지 입 다물고 듣기만 하기
- 중도에 입을 벌리거나 이야기를 하면 전분종이가 찢어지므로 가장 오래 찢어지지 않은 쪽이 이긴다.

활동 자료

- 이야기 듣고 질문에 답하기: 동화
- 귓속말 듣고 전달하기 놀이: 제시어(단어 혹은 문장)

  예: "토끼 두 마리가 소풍을 가요."

  "초록 우산"

  "물 한 컵 떠 와."
- 노래를 듣고 빠진 소절 찾기: 휴대폰 등 녹음 가능한 기기
- 자기소개하기: 손인형, 탈, 마이크, 보상품
- 누가 누가 오래 있을까?: 전분종이(오브라이트)

유의점

■ 특별히 대화의 내용이나 말하는 태도보다 다른 사람의 이야기를 바른 자세로 끼어들지 않고 끝까지 듣는 태도를 길러 준다.

02 자기표현

지도 내용 및 활동 계획

활동 목표

- 주변 상황에 알맞은 크기의 목소리로 말한다.
- 여러 사람 앞에서 자신 있게 자기소개를 한다.

활동 내용 및 방법

도전 가수왕

- 노래방기기를 이용하면 더욱 좋다.
- 나비넥타이, 흰 장갑, 스카프, 탬버린, 짝짝이 등 간단한 소품 준비하기
- 소품을 이용하여 간단한 분장하기
- 마이크를 잡고 가수 흉내 내며 노래 부르기
- 나머지 듣는 사람은 탬버린, 짝짝이 등 타악기로 분위기 돋우기
- 음정과 박자에 상관없이 큰 목소리로 자신 있게 부르기

상황카드 보고 느낌(목소리 조절)을 소리(웃음, 울음)로 표현하기

- 표정카드 준비하기
  - 웃는 얼굴
  - 우는 얼굴(슬픈 표정)
  - 화난 얼굴
  - 놀란 얼굴
- 입 크기 카드 준비하기
  - 큰 소리: 큰 입
  - 작은 소리: 작은 입

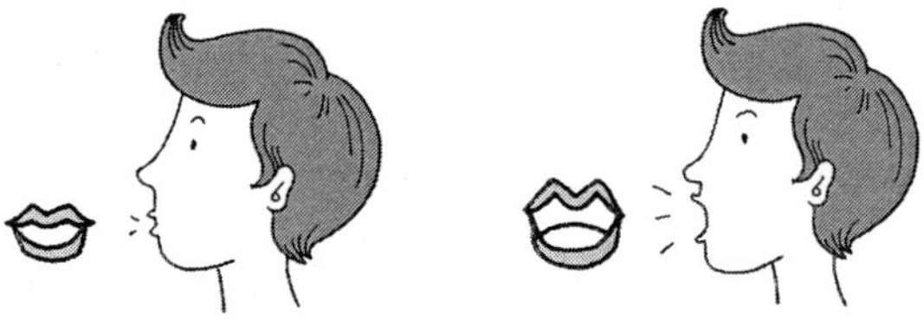

목소리 / 표정	웃는 얼굴	우는 얼굴	화난 얼굴	놀란 얼굴
큰 입 (큰 소리)	축하할 때 스포츠 관람 시	위험이나 큰 슬픔을 당했을 때	성폭력을 당했을 때	위험에 처했을 때
작은 입 (작은 소리)	대중교통 이용 시, 대중음식점에서 식사할 때, 공연장(연극, 영화 관람)에서	장례식장에서	선생님이 잘못한 우리를 타이르실 때	다른 사람이 위험에 처하여 큰 소리를 내면 더 위험해지는 상황

- 여러 가지 제시한 상황에서의 알맞은 느낌의 표현과 목소리 조절에 대하여 알기
  - 식당(여럿이 함께 있는)에서 식사를 할 때
  - 버스 · 지하철 등 대중교통수단 이용 시
  - 영화나 연극 등 공연 관람 시
  - 병원, 장례식장에서
  - 야구장, 축구장 등에서 운동경기 응원할 때
  - 결혼식장에서
- 상황에 따라 표정카드 입 크기 고르기

자기소개하기

- 마이크, 탈, 손인형 등 보조 소품 준비하기
- 교사가 자기소개 시범 보이기(나이, 취미, 가족 사항 등 다양하게)
- 소개할 내용을 정리하도록 여러 가지 질문하고 대답하기
- 소개할 때의 기본 태도(자세, 시선, 표정, 복장 등)를 시범 보이고 연습하기
- 한 사람씩 나와서 자기소개하기

  이때 자신감이 부족한 학생에게는 보조기구(마이크, 탈, 손인형 등)를 주며 미

리 준비한 소개카드로 연습을 한 후 스스로 해 보도록 한다.

[예문 1]

내 이름은 ○○○입니다.
나는 서울○○학교에 다닙니다.
나는 ○○살입니다.
나는 가수 ○○○이 좋습니다.

[예문 2]

나는 서울○○학교에 다니는 ○○○입니다.
내 나이는 ○○살이고 나는 배우 ○○○를 좋아합니다.

[예문 3]

나는 서울○○학교 ○○반 ○○○입니다.
나는 노래 부르기를 좋아하며 가수 ○○○을 좋아합니다.
우리집에는 운동을 잘하시는 아빠, 요리를 좋아하시는 엄마, 키가 크고 상냥한 누나와 함께 살고 있습니다. 우리 가족은 아주 행복합니다.

- 발표한 내용을 나머지 학생들이 잘 들었는지 확인 질문하기
- 가능하면 발표한 내용을 녹음하여 즉시 들려주고 서로 평가해 보기

큰 소리로 자신 있게 말하기(회장놀이)

- 회장 명찰 보여 주고 회장 역할 이야기해 주기
- 가위바위보로 회장 정하기
- 회장 명찰 달기
- 회장이 대표로 선생님께 인사시키기
- 친구 이름 불러 출석 점검하기
- 큰 소리로 "네" 하고 대답하기

- 선생님 흉내 내어 친구에게 심부름시키기

  예: "일어서세요, 앉으세요."

  "가져오세요."

  "크레파스를 나눠 주세요." 등
- 오늘의 할 일 읽어 주고 역할 정하기
  - 우유 당번: ×××
  - 청소 당번: ×××
  - 알림장 도우미: ×××
  - 재활용품 분리수거: ×××

눈싸움

- 둘씩 짝짓고 가운데 뿅망치 두기
- 놀이 규칙 알아보기(이기는 사람이 게임 종료 후 뿅망치로 진 사람 때리기)
- 서로 마주 보고 눈을 쳐다보는 눈싸움하기
  - 교사는 "하나" "둘"…… 시간을 잰다.
  - 이때 시선을 돌리거나 먼저 웃는 사람이 진다.
- 리그나 토너먼트 방식으로 최강자 가리기

직업 체험하기(역할극)

- 선생님, 아나운서, 시장 상인, 스포츠 해설가, 요리사 등 다양한 직업을 알 수 있는 그림카드나 실물 사진 준비하기
- 소품 준비하기(각종 의상, 마이크, 노트북, 신문, 앞치마 등)
- 카드(사진) 한 장씩 선택하기
- 선택한 인물의 직업에 어울리는 소품 찾아 꾸미기
- 상징되는 태도 · 말씨 등을 흉내 내기

그림 6-01 직업카드

그림동화 보고 이야기 꾸미기

- 전체적으로 목소리를 높여 빠르며 기쁜 이야기와 목소리를 낮춰 느리며 슬픈 이야기를 준비한다.
- 소리의 크기, 높낮이, 감정 등을 잘 표현할 수 있는 내용을 선택한다.
- 그림동화를 보고 감정을 살려 이야기를 꾸민다.

목소리 크기 조절하기(볼륨을 높여요!)

- 말할 사람은 앞으로 나와 서 있기
- 감독(PD)을 정하여 말하는 사람 앞쪽에 앉히기
- 예문이 써 있는 카드 선택하기

  예: "나는 우리 반 ○○가 좋다."
  "나는 거짓말을 하지 않습니다."
  "나는 ○○○입니다."
- 교사가 예문을 읽어 주기
- 교사가 읽어 준 문장을 마음대로 자유롭게 따라서 말하기
- 두 번째부터는 감독의 손을 보고 손이 올라가면 점점 크게, 손이 내려가면 점점 작은 목소리로 반복하여 말하기

그림카드 보고 상황에 알맞게 말하기(역할극)

- 그림카드의 상황을 이해하기
- 파악한 그림카드를 상황에 맞게 전달하기
- 상황 1 - 크고 다급한 목소리로 말하도록 반복 연습하기

동생이 놀이터에서 그네를 타다가 떨어져 많이 다쳤다.

"엄마! 놀이터로 빨리 가 보세요. 동생이 많이 다쳤어요"

- 상황 2 - 느리고 조용한 말씨로 걱정스러운 표정으로 말하기

친구가 입원해 있는 병실로 문안을 갔다.

"○○야! 빨리 나아서, 학교에서 만나자."

나머지 학생들도 그 상황에 맞는 기초 감정을 느끼도록 한다.

- 상황 3 - 웃으며 등을 두드리거나 악수를 하며 축하해 주기

친구가 스키대회에서 금메달을 땄다.

"축하해, 참 좋겠다."

■ 상황 4 – 진심으로 사과하기

식당에서 식판을 들고 오다가 선생님과 부딪혀 선생님 옷에 국물이 묻었다.
"선생님! 죄송합니다. 다음부터 조심하겠습니다."

상황에 알맞은 말하기(원형 돌림판 돌리기)

■ 여섯 쪽짜리 돌림판 준비하기

■ 안쪽에는 상황그림을 바깥쪽에는 글씨카드를 붙이도록 준비하기

- 다른 사람의 발을 밟았을 때: "미안합니다." "죄송합니다."
- 성폭력을 당할 때: "싫어요!" "안 돼요!"
- 선물을 받았을 때: "고맙습니다." "감사합니다."

- 웃어른을 만났을 때: “안녕하세요.” “안녕하십니까?”
- 자리를 양보 받았을 때: “고맙습니다.” “괜찮습니다.”
- 줄을 서 있는데 다른 사람이 내 앞에 끼어들려고 할 때: “비켜요.” “이러지 마세요.”

■ 돌림판을 돌려 멈추면 그림의 상황으로 이야기 꾸미기
■ 이때 내가 해야 할 적당한 말을 찾아서 그대로 말하거나 문장카드 찾아 붙이기
■ 말을 할 때 상대의 기분을 이해하여 목소리를 조절하기

‘땡!’이에요

■ 잡지나 인터넷을 통하여 여러 상황 준비하기
- 위로가 필요한 상황(예: 사고, 사망, 이별, 입원 등)
- 축하를 해 주어야 할 상황(예: 합격, 승진, 자녀 출산 등)
- 조용히 해야 할 상황(예: 공연관람, 대중교통 이용 시, 공공장소 등)

■ 여러 상황을 교사가 극으로 연출하기
■ 극을 보고 적절치 않을 경우 학생들이 종이나 실로폰으로 ‘땡’ 하고 지적하기
■ 지적한 학생이 나와서 상황을 다시 해 보기
■ 흥미 유발로 그치지 않도록 어색하고 잘못된 상황에 대하여 충분히 토론하고 지적하기

활동 자료

- 도전 가수왕: 노래방기기나 마이크, 나비넥타이, 흰장갑, 스카프, 탬버린, 짝짝이 등 소품
- 상황카드 보고 느낌을 소리로 표현하기: 그림카드(공·사적 여러 장소)
- 자기소개하기: 마이크, 탈, 손인형 등 보조 소품
- 눈싸움: 뿅망치
- 원형 돌림판 돌리기: 원형 돌림판 문장카드, 상황 그림판
- 땡!이에요: 종 혹은 실로폰, 잡지, 인터넷을 이용한 여러 상황

유의점

- 발표를 통하여 수치감이나 좌절감을 경험하지 않도록 칭찬을 주로 하며 상황을 이끌어 나가도록 한다.

03 대인관계 이해

지도 내용 및 활동 계획

활동 목표

- 여러 가지 상황과 상대에 맞는 인사와 인사말을 안다.
- 대화 시 존칭을 사용할 줄 안다.

활동 내용 및 방법

여러 가지 인사법 알기

- 여러 가지 인사의 종류 알아보기
  - 악수, 하이파이브, 목례, 어른에게, 친구에게, 잠잘 때, 식사 때 등
- 상황에 맞는 인사말 알아보기
  - 오랜만에 만난 친구 — 악수
  - 친한 친구와 정다운 인사 — 하이파이브
  - 멀리 서 계시는 어른께 가볍게 인사하기 — 목례
  - 등교 시 선생님을 만났을 때 — 선생님 안녕하세요?
  - 잠자기 전에 부모님께 하는 인사 — 아버지, 어머니 안녕히 주무세요.
- 여러 가지 방법으로 인사하기
  - 상냥하고 밝은 모습으로 인사하기
  - 바른 자세로 고개 숙여 인사하기

다른 사람 인사시키는 법 알기(소개하기)

- 다른 사람을 소개하는 방법 알아보기
  - 말씨
  - 태도

• 소개 방법

■ 자기가 소개하고자 하는 사람에 대한 여러 가지 사항 적어 보기

• 이름, 나이, 장단점, 특기 등

■ 소개하고자 하는 사람과 함께 나와 여러 사람들 앞에서 소개해 보기

■ 두 사람 간의 소개법 알아보기

전화 통화 시 인사법 알기

■ 전화 걸고 받는 법 알아보기

• 전화 걸 때

• 전화 받을 때

■ 전화 걸고 받는 방법 연습해 보기

■ 두 사람씩 나와서 역할 정하기

■ 상대에 알맞은 말로 통화하기

• 할머니와의 통화

• 부모님과의 통화

• 선생님과의 통화

• 친구들과의 통화

• 동생과의 통화

• 안내, 홍보, 장난 전화 시 통화

• 낯선 사람과의 통화

■ 바른 태도와 상황에 알맞은 적절한 언어를 사용하였는가 알아보기

■ 실물전화기를 이용하여 상대가 보이지 않는 상황에서의 언어 선택도 연습해 보기

존칭과 인사말 알기(낚시놀이)

■ 높이가 높지 않은 큰 상자 또는 고무풀장(그룹 수만큼)과 낱말카드 준비하기

■ 상자나 고무풀장 안에 낱말카드를 넣기(각각의 통에 모두 똑같은 카드를 준비하기)

■ 학급을 두 그룹으로 나누기(인원이 많으면 3~4그룹으로 나누기)

■ 낚싯대 만들기

• 나무막대기에 포장 끈을 묶고 말굽자석 달기

■ 교사의 지시에 따라 낚시질하기

• 인사말 낚아 보기(어른, 친구, 손아래 등)

• 존댓말과 반말 낚아 보기

■ 지시대로 바르게 카드를 낚았는지 확인하기

■ 바르게 많은 카드를 낚은 팀이 이긴다.

상황에 알맞은 인사말 알기(주사위놀이)

■ 그림카드를 보고 알맞은 인사말 알아보기

• 어른께 인사하는 장면

• 아빠가 퇴근해 오시는 장면

• 친구와 인사하는 장면

• 이웃 집 형을 만나는 장면

• 나이 어린 동생들을 만나는 장면

• 부모님께 하는 아침저녁 문안 인사

■ 그림카드가 부착된 커다란 주사위 제시하기

■ 주사위 각 면에 부착된 카드를 보고 알맞은 인사말 다 같이 하기

■ 한 사람씩 나와서 주사위를 던져 나온 장면에 알맞은 인사말하기

■ 인사말이 적당치 않을 때는 다 같이 바른 인사말하기

인사말놀이(가면놀이)

- 주변 사람의 사진을 스캔하여 가면 제작하기
  - 교직원, 집배원, 학생들, 모르는 사람 등
- 두 모둠의 점수판 제시하기
- 학급을 두 모둠으로 나누어 한 모둠은 교실 밖에서 가면을 쓰고 한 사람씩 간격을 두고 교실에 입장하기

- 교실에 있는 나머지 모둠은 들어오는 인물에 알맞게 인사하기
- 인사말이 맞으면 각각의 점수판에 별 달기
- 다시 모둠을 바꾸어서 하기
- 별이 많은 모둠이 이기게 된다.
- 인사말을 먼저 제시하고 인사말에 맞는 사람이 입장하는 방법으로 활동 해보기

가게놀이

- 문구점 차리기(주변에 있는 물건 활용)
- 역할 정하기
- 주인 아저씨로 분장하기
- 나머지 학생은 손님이 되어 모형 돈과 바구니를 들고 물건 사 보기

- 인사 나눌 때의 적당한 말은?
- 가격 알아볼 때에 적당한 말은?
- 물건에 대한 정보를 알아볼 때의 적당한 말은?
- 물건을 사고자 할 때의 적당한 말은?
- 물건 값을 계산할 때의 적당한 말은?
- 물건을 사고 나서의 적당한 인사말은?

■ 역할을 바꾸어 가면서 물건 사 보기

친구와 인사말 주고받기(예의바른 남자와 여자)

■ 친구와 함께 여러 가지 상황에 따른 인사법에 대하여 알기

- 친구와는 언제 인사를 하는가?
- 친구와는 어떻게 인사를 하는가?
- 인사를 왜 하는가?
- 친구가 고마울 때는 언제일까?
- 친구가 고마울 때는 어떤 인사를 하는가?
- 친구에게 미안할 때는 언제인가?
- 친구에게 미안할 때는 어떤 말을 하나?

■ 그림을 보며 상황에 맞는 인사말 따라 해 보기

■ 주어진 상황에 따라 알맞은 인사말 찾아 줄 긋기

상황	인사말
내 가방을 친구가 들어 주었다.	생일 선물 고마워.
실수로 아영이의 발을 밟았다.	미안해. 많이 아프지?
등굣길에 지수를 만났다.	도와줘서 고마워.
영란이가 생일 선물로 예쁜 지갑을 주었다.	지수야! 안녕.

영상편지

- 자기가 원하는 사람에게 하고 싶은 말을 생각하거나 써 보기
  - 인사말
  - 하고 싶은 말
  - 끝인사
- 동영상 촬영하기(3~4명만 찍는다)
  - 편지를 보고 읽어 보기
  - 생각한 것을 말로 해 보기
- 촬영한 동영상 다 같이 감상하기
  - 적절한 인사말을 사용하였는가?
  - 적절한 높임말을 사용하였는가?

활동 자료

- **소개하기:** 필기도구, 종이
- **전화 통화 시 인사법 알기:** 전화기
- **낚시놀이:** 30cm 정도의 막대, 끈, 코팅한 낱말카드(읽기가 어려운 학생을 위하여 그림도 곁들인다) 각각 2장씩(그룹 수만큼), 클립(카드 한 장당 4개씩), 말굽자석(학생 수만큼)
- **주사위놀이:** 주사위(스티로폼 박스 안에 방울을 넣고 부직포로 싸서 만들어 각 면에 벨크로를 달아 그림카드를 붙여서 사용한다), 그림카드
- **가면놀이:** 가면(교직원, 집배원, 학생들, 모르는 사람), 점수판 2개, 별 스티커
- **가게놀이:** 여러 가지 물건(학용품), 진열대, 분장 도구(아저씨), 모형 돈, 바구니
- **예의 바른 남자와 여자:** 여러 가지 상황의 그림카드(친구와 만나는 장면, 친구를 도와주는 그림, 앞을 잘 살피지 못하여 친구와 부딪히는 장면 등), 유인물
- **영상편지:** 텔레비전, 동영상 촬영기기

유의점

- 인사는 반복적인 학습으로 적절한 인사와 인사말이 습관화되는 데 중점을 둔다.

- 전화는 상대의 얼굴이 보이지 않기 때문에 더욱 공손한 태도여야 함을 알도록 한다.
- 전화를 받을 상대는 수업 전에 미리 정해 놓는다.
- 가면을 만들 때는 주변 사람의 사진을 활용하여 실제 상황과 연계한다.
- 동영상은 1~2분 정도로 짧게 찍는다.

04 기초 감정의 이해와 표현

지도 내용 및 활동 계획

활동 목표

- 기초 감정을 알고 적절히 표현할 줄 안다.
- 타인의 감정을 알고 이해한다.

활동 내용 및 방법

거울 보며 표정 짓기

- 거울을 보며 다양한 표정 지어 보기
- 교사가 다양한 표정 사진 찍기
- 표현할 수 있는 얼굴 표정 마음껏 지어 보기
  - 혼자 해 보기
  - 짝과 함께 해 보기
- 같은 감정도 각자의 얼굴에 따라 차이가 있음을 알기
- 얼굴 표정이 다양함을 알기
- 교사가 찍은 사진을 보고 서로 비교하기

음악을 듣고 감정 표현하기(음악 감상)

- 표정카드, 음악 파일 준비하기
- 표정카드 보고 따라 해 보기
- 음악을 듣고 감정에 맞는 표정카드 찾아보기
- 음악을 듣고 느낀 감정을 얼굴 표정으로 나타내 보기
- 감정을 색으로 표현해 보기(밝음, 어두움 등)

같은 감정 찾아 붙이기

■ 준비한 여러 가지 감정의 그림카드 알아보기

- 즐거울 때
- 기쁠 때
- 놀랐을 때
- 무서울 때
- 슬플 때
- 부끄러울 때
- 화났을 때
- 귀찮을 때

■ 그림카드의 표정을 이해하고 표현해 보기

- 어떤 표정을 짓고 있는가?
- 왜 이런 표정을 짓고 있을까?
- 우리는 언제 이런 표정을 짓게 되는가?

■ 준비한 유인물에 신문이나 잡지에서 같은 감정의 얼굴 찾아 붙여 보기

즐거울 때	기쁠 때	놀랐을 때	무서울 때	슬플 때	부끄러울 때	화났을 때	귀찮을 때

감정에 알맞은 얼굴표정 알기(감정 스티커 놀이)

- 스티커 준비하기(희, 노, 애, 락)
- 기초 감정에 알맞은 얼굴 표정 찾아보기
- 여러 가지 그림을 보면서 자신의 감정을 표현해 보기
- 자신의 감정과 맞는 스티커를 얼굴에 붙여 보기
- 친구의 얼굴에 스티커를 붙여 주고 같은 표정을 짓게 해 보기

풍선에 얼굴 그리기

- 풍선과 펌프, 매직펜 준비하기
- 풍선 불기
- 짝끼리 마주보고 얼굴 그려 보기
- 거울 보면서 자기 얼굴 그려 보기
- 얼굴을 그린 풍선을 들고 나와 설명해 보기
  - 친구의 얼굴이 어떻게 보였는가?
  - 자신의 얼굴은 왜 이렇게 그렸는가?(즐거워서, 속상해서 등)

손인형극 놀이

- 대본과 깃발 나누어 주기
  (대본과 기초 감정이 그려진 깃발을 한 사람이 4개씩 갖도록 교사가 준비한다)
- 대본 내용을 알고 이해하기

성냥팔이 소녀

어느 추운 겨울날 한 소녀가 성냥을 팔고 있었어요.

소녀 성냥 사세요. 성냥 사세요.

행인1 에잇! 귀찮아…….

소녀 여보세요. 성냥 좀 팔아 주세요. 네?

행인2 저리 비켜!

소녀 아이쿠……. 흐흐흐흑…….

소녀는 마차에 부딪혀서 넘어지고 말았어요. 그렇지만 모두 소녀를 못 본 척하면서 쌀쌀맞게 지나가 버립니다.

성탄절을 맞아 모두들 맛있는 음식을 만들어 먹는데 성냥팔이 소녀는 배고프고 몹시 춥기만 했어요.

소녀 아이 추워……. 아이 추워라.

춥고 배고픈 소녀는 지쳐서 길모퉁이에 쪼그리고 앉아 성냥불을 켰어요. 그러자 따뜻한 난로가 불빛 속에서 나타났어요. 소녀는 자꾸만 성냥불을 켰어요. 먹고 싶은 것, 갖고 싶은 것들이 성냥불 속에서 요술처럼 나타났어요. 그렇지만 성냥불이 꺼지면 모두 사라졌어요.

소녀는 마지막 남은 성냥불을 켰어요. 그러자 돌아가신 할머니가 나타났어요.

소녀 아! 할머니…….

그날 밤 할머니는 소녀를 하늘나라로 데려갔어요.

- 역할 정하기
- 손인형을 이용하여 역할극 해 보기
- 역할극을 보고 느낀 자신의 감정과 일치하는 감정 깃발을 들어 감정을 표현해 보기

동작과 표정 따라 해 보기(나도 영화배우)

- 영상을 통해 여러 가지 상황에 따른 동작과 표정 알아보기(일일극이나 TV 프로그램을 편집하여 활용)
- 영상물의 정지 화면을 보고 동작과 표정을 따라 해 보기
- 화면에 나타난 사람의 동작과 표정을 보고 감정에 대하여 이야기해 보기
- 자신 있는 동작이나 표정 연기해 보기

감정 알아맞히기(팬터마임)

- 교사의 여러 감정 표현과 동작을 보고 감정 알아보기

- 큰 소리로 해당 감정 말하기
- 감정 표현과 동작 따라 해 보기

■ 교사의 제시어에 맞는 적절한 감정 표현과 동작해 보기

- 오늘은 노래자랑을 하겠습니다.
- 오늘 청소 당번은 ○○입니다.
- ○○가 몸이 아파요.
- 어제는 ○○에서 큰 교통사고가 있었습니다.
- 우리나라 축구팀이 ○○팀을 이겼습니다.
- 친구끼리 싸웠습니다.
- 방학식은 ○○일입니다.

반대의 감정 표현하기(청개구리놀이)

■ 두 모둠으로 나누어 각각의 모둠에서 한 사람씩 나와서 마주 보고 서기

■ 가위바위보로 순서를 정하여 이긴 사람이 먼저 교사가 제시하는 카드를 보고 감정을 표현하면 다른 사람은 그 반대의 감정을 표현하기

■ 맞추면 상(메달)을 주고, 순서를 바꾸어 다시 한 번 해 보기

■ 각 모둠에서 또 다른 두 사람이 나와서 같은 방법으로 하고, 메달을 많이 받은 모둠이 이기게 된다.

동작 보고 감정 알아맞히기(내 친구의 마음은?)

■ 동그랗게 둘러앉기

■ 교사가 술래를 지정하면 그 학생은 일어나서 자신이 표현하고 싶은 감정을 동작으로 나타내기

■ 다른 학생들은 술래의 행동을 보고 어떤 감정인지 알아맞히기

■ 알아맞힌 학생은 상(사탕이나 예쁜 스티커)을 받고, 다시 술래가 되어 동작 표현하기

■ 계속해서 돌아가면서 게임하기

친구 기분 바꾸어 주기

- 여러 가지 기초 감정의 얼굴 표정을 그리기
- 그린 얼굴 표정을 코팅한 후 예쁘게 자르기
- 자른 그림을 펀치로 뚫고 줄을 달아 목걸이를 만들어 목에 걸기
- 자신의 마음과 맞는 그림을 보여 주며 왜 그런지 이유를 이야기해 보기

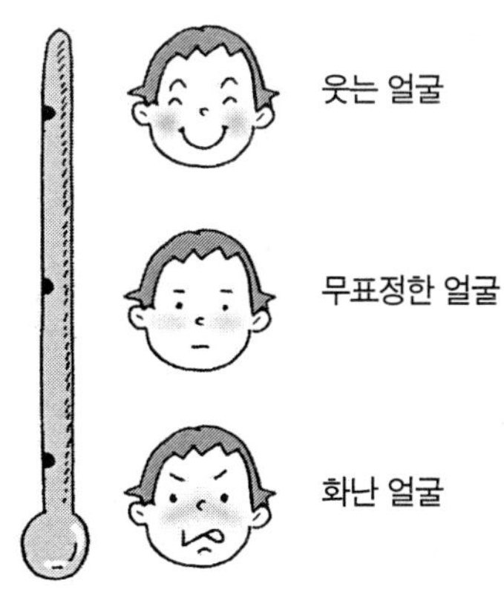

기분온도계

■ 친구의 이야기를 듣고 어떻게 하면 우는 얼굴을 웃는 얼굴로, 화난 얼굴을 즐거운 얼굴로 바꿀 수 있는지 이야기해 보기
■ 기분을 온도계로 만들어 볼 수 있다.

활동 자료

■ **거울 보며 표정 짓기**: 거울, 동영상 촬영기기
■ **음악 감상**: 다양한 장르의 음악, 표정카드, 여러 가지 색종이
■ **같은 감정 찾아 붙이기**: 그림(감정)카드, 표정이 그려져 있는 유인물(신문, 잡지)
■ **감정 스티커 놀이**: 그림카드(기초 감정이 나타난 그림), 스티커(기초 감정이 나타난 스티커)
■ **풍선에 얼굴 그리기**: 둥근 풍선, 펌프, 거울, 매직펜
■ **손인형극 놀이**: 극본(성냥팔이 소녀), 손인형, 감정 깃발
■ **나도 영화배우**: 여러 가지 표정이 담긴 자료 화면
■ **청개구리놀이**: 표정카드, 메달
■ **내 친구의 마음은**: 사탕이나 예쁜 스티커
■ **친구 기분 바꾸어 주기**: 도화지, 색연필이나 크레파스, 펀치, 굵은 실이나 리본테이프, 코팅지, 가위

유의점

■ 감정이나 느낌이 모든 사람이 다 같을 수 없으며 개인에 따라 약간의 차이가 있을 수 있음에 유의한다.
■ 상황과 어울리지 않는 감정표현은 상대방의 기분을 상하게 할 수 있음을 알도록 한다.
■ 나의 감정을 표현하기에 앞서 상대방의 감정을 먼저 이해하도록 한다.

7장

이성과 사랑

01. 데이트 기술

02. 애정표현

03. 우정과 사랑

04. 배우자 선택

사 례

Q **고등학교 2학년 남학생 ○○는 여학생 사이에서 인기가 높다는 이유로 여러 여학생과의 이성교제를 아무 거리낌 없이 하고 있다. 심지어는 사귀던 여학생의 친한 친구와 더블 데이트를 하기도 한다.**

A 자신과 상대 모두가 소중한 인격체임을 알게 하고 상대에 대한 존중과 의무나 책임에 대한 올바른 인식을 갖도록 하여 바람직한 이성교제를 할 수 있도록 도와줄 필요가 있다.

Q **고등학교 3학년 여학생 ○○는 자신이 좋아하고 사랑한다고 해서 상대가 싫다는데도 선물을 사 주고, 시도 때도 없이 따라다니면서 같이 있고 싶어 하고, □□를 좋아한다고 주변에 떠벌리고 다닌다.**

A 상대방에 대한 배려 없는 일방적인 사랑은 곤란하고, 자기 혼자만의 무조건적인 사랑 표현은 자칫 성폭력이 될 수 있음을 알게 한다. 이성친구에 대한 자신의 감정을 올바르게 표현하는 방법과 상대에게 거부당했을 때에는 받아들여야 하고, 앞으로 더 좋은 기회가 있을 수 있음을 이해하도록 한다.

문제의 정의

- 이성교제의 바탕은 원만한 인간관계 습득에서 이루어지며, 이성교제도 동성 간의 교우 관계와 같이 자연스러운 인간관계의 하나임을 알게 하고, 이성에 대한 건전한 관심과 태도를 갖게 하여 원만한 이성교제를 할 수 있는 능력과 태도를 기르도록 한다.
- 자신과 타인의 중요성을 알고 책임 있는 행동과 도덕성을 기르도록 한다.
  - 남녀 모두가 소중한 존재임을 인식케 한다.
  - 사춘기 때 건전한 이성교제를 할 수 있도록, 준비 과정으로서의 교육을 실시한다.
  - 관심의 표현이 상대를 이해하고 존중하는 방향이어야 한다.

- 올바르고 건전한 이성교제를 할 수 있는 태도를 가지게 한다.
- 문제가 있을 때는부모와 교사가 협조하여 해결한다.
- 사춘기 이성교제의 한계를 분명히 해 주며 그 표현의 적합성이나 예절에 대해서도 함께 지도한다.

가정에서의 지도

- 부모의 모범적인 생활이 우선되어야 한다.
- 자녀의 입장에서 행동한다.
- 이성에게 호감을 줄 수 있는 예의나 매너를 익히도록 지속적으로 지도한다.
- 남을 배려하고 서로를 존경하는 마음을 길러 준다.
- 부모가 생활 속에서 경험한 얘기를 들려준다.
- 성폭행과 예방에 대해 지도한다.
- 자연스럽고 진지하게 지도한다.

01 데이트 기술

지도 내용 및 활동 계획

활동 목표

- 건전한 데이트 상대를 안다.
- 데이트 신청의 여러 가지 방법과 지켜야 할 예절을 안다.

활동 내용 및 방법

건전한 데이트 상대 알아보기

- 건전한 데이트 상대와 그렇지 않은 상대 알아보기
  - 사랑
  - 외모 및 성격
  - 직장(경제력)
  - 건강
  - 부모의 동의
  - 법률적인 문제(기혼 여부)
  - 나이
  - 동성
- 자기가 원하는 데이트 상대에 대하여 발표해 보기
- 내가 원하는 데이트 상대 조건표 만들어 보기
  - 융판에 전지 두 장을 붙이기
  - 한 장에는 데이트 상대의 조건을 적은 카드를 핀으로 고정시키기(조건의 카드를 구체적으로 만든다.)
  - 다른 한 장은 비워 놓기
  - 자신이 원하는 조건 카드를 비워 둔 전지에 옮겨 붙이기
- 자신이 선택한 조건에 대한 친구들의 의견 듣기
- 차례로 반복해 보면서 올바른 데이트 상대의 조건 알아보기

데이트 기술(NIE)

- 소집단(3~4명)으로 모둠 나누기
- 잡지나 신문에 난 이성교제의 뉴스나 그림을 찾아 4절지에 붙이기
- 기사나 그림을 보고 느낀 감정대로 모둠원이 함께 꾸미고 장식하기
  - 건전하고 행복하다 ― 밝고 행복한 모습
  - 바르지 못하다 ― 어둡고 불행한 모습
- 발표하기
  - 왜 그랬을까?
  - 나라면 어떻게 했을까?

데이트 상대와 통화하는 법

- 전화 통화를 하기 전에 말하고자 하는 용건을 먼저 생각해 보기
- 데이트 상대자가 아닌 가족이나 다른 사람이 받았을 때 인사법 알기
- 자신을 정확히 밝히고 공손히 상대를 찾는 법 알기
- 이성친구가 전화를 받으면 안부 인사하는 법 알기
- 부드럽고 알맞은 목소리로 하고자 하는 이야기를 침착하게 말하는 법 알기

- 약속은 정확하게 하고 메모하는 법 알기
- 통화는 간단하게 하여야 함을 알기
- 종이컵 전화기 만들기
- 종이컵 전화기로 짝을 지어 연습해 보기

이메일로 연애편지 쓰기

- 서로의 이메일 주소 알기
- 편지 쓰는 방법 알아보기
  - 존칭이나 호칭
  - 간단한 인사말
  - 즐거운 이야기나 자신의 감정표현
  - 데이트 제의나 약속
  - 끝인사
  - 날짜와 보내는 사람 이름

연애 편지 예문

♡♡님께

안녕하세요?^^*
어제 내린 눈이 아직도 산과 지붕에 새하얀 모자를 씌우고 있어요. 하룻밤이 지나니 눈이 꽁꽁 얼어서 오늘은 길이 미끄러웠는데 혹시 넘어져서 엉덩방아라도 찧지는 않았나요?
겨울에는 잘못 넘어지면 크게 다칠 수도 있고 엉덩이부터 넘어지면 엉덩이가 깨지는 듯한 아픔에 눈물이 찔끔 나기도 하지요.

♡♡님!
오늘 하루는 어떻게 지내셨어요? 즐거운 하루 보내셨지요?
저도 오늘은 바쁘면서도 행복한 하루였어요. 오전에는 학원 갔다가 돌아와 보니 집에 손님들이 많이 오셔서 엄마를 도와 반찬도 만들고 심부름도 많이 했어요. 손님들이 모두 가신 후에는 청소도 말끔하게 하고요.
덕분에 저는 잡채 만드는 법을 배웠어요. 잡채 맛이 환상이었어요.(호호호호)

♡♡님!
지난번 만났을 때 함께 본 영화는 정말 감동적이었어요. 지금 생각해 봐도 영화의 한 장면 장면이 눈에 떠오르고 가슴이 뭉클합니다.
다음에 만날 때는 ○○공원에 가 보면 어떨까요? 언제쯤 시간이 되는지 연락 주세요. 저는 이번 주에는 ○요일만 빼고는 언제라도 시간이 있으니까요.
그동안 오늘 배운 잡채 만드는 법을 열심히 연습해서 그때 만들어 가지고 갈게요. 기대해 보세요.

♡♡님!
그럼 다음 만날 때까지 건강하시고 하루하루 즐겁게 보내세요.
안녕히 계세요.*^^*

20○○년 ○○ 월 ○○일
○○에서 ♥♥드림.

데이트 신청하기

■ 데이트란 무엇인지 알아보기
- 이성 간의 만남
- 서로가 동의해야만 이루어진다.
- 서로를 잘 알기 위함이다.

■ 데이트 신청을 하는 여러 가지 방법 알아보기
- 전화, 편지, 이메일, 쪽지, 직접 말로 전하기

■ 데이트 신청해 보기
- 짝끼리 해 본다.

- 직접 말로 해 본다.
- 먼저 상대의 동의를 구한다.
- 날짜 · 시간 · 장소를 분명히 약속한다.

데이트 장소 선정 시 유의점 알기

■ 주변에 있는 만남의 장소 발표해 보기

(패스트푸드점, 영화관, 공원, 노래방, 문화센터, 스티커 사진 찍는 곳, 놀이공원 등)

■ 각각의 장소의 장단점 발표해 보기

■ 장소 선정 시 유의점 알아보기

- 두 사람이 모두 좋아할 수 있는 장소
- 멀지 않고 교통이 편리한 장소
- 서로가 쉽게 만날 수 있는 장소
- 비용이 많이 들지 않는 장소
- 밝고 환하며 사람이 많은 공공장소

■ 위의 조건에 맞는 우리 동네 데이트 장소 알아보기

데이트 계획 세우기

■ 데이트 전에 준비할 것 알아보기

- 약속 확인
- 부모님께 알리기
- 멋 내기(몸 청결히 하기, 머리 자르기, 손톱, 발톱 깎기)
- 교통편 알아보기(이동 방법, 소요시간, 교통비)
- 소지품 챙기기(용돈, 교통카드, 손수건, 휴지, 장애인 수첩, 연락처 적은 수첩)
- 약속 장소에 따른 옷차림이나 소지품 고려하기
- 일기예보(날씨) 알아보기

■ 만나서 할 일 알아보기

- 무엇을 할 것인가?(상대의 의견 알아보기, 어디서 무엇을 할 것인지 생각하고 정보 알아 두기, 집에서 너무 멀리 가지 않기, 식사로 무엇을 먹을 것인지 생각해 두기)

• 용돈에 맞게 데이트 비용 쓰기
• 두 사람 모두 좋아하는 것 하기(안전하고 밝은 장소에서 놀기, 밤늦게까지 함께 있지 않기)

데이트 전 준비 체크리스트 예시

♥데이트 전 준비 체크리스트♥			
준비할 것		중요한 사항	준비 결과 확인
1	약속 날짜	○월 ○일 ○요일	
2	약속 시간	오전 ○○시	
3	약속 장소	○○○공원	
4	부모님께 알리기	아빠, 엄마	
5	교통편	○○번 버스, 지하철○호선 ○○역	
6	약속 장소까지 소요 시간	30분	
7	교통비	버스 ○○원, 지하철 ○○원	
8	일기예보	맑음	
9	몸 씻기		
10	손, 발톱 점검 및 깎기		
11	머리 커트나 손질	미용실 갈 것	
12	용돈 준비	엄마 3,000원, 지갑에 2,000원	
13	교통카드 금액 확인 및 챙기기		
14	손수건	분홍 꽃무늬	
15	휴지		
16	복지카드		
17	연락처 적은 수첩		
18	입을 옷 손질 및 챙기기	분홍 점퍼, 흰색 두꺼운 티, 베이지 색 면바지	
19	약속 장소에 따른 소지품	돗자리, 비닐봉지(쓰레기 수거용)	
20	무엇을 할지 생각해 보기	공원 산책, 놀이기구 이용	
21	식사는 어디서 무엇을 먹을까	야외 식당에서 한식으로	

데이트 장소에 따른 옷차림 알기

■ 간편한 복장이 어울리는 장소

• 패스트푸드점, 공원, 놀이공원 등

■ 정장이나 단정한 옷이 어울리는 장소

• 음악회, 레스토랑, 연극 관람 등

■ 신문이나 잡지를 이용하여 장소에 알맞은 옷차림 꾸며 보기

장소	패스트푸드점	음악회	레스토랑	공원	연극 관람	놀이공원
옷차림						

차 마시는 예절 알기(즐거운 티타임)

■ 책상을 원으로 배치한다.

■ 한쪽 코너에 책상 하나를 놓고 차, 음료, 다과, 접시, 냅킨 준비하기

■ 다과가 준비된 곳에서 자신이 원하는 차나 음료와 다과를 먹을 만큼만 접시에 담아 자리로 돌아오기

■ 준비한 다과를 함께 먹으면서 대화하기(교사도 함께 먹는다.)

• 소리 내지 않고 차 마시기

• 접시 소리가 나지 않도록 살짝 내려놓기

• 흘리지 않기

• 천천히 욕심 내지 않고 먹기

• 즐겁게 여러 친구와 대화하기

• 다 마신 찻잔과 과자 껍질을 정리하기

• 책상 정리하기

데이트 시 예절 알기(드라마 모니터링)

■ 드라마 속 데이트 장면을 시청하며 아래의 내용을 살펴보기

■ 이성 간에 지켜야 하는 예절 알아보기

• 바른 몸가짐과 단정한 옷차림

- 예의 바른 행동과 고운 말씨
- 상대의 입장 이해하기
- 상대의 의견 존중하기
- 상대편 도와주기
- 상대의 약점 놀리지 않기

■ 대화 중 지켜야 할 예절 알아보기

- 분명한 의사 표현
- 상대의 의견 존중하기
- 상대의 말을 끊거나 혼자서만 이야기하지 않기
- 조용하고 차분하게 대화하기

■ 식사 중 지켜야 하는 예절 알아보기

- 음식을 삼킨 후 말하기
- 흘리지 않기
- 입가에 묻히지 않기
- 천천히 먹기
- 그릇 소리나 씹는 소리가 나지 않도록 하기(음식이 보이지 않도록 씹기)
- 식사를 마친 후 식기나 수저 바르게 놓기
- 냅킨 바르게 접어 놓기

활동 자료

■ **건전한 데이트 상대 알아보기**: 융판, 전지 2장, 그림카드(데이트 상대의 조건을 구체적으로 기입), 핀

■ **데이트 기술(NIE)**: 잡지, 신문, 4절 모조지, 색연필이나 크레파스, 색종이

■ **데이트 상대와 통화하는 법**: 실물 전화기, 종이컵, 굵은 실, 송곳, 셀로판테이프

■ **데이트 장소에 따른 옷차림 알기**: 유인물, 잡지, 신문지.

■ **차 마시는 예절 알기**: 책상, 의자, 차, 음료, 다과, 접시, 냅킨

■ **데이트 시 예절 알기**: TV 드라마 중 데이트 장면 편집 영상

유의점

- 건전한 이성교제를 할 수 있도록 준비 과정으로서의 교육에 중점을 둔다.
- 꼼꼼한 준비와 사전지식은 데이트 중에 발생할 수 있는 여러 가지 예상치 못한 상황을 알고 대처하는 데 도움이 됨을 알도록 한다.
- 사랑을 위해 노력하는 방법과 표현하는 법을 알 수 있도록 한다.
- 티타임 시간에는 자연스럽게 차를 마시면서 매너나 대화법을 익히도록 한다.
- 지키지 못할 데이트 약속은 하지 않으며, 약속 변경 시 미리 알리도록 한다.

참고 내용

연애의 발전 단계는 대체로 다음과 같다.

1. 이끌리는, 좋아하는 단계(like): 상대방이 좋게 느껴지고 가까이 하고 싶어진다.
2. 알고 싶은 단계(understand): 상대방의 모든 것에 대해 알고 싶은 특별한 관심이 생긴다.
3. 일치의 발견 단계(accept) 또는 수용의 단계: 공통점을 발견하고 공감(cmpathy)하여 기뻐하는 마음이 생긴다.
4. 믿음의 단계(believe): 서로를 누구보다 잘 알고 좋아할 뿐 아니라 인정하여 무엇이든지 같이 나누는 사이라는 믿음이 생긴다.
5. 필요의 단계(need): 상대방에 대한 독점 의식이 생긴다.
6. 사랑의 표현 단계(propose): 상대방에게 사랑하고 있음을 고백하게 된다.
7. 사랑의 약속 단계(promise): 사랑을 획득했으며 서로 속해 있음을 믿게 된다.

02 애정표현

지도 내용 및 활동 계획

활동 목표

- 다른 사람의 기분을 이해한다.
- 호감을 주는 말씨, 태도를 안다.
- 자신의 생각에 맞지 않는 상대의 말과 행동에 대하여 정중하고 단호하게 거절한다.
- 이성·동성 사이에 할 수 있는 바람직한 애정표현 행동을 안다.
- 공·사적 장소에서의 애정표현과 다른 사람이 느끼는 감정을 이해한다.

활동 내용 및 방법

음악 감상(느낌 이야기하기)

- 음악을 듣고 느낌 이야기하기

피곤할 때 듣는 상쾌한 음악

- 비발디 바이올린 협주곡 '사계(La quatto Stagione)' 중 제1곡 봄
- 라벨 피아노곡 '물의 유희'
- 헨델 '수상음악'
- 베토벤 '바이올린 협주곡' D장조 op.61

불안한 마음을 진정시키는 음악

- 베르디 '레퀴엠'
- 바흐 '환상곡과 푸가' g단조 BWV-542
- 바흐 '토가타와 푸가' BWV-565
- 쇼팽 피아노곡 '스케르초' 제1번 b단조 op.20

밝고 경쾌한 음악

- 모차르트 '봄의 동경'
- 요한 스트라우스 왈츠 '봄의 소리' 410
- 브람스 '대학 축전서곡' C단조 op. 80
- 바흐 '브란덴부르크협주곡' 제3번 G장조 BWV-1048.

우울하게 만드는 음악

- 모차르트 '교향곡 제40번' g단조 K.550
- 모차르트 '피아노 협주곡 제20번' d단조 K.466
- 리스트 '헝가리 광시곡' 제2번 C단조
- 거슈윈 '랩소디 인 블루' 제2부

■ 특히 어떤 음악이 흐를 때 자신의 감정(애정)을 잘 표현할 수 있는지 알아보기

■ 분위기를 살릴 수 있는 장소(데이트나 사랑 고백에 어울리는 장소)와 분위기가 어수선하여 적합지 않은 곳을 비교하여 알아보기

- 데이트에 적합한 장소: 조용한 커피숍, 카페, 공원 등
- 데이트에 적합하지 않은 장소: 시끄러운 지하철 속, 사람이 많고 어수선한 음식점, 쇼핑센터, 외지고 으슥한 인적이 드문 곳 등

다른 사람 기분 이해하기

■ 역할극을 해 보고 등장인물의 기분을 이해하기

상황 1 - 잘못을 뒤집어썼거나 화가 났을 때

아저씨 (화난 얼굴로) 이 껌 네가 훔쳤지?

학생 (놀라 울먹이며) 아, 아니에요. 이건 제가 집에서 가져온 거예요.

아저씨 (더 큰 소리로 화를 내며) 뭐가 아니야. 새 껌을 집에서 가지고 왔다고? 이런 고약한 녀석이…… 어디서 어른한테 거짓말을 하는 거야?

학생 (큰 소리로 화를 내며 아저씨를 쳐다보며) 정말이에요. 이건 내 거예요. 우리 엄마한테 물어보세요.

상황 2-기분이 우울하거나 짜증 날 때

정아 (슬픈 얼굴로 말 없이 혼자 쭈그리고 앉아 있다.)

친구 (큰 소리로) 정아야! 운동장에 가서 자전거 타자.

정아 (신경질을 내며) 싫어, 너나 타!

친구 (큰 소리로 화내며) 싫으면 관두지 왜 소리를 지르고 난리야.

정아 (고개를 숙이고 발목을 잡은 채 아무 말도 하지 않는다.)

친구 싫으면 관둬라 너하고 다시는 안 놀 거야!

정아 (화나고 짜증 난 목소리로) 너는 이렇게 다리를 다쳤는데 자전거 탈 수 있어?

상황 3-기분이 좋을 때

용준 (흥분하고 들뜬 목소리로) 지석아! 안녕?

지석: 용준아! 너 오늘 기분 되게 좋아 보인다.

용준 (고개를 끄덕이며) 응, 오늘 우리 할머니가 오셔.

지석 할머니가 그렇게 좋아?

용준 (큰 소리로 뽐내며) 그래, 나는 이 세상에서 우리 할머니가 제일 좋아!

상황 4-슬픈 일이 있을 때

박 선생님 (환하게 웃으며 손을 흔들며) 애들아! 안녕?

지성 (어리둥절해 하며) 선생님 안녕하세요? 그런데 우리 선생님은 왜 안 오셨어요?

박 선생님 (슬픈 얼굴로) 그 그게…… 어제 퇴근길에 교통사고를 당하셔서 지금 병원에 계신단다.

지성 (깜짝 놀라며) 많이 다치셨어요?

박 선생님 이번 방학 때까지는 학교에 못 오실 것 같구나.

지성 (울먹이며) 그렇게나 오래요? 흑 흑 흑…….

- 대응하는 방법과 태도에 대하여 충분히 토론하기
- 잘못 대응 시 더욱 분위기나 상대의 기분이 나빠짐을 알기

- 상황에 따라 대응하는 역할극해 보기
- 느끼는 감정을 카드로 찾아 표정 지어 보기

싫다고 말해요(거부기술 연습)

- 역할극을 보며 다른 사람의 생각이나 말에 동의할 수 없을 때 반응 연습하기

상황

처음 만나는 사람이 신체 접촉을 요구할 때
밤늦게 사람이 없는 외진 곳에 가자고 할 때
신체의 사적 부분을 보여 달라거나 만지려고 할 때
낯선 사람이 비디오방, 여관, 호텔, 모텔 등 폐쇄된 장소에 가자고 할 때
술을 많이 마시라고 권할 때

- "싫어요!" "안 돼요!"라고 말하기
- 웃지 않고 단호하고 정중하게 거절하기

■ 행동으로 표현하기

■ 위험한 장소에서 벗어나기

- '배가 아파요' '똥 마려워요' 등의 말로 위기 모면하기

애정표현의 종류와 방법 알기

■ 말로 하기(상대를 정하고 전화를 걸어 보기)

- 잘못했거나 부족한 부분을 이야기하며 찾아보기
- 얼굴을 보지 않고 전화로 말을 하게 되므로 더욱 주의시키기

■ 편지나 이메일 보내기

- 직접 편지를 써 보고 발표하게 하여 관심과 애정을 전하는 적절한 표현을 다양하게 활용할 수 있도록 연습 시키기

■ 선물하고 싶은 목록 적어 교환하기

■ 상대에게 적당한 선물인지 확인하기

- 부담스럽지 않은 것
- 상대방에게 어울리고 필요한 것
- 감동을 주는 포장, 이벤트 등 다양한 사례 제시
- 물질 외 봉사와 배려로 호감을 사고 애정을 표현하는 것이 더 가치 있음을 알려 주기

■ 육체적 표현

- 손잡기
- 어깨나 허리 끌어안기
- 포옹, 키스 등

  공적 장소에서의 애정 표현에 대한 한계를 정하고, 학생의 연령에 따라 적절한 애정표현의 방법을 알려 준다.

활동 자료

■ 느낌 이야기하기: 다양한 음악

■ 애정표현의 종류와 방법 알기: 편지지, 전화기, 예쁘게 포장한 선물, 메모지

유의점

- 무조건적 수용과 무조건적 거부를 동시에 알게 한다.
- 타인의 감정을 고려하는 태도를 기른다.
- 공적 장소에서의 무분별한 애정표현에 대하여 비판적 시각을 갖게 한다.

03 우정과 사랑

지도 내용 및 활동 계획

활동 목표

- 우정과 사랑의 차이점을 안다.
- 친구(이성/동성) 사이의 예절을 알고 지킨다.
- 사랑하는 사람 사이에 지켜야 할 예절을 안다.
- 이성교제에 적합한 대상을 안다.

활동 내용 및 방법

친구 자랑하기(과일나무 열매 달기)

- 과일나무 모형 학습지 나누어 주기
- 학습지의 절취선 아래 사과에 초록, 빨강 색칠을 한 후 오려 붙이기
- 초록, 빨강 스티커나 색종이로 만든 사과모형을 사용해도 된다.
  (특히 친구가 많은 경우는 색종이를 사용하는 것이 좋다.)
- 사진 붙이거나 이름 쓰기
  (스티커 위에 동성친구는 초록 스티커 위에 사진을 붙이거나 이름을 쓰고, 이성친구는 빨강 스티커에 이름을 써서 붙인다. 단 자신과 아주 친하다고 생각되는 친구만 선택한다.)
- 초록, 빨강 스티커가 고르게 많이 붙은 학생 칭찬하기
- 친구의 좋은 점 칭찬하기
  (이때 교사는 좋은 친구관계를 유지하기 위해 노력해야 할 일에 대하여 설명한다.)
  - 단정하고 깨끗한 옷차림
  - 고운말 쓰기
  - 약속 지키기

• 서로 돕고 양보하기 등

예절 알기

■ 동성친구와 이성친구 제목을 대형 원형판을 준비하여 칠판에 붙이기

■ 둘 다 지켜야 할 공통 사항을 붙이도록 두 원을 겹쳐 붙이기

■ 준비한 예절카드(글씨, 그림) 나누어 붙이기

- 서로 약속을 지켜요.
- 서로 비밀을 지켜요.
- 서로 고운 말을 써요.
- 서로 단정한 옷차림을 해요.
- 서로 상대의 약점을 놀리지 않아요.
- 서로 지나친 신체 접촉을 하지 않아요.
- 서로 폭력을 쓰지 않아요.
- 서로 밤늦게 단 둘이 있지 않아요.
- 서로 이성친구와 둘만 있을 때는 방문을 열고 있어요

■ 이때 공통으로 지켜야 하는 예절을 가운데 붙이기

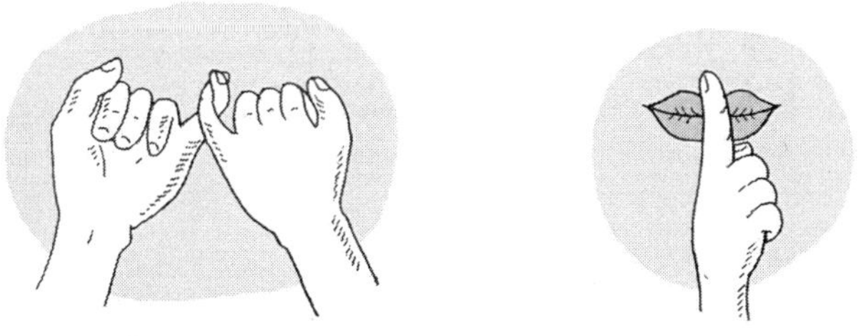

인기를 알아봅시다(놀이나 도표 만들기)

■ '인기를 알아봅시다' 표를 게시한다.

■ 정해진 수만큼 일정하게 스티커를 나누어 준다.

■ 지시에 해당되는 친구의 이름에 스티커 붙이기(이때 반드시 그 이유를 말하도록 한다.)

• 서로 놀이공원에 함께 놀러 가고 싶은 사람
• 서로 함께 데이트하고 싶은 사람
• 서로 고민을 이야기하고 싶은 사람
• 서로 슬플 때 전화하고 싶은 사람
• 서로 힘들 때 잘 도와주는 사람

■ 스티커가 가장 많이 붙은 친구가 최고가 된다.

■ 게임으로 할 경우는 둥글게 원으로 서서 노래를 부르며 돌다가 교사의 지시를 듣고 짝을 짓거나 손가락장갑막대기를 이용하여 가리키면 된다.

인기의 정도를 알아봅시다

10												
9												
8												
7												
6												
5												
4												
3												
2												
1												
점수 / 이름	김○○	나○○	박○○	송○○	이○○	이○○	장○○	조○○	차○○	함○○	홍○○	황○○

칭찬 릴레이

■ 메달과 부상 보여 주기

■ 자기가 칭찬하고 싶은 친구 지적하기

■ 지적한 이유나 친구의 장점(칭찬) 이야기하기

■ 칭찬을 다 듣고 나면 '약속 왕' '친절 왕' 등 각 부분의 왕을 뽑아 메달 달아 주기

사랑의 종류 알아보기(부적절한 이성교제 대상 알기)

■ '우리 결혼해도 될까요?' 학습지 준비하기

■ 학습지에 '나'에 대하여 기록하기(이름, 성별, 나이)

■ 가장 가까운 가족에서부터 가장 먼 주변 사람까지 나와의 거리 알기

■ 부모, 형제의 사랑, 스승과 제자의 사랑, 남녀 간의 사랑, 종교적 사랑 등 다양한 사랑의 종류 알아보기(동성연애의 문제점도 아울러 알게 한다.)

■ 내가 사랑하는 사람 나열하기

■ 나와의 관계, 나이 차, 호칭을 알아본 후 이름을 쓰거나 사진 붙이기(선생님, 친구, 연예인, 친척, 형제, 주변 인물 등)

■ 대상별로 사랑의 종류 알아보기

■ 나를 중심으로 나이 차를 알아보고 결혼이 가능한 연령 따져 보기

■ 너무 가까운 친척, 나이 차가 많이 나는 경우 결혼에 어려움이 있음을 알기

■ 특별히 결혼하고 싶은 사람을 지적하고 결혼 가능성에 대하여 친구들의 의견 듣기

■ 이성 간의 사랑에 한하여 붉은 하트(웃는 표정이 그려진)스티커 붙이기

■ 그중 특별히 이성교제가 부적합한 경우(유부남, 유부녀, 미성년자, 동성, 친한 친척 등)는 웃는 하트스티커 위에 눈물을 흘리는 표정의 하트스티커 덧붙이기

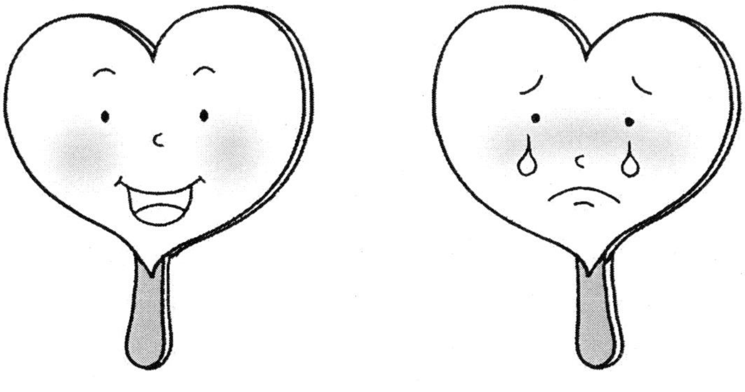

■ 학습지를 완성한 후 다른 사람과 나와의 관계, 거리, 나이 차 알기
■ 이성교제에 적합한 상대 알기

우리 결혼해도 될까요?

<table>
<tr><th>관계
나이 차이</th><th colspan="2">우리 가족</th><th>친척</th><th>친구</th><th>아는 사람</th><th>주변 인물
(관심 있는 공인)</th></tr>
<tr><td>30살 위</td><td colspan="2"></td><td></td><td></td><td></td><td></td></tr>
<tr><td>20살 위</td><td colspan="2"></td><td></td><td></td><td></td><td></td></tr>
<tr><td>10살 위</td><td colspan="2"></td><td></td><td></td><td></td><td></td></tr>
<tr><td rowspan="3">나</td><td>이름</td><td></td><td colspan="4" rowspan="3">결혼하고 싶은 사람에 ♥를 붙여 보세요.</td></tr>
<tr><td>성별</td><td></td></tr>
<tr><td>나이</td><td></td></tr>
<tr><td>10살 아래</td><td colspan="2"></td><td></td><td></td><td></td><td></td></tr>
<tr><td>20살 아래</td><td colspan="2"></td><td></td><td></td><td></td><td></td></tr>
</table>

드라마 분석하기

■ 학생들에게 시청률이 높은 흥행 드라마나 뮤직비디오 선택하기
■ 주인공 중 이성 간 사랑을 찾아 분석하고 내용 이야기해 보기
■ 인터넷(TV 드라마 다시 보기, 뮤직 드라마)을 이용하여 문제 장면 다시 보기
■ 특별히 아름다운 사랑과 부적절한 사랑을 나누어 보고 의견 나누기

활동 자료

■ **친구 자랑하기:** 과일나무 모형 학습지, 빨강, 초록 스티커나 색종이, 사진

■ **예절 알기:** 원형판(동성·이성친구) 예절카드

■ **인기를 알아봅시다:** 학습지, 스티커

■ **칭찬 릴레이:** 각종 메달

■ **부적절할 이성교제 대상 알기:** 학습지, 사진, 매직, 하트스티커(웃는 표정, 우는 표정)

유의점

■ 사랑의 속성(관심 갖기, 존중, 책임, 이해하기, 아낌없이 주는 것)에 대하여 충분한 이해를 시켜 배우자 선택 시 최선의 선택을 하도록 돕는다.

04 배우자 선택

사 례

Q **18세 고등학교 여학생으로 언어능력과 인지능력이 상대적으로 뛰어나다. 그러나 학교의 특정 남자 선생님만 보면 결혼하겠다고 매달린다. 선생님은 이미 결혼했다며 설명을 해 주어도 "그래도 괜찮아요."라며 울먹인다.**

A 결혼의 의미와 조건을 알려 주고 자신에게 적합한 결혼 상대자는 어떤 사람인지 생각할 수 있는 기회를 마련해 준다. 선생님은 이미 결혼을 하셔서 사랑하는 아내와 자녀가 있으며 누구나 사춘기에는 그런 마음이 생길 수 있음을 알려 준다. 특히 이성교제에 적합한 상대 등을 지도하여 좋아하는 자신의 감정을 표현하는 적절한 방법을 알려 준다.

문제의 정의 및 처치

결혼은 부부 두 사람의 인내와 부단한 노력에 의해 이루어지고 유지된다. 그러므로 자신에게 맞는 배우자를 선택하는 것은 매우 중요하다. 배우자는 상호작용이 가능한 사람 가운데서 서로 이해해 주고 정서적 지지를 제공할 수 있는 사람으로 연령, 종교, 교육, 성장 배경을 고려하여 적절한 사람을 선택해야 한다. 외모와 건강, 능력, 성격 등 자신과 조건이 유사한 사람에게 배우자로서의 매력을 느끼기 쉬우며, 서로 사랑하고 신뢰하는 마음도 생겨나기 쉽다. 이상적인 배우자 관계는 서로 어울리는 비슷한 성격을 갖는 것이 중요하지만, 서로 자극을 받고 보완할 수 있는 이질성도 필요하다.

가정에서의 지도

- 현재 좋아하는 감정이 있다고 모두 결혼할 수 있는 것이 아니라는 점을 알린다.
- 배우자로 그리는 이상형을 조목조목 나열하도록 하고 자신에게 어울리는 상대인지 점검하는 기회를 갖는다.
- 이성에 대한 감정을 표현하는 방법을 학습하도록 한다.
- 결혼의 시기와 배우자 선택 시 고려되어야 할 조건을 지도하고 지금은 결혼 적령기가 아님을 알게 한다.
- 평소 자신에게 어울릴 이성친구나 배우자상을 생각해 보는 기회로 삼도록 한다.

지도 내용 및 활동 계획

활동 목표

- 나와 어울리는 배우자상을 안다.
- 배우자는 신중하게 선택해야 함을 안다.

활동 내용 및 방법

성역할 교환하기

- 남자와 여자가 서로 역할을 바꾸어서 소꿉놀이 하기
- 가정에서 빈번히 일어나는 내용의 역할극 대본 제시하기
- 남자는 옷, 화장 등으로 분장하여 여자 역할하기(앞치마, 가발, 하이힐, 핸드백 등)
- 여자는 옷, 소품 등으로 분장하여 남자 역할하기(넥타이, 신문, 양복 등)

상황 1 – **아침 출근 시간**

여자 (아침 일찍 먼저 일어나며) 세수하고 아침 준비해야지.

여자 (아침 밥상을 차린 후 화장을 하며) 여보, 어서 일어나요.

애들아 빨리 일어나!

남자 (부시시 눈을 비비며) 잘 잤어?

여자 어서 씻고 식사들 해요. 늦었어요!

남자, 아이들: 너무 피곤해.

아이들: 엄마! 오늘 학교 준비물이 있으니 챙겨 주세요.

남자 (신문을 보며 말없이 식사)

여자 (허겁지겁 식탁을 정리한 후 준비물을 챙기며) 어서 가방에 넣어! 엄마도 출근 준비해야 하니까.

부모님 (현관을 나서며) 애들아 잘 다녀와.

아이들 (현관을 나서며) 엄마, 아빠 수고하세요.

상황 2 – **저녁 시간**

여자 (퇴근하며 장을 본 후 현관에 급히 들어서며) 애들아, 엄마 왔어.
(급히 가방을 내려놓고 아침 식사 설거지와 저녁식사 준비를 한다.)

남자 (집에 들어서며) 오늘 잘 지냈어?
(옷을 갈아입고 손을 씻은 후 TV를 켜고 뉴스를 본다.)

여자 (식탁을 차리며) 다들 식사해요.

여자 (설거지를 하고 세탁기를 돌린 후) 애들아! 오늘 숙제해야지.
내일 준비물은 없니?

남자 (식사 후 TV를 보며) 여보! 차랑 과일 좀 내와요.

- 자신이 맡은 역할에 대한 장점과 단점 등 느낀 점을 발표하기
- 성역할을 바꾸어 해 본 후 느낀 점 말하기

자기소개하기

- 자기소개 프로그램을 전면에 게시하기
  - 이름, 나이, 주소
  - 가족 관계(저는 ○남○녀 중 ○째입니다.)

- 성격
- 좋아하는 음식
- 잘 부르는 노래
- 자신의 장점 알리기
- 장래 희망하는 직업
- 좋아하는 배우자상(말이 없고 차분한 사람, 명랑하고 상냥한 사람, 듬직하고 책임감이 강한 성실한 사람, 요리를 잘하는 사람, 돈을 많이 버는 사람, 집안일을 잘 돕는 사람 등)

■ 호명된 학생은 앞으로 나와 프로그램 순서에 따라 빠짐없이 발표하기

이상형 선택하기

■ 3~5명의 학생이 한 조가 되어 조별로 둘러앉기

■ 바람직한 배우자상을 나타내는 예문이 적힌 카드 제시하기

- 정직한 사람
- 잘생긴 사람
- 선물이나 이벤트를 잘하는 사람
- 신체 건강한 사람
- 말을 잘하는 사람
- 예절 바른 사람
- 예쁜 아기가 있는 사람
- 친절한 사람
- 취미가 같은 사람
- 나이가 비슷한 사람
- 아내나 남편이 있는 사람
- 눈이 큰 사람
- 운동을 잘하는 사람
- 멋있는 친척 오빠나 아저씨
- 종교가 같은 사람
- 책임감 있고 성실한 사람

- 각 조의 조장이 각 조원에게 5장의 카드를 나눠 주고 남은 카드는 바닥에 엎어 두기
- 각자의 카드는 다른 사람에게 노출되지 않도록 하기
- 조장부터 자신에게 주어진 카드를 보고 선호하는 배우자상으로 부적당한 카드를 한 장 내놓고 바닥에 깔린 다른 한 장을 가져오기
- 조장을 중심으로 한 명씩 같은 방법으로 카드놀이를 세 번 한 후 마지막 카드를 왜 남겼는지 설명하기(선호하는 배우자상 말하기)
- 다수의 의견을 정리하여 바람직한 배우자상 발표하기
- 배우자로서 적당하지 않은 사람 알아보기

⚤ 사랑의 짝짓기

- 남녀 학생 각 3명씩 나란히 마주 앉기
- 사전에 예쁘고 단정한 차림으로 참여하도록 지도하기
- 춤, 노래 등 장기자랑은 사전 연습을 통해 당일 잘할 수 있도록 준비하기
- 마주 앉은 이성친구 중 마음에 드는 친구의 이름을 메모하여 제출하기
- 사회에서의 성역할 내용을 참고하여 서로 에티켓 지키기
- 교사의 지명에 따라 각자 순서대로 춤, 노래, 마술, 악기연주 등 장기자랑을 하고 질문에 답하기
  * 자기소개하기에 이용된 질문을 참고하기
- 마지막 순서에서 마음에 드는 이성을 ➡ 표시판으로 가리키기
- 첫 마음(메모지)을 공개하고 변화가 있으면 그 이유 말하기
- 연결된 커플에게는 축하의 팡파르 울리기

⚤ 나의 이상형은?

- 나에게 적합한 배우자의 나이는?
  - 아기, 어린이, 청소년, 청년, 장년, 노년기의 사진이나 그림을 남녀별로 제시하기
  - 남자는 적정 연령의 여자를, 여자는 적정 연령의 남자를 선택하기

■ 좋아하는 이성의 외모는?

- 여자: 예쁜 여자, 귀여운 여자, 짧은 생머리, 긴 생머리, 짧은 파마머리, 큰 눈, 긴 파마머리 등
- 남자: 지적인 얼굴, 근육질(운동선수형), 염색 머리, 귀여운 얼굴 등
- 자신이 선호하는 이상형 선택하기

■ 배우자의 성격은?

- 친절, 성실, 명랑, 침착, 유머, 개성

■ 배우자의 건강 및 신체 조건은?

- 큰 키, 작은 키, 큰 체격, 작은 체격, 비장애인, 지적장애인, 기타 장애인 등
- 아래 표에 내용 기록하기

항목	내용(이상형을 구체적으로 적어 보세요)
나이	
직업	
외모	
키	
성격	
가족관계	

⚤ 나의 이상형 찾기

■ 잡지나 컴퓨터를 이용하여 이상형 얼굴 찾기

■ 활동지에 얼굴 붙이기

■ 선택한 이상형을 소개하고 선택한 이유(조건) 말하기

■ 친구들의 찬반의견 들어 보기

■ 교사가 나이 차, 결혼 여부에 중점을 두고 적합성 따져 보기

활동 자료

- 성역할 교환하기: 넥타이, 하이힐, 양복, 가발, 신문 등 여자와 남자로 분장하기 위한 소품
- 자기소개하기: 질문 내용은 커다란 색상지에 예쁜 글씨로 기록해서 게시하기
- 이상형 선택하기: 예문 카드는 손에 쥐기 좋은 크기로 코팅하거나 두꺼운 종이 이용하기
- 사랑의 짝짓기: 즐거운 분위기 조성하기
- 나의 이상형은?: 잡지, 인터넷, 활동지

유의점

- 자신의 결혼과 가정생활에 대한 구상을 한다.
- 배우자를 선택하여 결혼하는 것은 가족 구성의 기본이며, 막중한 책임이 따름을 알고 신중해야 한다.
- 배우자는 자신과 유사한 나이, 장애, 경험, 환경에 있는 사람이 무난하다는 것을 알려 준다.

제3부

성문화 및 성윤리

08장

사회에서의 성

01. 성정체성
02. 가정, 학교, 사회에서의 성역할
03. 예의 있는 생활
04. 공적·사적 구분(장소, 신체)
05. 성매매와 성상품화 예방

01 성정체성

사 례

Q **초등학교 6학년 남학생인데 남녀 화장실에 대한 구별을 못한다. 어떤 때는 같은 반 여학생과 함께 화장실 안에 들어가서 장난치면서 소변을 보기도 한다.**

A 그림이나 사진자료를 사용하여 화장실의 남녀 표시를 구별하는 학습을 시키고, 남녀의 신체적 차이점을 이해하도록 하는 교육을 먼저 해야 한다. 그 후, 실제로 화장실에 가서 남녀 화장실의 다른 점(남자 소변기 유무 등)을 직접 확인하도록 하며, 자기 성에 맞는 화장실을 구별하여 사용할 수 있도록 반복 훈련시켜 화장실 사용법을 완전히 익히도록 한다.

Q **우리 아이는 항상 자신의 의견을 내세우지 못한다. 심지어 음식점에서도 메뉴를 스스로 고르지 못하고 눈치를 보는 경향이 있다.**

A 의사결정에 있어 자신의 가치에 대한 중요성을 아는 것이 필요하다. 장애 아동의 경우 스스로 의사표현할 기회가 적기 때문에 위축되고 소극적으로 되기 쉽다. 스스로 의사결정을 할 때까지 기다려 주고 결정에 대해 최대한 칭찬과 격려를 해 주는 것이 중요하다. 되도록 스스로 의사결정을 할 수 있는 많은 기회를 주는 것이 좋다.

문제의 정의 및 처치

장애 아동의 대부분은 자존감이 낮다는 문제를 안고 있다. 장애 아동에게서 나타나는 적절하지 않은 행동의 원인은 그들의 낮은 자존감으로부터 온다고 볼 수 있다. 낮은 자존감을 극복하기 위한 행동의 하나로 사회적으로 인정되지 않는 행동을 반복적으로 보이면서 자신에게 주의를 돌리려 하는 경우도 있다. 성정체감과 성적 표현 방법 등은 자존감과 밀접하게 관련되어 있다. 그런 의미에서 부모와 교사는 인내심을 갖고 아동의 적절하지 못한 의사표현이나 행동에도 관심을 기울이고, 그들의 자존감을 높여 주기 위한 노력을 끊임없이 해야 한다.

➡ 양성평등 문제의 정의 및 처치 참조

가정에서의 지도

- 자신의 의견을 확실히 표현할 수 있도록 격려해 준다.
- 느리고 알아듣기 힘든 말도 열심히 들어 준다.
- 작은 성과에도 크게 칭찬하여 자존감을 높이도록 도와준다.
- 자기의 외모에 관심을 갖고 스스로 멋진 모습으로 꾸밀 수 있도록 꾸준히 관심을 보여 준다.
- 부모가 모델로서의 역할을 분명히 한다.

지도 내용 및 활동 계획

활동 목표

- 나 자신을 소중히 생각하고 존중하는 마음을 갖는다.
- 남녀의 생리적인 차이를 이해하고 자신과 다른 사람을 존중한다.
- 남녀를 구별해야 하는 장소가 어디인지 알 수 있다.

활동 내용 및 방법

⚥ 남녀 신체 부위 그려 넣기

- 신체에서 빠진 부위를 그려 놓은 A4 크기의 학생용 학습지와 확대된 괘도용 학습지 준비하기
- 조별로 학습지에 빠진 신체 부위 그려 넣기
  (눈을 한 개만 그려 놓거나 손가락도 3개만 그려 놓고, 빠지기 쉬운 배꼽과 유방도 그려 넣도록 지도하기)
- 조별로 학습지에 그려 넣게 하고, 학생 한 명이 앞에 나와 괘도용 학습지에

그려 넣기

■ 생식기는 코팅 자료로 붙이도록 하여 소중한 곳임을 강조하기

■ 신체 부위를 다 완성한 후 돌아가면서 이름 말하기

- 남녀의 외생식기 모습이 다름을 알려 준다.
- 생식기는 아기씨가 만들어지는 부위이며, 아기가 태어나는 것과 관계 있는 곳임을 알려 준다.
- 남녀 모두 아기씨를 생식기 안에 가지고 있으며 생식기를 소중하게 관리하여야 함을 알려 준다.

⚥ 남녀를 구별해야 하는 장소 알아보기

■ 남녀를 구별하는 장소가 어디인지 이야기하기

■ 목욕탕, 공공화장실, 탈의실의 남구별 표지판 그림자료 제시하기

■ 남녀 표시를 보고 어디를 사용해야 하는지 구분하여 스티커 붙여 보기

■ 구분을 잘하여 스티커를 많이 붙인 학생 칭찬하기

⚥ 특별한 나 알기(지문 찍어 보기)

■ 준비한 도화지 한쪽에 각자 자기의 사진을 붙이기

■ 이름이 적힌 A4 용지에 오른손과 왼손의 지문 찍기

■ 자기 사진 아래에 지문이 찍힌 종이 붙이기

■ 똑같은 지문이 하나도 없음을 알기

■ 교사가 한 학생을 지적하면, 앞으로 나와서 '나는 세상에서 하나뿐인 ○○○

입니다.'로 시작하여 나의 장점 발표하기(외모보다는 심부름을 잘하고, 어려운 친구를 도와주는 것과 같은, 내면의 장점을 중심으로 발표하기)

■ 나는 세상에 하나밖에 없는 소중한 사람임을 알고 나 자신을 소중히 생각하기로 약속하기

⚤ 칭찬카드 주고받기

■ 2명씩 짝을 짓기

■ 짝의 좋은 점을 2가지 이상 찾고 발표하기

■ 장점을 교사가 표로 정리하기

■ 좋은 점 찾기 표 완성하기

좋은 점 찾기 표의 예

친구 이름	외모	성격
김철수	키가 크다	심부름을 잘한다
이하나	옷차림이 단정하다	약한 친구를 잘 도와준다

- **친구의 외모에서 좋은 점:** 키가 크다, 옷차림이 단정하다
- **친구의 성격에서 좋은 점:** 친절하다, 항상 표정이 밝다, 정리를 잘한다, 어려운 친구를 잘 도와준다, 심부름을 잘한다 등

■ 칭찬카드 만들기

- 겉표지에 짝 이름 쓰기
- 안: "너는 세상에서 하나뿐인 내 친구야."
  "너는 아래와 같은 좋은 점을 가진 멋진 친구야."

  1. ______________________________

  2. ______________________________
- 칭찬카드를 읽어 준다.
- 칭찬카드를 주고받는다.

그림 8-01 칭찬카드 예

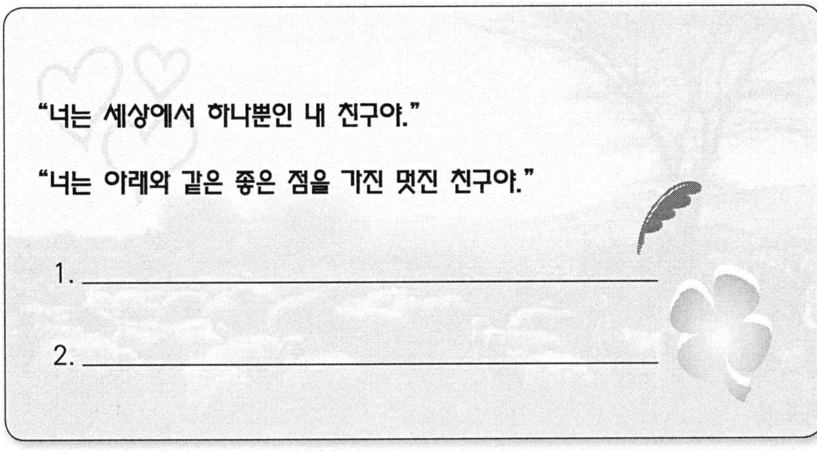

남녀 패션쇼 게임하기

- 두 팀으로 조를 나누기
- 남녀 모델 정하기
- 각자 역할과 흥미에 맞추어 필요한 액세서리와 용품 선택하기
- 원하는 신체 부위에 장식하여 패션쇼 준비하기
- 패션쇼하기
  - 멋진 걸음걸이로 무대에 나와 자세 취하기
  - 무대 위에서 자기소개하기
  - 퇴장하기
- 교사는 바른 태도와 장식, 팀의 협동 상태를 기준으로 상을 주기
- 완성도에 따라 우승팀에게 '축하합니다' 노래를 상대 팀이 불러 주기

활동 자료

- **남녀 신체 부위 그려 넣기:** 신체의 빠진 곳을 그려 넣은 학생용 학습지(A4 용지), 같은 그림이 그려진 괘도용 학습지, 색연필, 코팅된 생식기 그림
- **남녀를 구별해야 하는 장소 알아보기:** 목욕탕과 공공화장실의 남녀 구별 표지판, 스티커

■ **지문 찍어 보기**: 도화지, 참여 학생 사진, 스탬프
■ **칭찬카드 주고받기**: 색지, 사인펜, 예쁜 그림
■ **남녀 패션쇼 게임하기**: 남녀의 액세서리(시계, 와이셔츠 핀, 넥타이, 머플러, 머리핀, 브로치, 목걸이, 가발), 앞치마, 남녀의 모자, 양말, 속옷, 화장품, 지갑, 가방, 겉옷

유의점

■ 여러 가지 활동을 통해 남녀의 성차이를 자연스럽게 익히도록 지도한다.
■ 성적인 특징은 차이를 구별하기 위한 것이지 차별성을 강조하는 것이 아님을 강조한다.
■ 성역할에 대한 학습이 성에 대한 고정관념으로 이어지지 않도록 한다.
■ 몸에 대한 소중함을 알게 하고, 자신과 타인을 소중히 하는 마음을 가지도록 한다.
■ 이 세상에서 유일한 '나'임을 강조하고, 나 자신을 소중히 생각할 줄 알게 하여 자아존중감을 높인다. 그러나 유일함을 지나치게 강조하여 자신만이 우월하다는 등의 자기 중심적인 개인주의로 빠지지 않도록 한다.

02 가정, 학교, 사회에서의 성역할

사 례

Q **경도지적장애 여자 중학생으로 집이나 학교에서 자기 마음에 드는 물건을 모두 가방 속에 집어넣는다. 동생의 앨범, 학용품, 어머니의 화장품, 통장, 심지어 비싼 보석류도 가방에서 발견되곤 한다.**

A 학교와 가정에서 협력하여 일정 기간 동안 일관성 있게 지도해야 한다. 물건 소유에 대한 개념을 먼저 심어 주고, 다른 사람의 물건도 내 것만큼 소중함을 알게 한다. 그래도 문제행동이 계속될 경우, 학생의 소지품 검사를 학교와 가정에서 동시에 하고, 문제행동을 하지 않는다는 약속을 하여 잘 지켰을 때 학생이 원하는 것을 충분히 보상해 준다.

Q **다운증후군의 남자 고등학생으로 부모님께 어리광을 부리고, 수시로 떼를 쓰며, 초등학생인 동생을 이유 없이 때리고 괴롭히는 등 형으로서의 역할을 하지 못한다.**

A 동생이 생기기 전 부모가 지나치게 그 학생을 보호하지 않았는지 생각해 보고, 동생이 태어난 후 부족한 형으로부터 어린 동생을 보호하기 위한 부모의 지나친 보호는 없었는지 점검이 필요하다. 동생으로 인해 부모의 사랑을 빼앗겼다는 느낌이 아이를 난폭하게 할 수 있다. 장애가 있다 하더라도 형은 형으로서의 위치와 역할이 필요하며, 동생은 형을 존중하고 동생으로서 형에 대한 기본적인 예의를 갖추도록 가르칠 필요가 있다.

Q **경도지적장애 여자 고등학생으로 좋아하는 친구에게 애정표현으로 얼굴을 비비거나 껴안고, 귀찮게 따라다니며, 주변을 전혀 의식하지 않고 지나치게 신체적인 애정표현을 하여 주변 사람을 당황스럽게 한다.**

A 자신의 감정을 표현할 때는 상대방의 입장과 감정을 먼저 생각하여 행동해야 하는 것을 이해시키고, 지나친 애정표현은 상대방에게 피해를 준다는 것을 알려 준다. 또한 사람은 사회적 동물이기 때문에 모든 행동에는 책임이 따르고, 학생으로서 친구에게 좋아하는 감정을 표현하는 적절한 방법을 생각하도록 지도한다(예: 선물주기, 편지 주고받기, 함께 책 읽기 등).

Q **경도지적장애 남자 중학생으로 마음에 들지 않는 약한 친구를 보이지 않는 곳으로 데리고 가서 교사의 흉내를 내면서 야단치고, 벌을 세우며, 식당에서 식판 치우는 심부름을 시키고, 맛있는 반찬을 빼앗아 먹는다.**

A 약한 친구를 돌봐 주는 역할을 맡겨 맡은 바 책임을 다하게 하고, 주변 사람들로부터 칭찬과 격려를 많이 받을 수 있도록 해 준다. 선행상을 이용하여 대내외적으로 인정받고 보상받게 하면 행동을 고치는 데 도움이 된다.

문제의 정의 및 처치

성교육은 성의 생물학적, 사회문화적, 심리적, 정신적 영역을 모두 학습하는 것이다. 다시 말해서 사회가 가지고 있는, 성과 관련한 모든 것을 배우는 것이라 할 수 있다. 인간은 자신의 성역할을 부모를 비롯한 어른들의 행동을 통해 보고 배우면서 사회화되어 간다. 장애 아동의 경우, 사회생활을 배워 나가는 과정에서 적절한 교육 기회가 주어지지 않아 사회화 기술을 잘 학습하지 못하는 경우가 많다. 그러므로 장애 아동도 자유로운 인격의 발달을 위해 남녀의 생리적인 특성을 정확히 알고, 자신과 다른 사람의 성을 소중히 여길 줄 알며, 기본 예절을 지키면서 서로 돕고 조화롭게 사는 태도를 익히는 교육 기회가 제공되어야 한다.

■ 가족의 소중함을 알고, 가족 내에서의 나의 역할을 충실히 한다.

➡ 가. 가정에서의 성역할 참조

■ 학교에서 진행되는 일에 적극적으로 참여하고(예: 심부름, 친구 도와주기), 친구들과의 관계에서 남을 배려할 줄 안다.

➡ 나. 학교에서의 성역할 참조

■ 상황에 맞는 여러 가지 인사를 할 수 있다.

➡ 다. 사회에서의 성역할 참조

가정에서의 지도

■ 가정에서의 자기 역할을 알게 하고 가족의 일원으로서 그에 맞는 역할을 맡아 행할 수 있는 기회를 준다.

■ 부모는 아이를 지나치게 보호하지 않고, 사회적 활동을 준비하도록 다양한 경험을 제공한다.

■ 자기 능력에 맞는 가사활동에 참여하여 자신감과 성취감을 느낄 수 있도록 한다.

■ 가정에서는 사회생활에 필요한 기본적인 교육을 지속적으로 반복 학습시킨다.

■ 개인위생, 몸치장, 손님과의 접촉, 가사일 참여 등

지도 내용 및 활동 계획

가. 가정에서의 성역할

활동 목표

■ 가정에서 아버지와 어머니를 보고 성에 따른 역할을 이해한다.

■ 가정에서 나의 역할을 안다.

■ 가족의 소중함을 알고 가정생활 속에서 서로 돕는 태도를 갖는다.

활동 내용 및 방법

'가족이 하는 일' 표 만들기

■ '내가 커서 어른이 되면' '즐거운 우리집' 노래를 부르며 분위기 조성하기
■ 가정에서 가족이 하는 일 이야기하기
■ 가정에서 아버지와 어머니가 하는 일에 대한 상황 그림카드를 보고 가족 중 누가 하는 일인지 이야기하기
■ '가족이 하는 일' 표를 보고 해당 칸을 찾아 1명씩 나와서 스티커 붙이기
■ 스티커가 한쪽으로 많이 몰릴 경우 일을 똑같이 나눌 수 있는 방법 발표하기
■ 집안일이 한쪽으로 몰릴 경우, 서로 돕고 협력해서 똑같이 나누도록 가족이 서로 힘을 합쳐야 함을 알기
■ 가사일을 돕고 있는 학생을 칭찬해 주고, 스스로 가장 잘할 수 있는 가사일이 무엇인지 정하기
■ 가족 중 누가 아픈 경우 어떻게 해야 하는지 이야기하기
  • 아버지가 아픈 경우, 어머니가 아픈 경우, 형제나 자매가 아픈 경우
■ 가족이 모두 협조해야 하는 집안일은 무엇일지 이야기 나누기
  • 손님을 초대한 경우, 이사를 할 경우, 대청소를 할 경우, 가족이 아픈 경우 (특히 어머니)
■ 내가 우리 집에서 도울 수 있는 집안일은 무엇인지 발표하기
■ "나는 매일 아래와 같은 집안일을 돕겠습니다."라는 서약서를 작성하고 본인이 서명한 후 학부모의 확인을 받도록 하기

'형님 먼저 아우 먼저' 게임하기

■ 2인 1조로 짝을 짓기
■ 형님과 아우 역할 정하기
■ 이어달리기 대형으로 출발점에 서기
■ 시작되면 한 조씩 달려가서 지정 장소에 놓인 기다란 숟가락을 1개씩 들고 접시에 있는 과자를 서로 먹여 주기

■ 과자를 1개씩 먹여 주었으면 숟가락을 그 자리에 놓고 두 사람이 손을 잡고 출발점으로 돌아와 다음 조와 교대하기

■ 게임을 하면서 가족관계 속에서 서로를 아껴 주고 협조하는 마음이 화목을 가져올 수 있음을 설명하기

가족앨범 만들기

■ 사진을 보며 언제 어디에서 찍은 것인지 이야기하기

■ 사진에 나오는 가족은 누구인지 이야기하기

■ 사진에 나오는 가족의 자랑거리 이야기하기

■ 색지에 예쁘게 가족사진을 붙이고 나머지 공간 꾸며 완성하기

■ 완성된 가족앨범을 보여 주며 설명하기

가족신문 만들기

■ 우리 가족 소개

■ 새 소식(즐거웠던 일, 슬펐던 일, 가족행사 등)

■ 가족 자랑, 특기

■ 가족의 서로 닮은 점

활동 자료

■ '가족이 하는 일' 표 만들기: 〈내가 커서 어른이 되면〉 〈즐거운 우리집〉 노래 CD, CD 플레이어, 가정에서 아버지와 어머니가 하는 일에 대한 상황 그림카드, 서약서 용지("나는 매일 아래와 같은 집안일을 돕겠습니다."), 스티커, 가족이 하는 일 표

가족이 하는 일

순	가족이 하는 일	아버지	어머니	나
1	직장 다니기			
2	요리하기			
3	설거지하기			
4	청소하기			
5	세탁하기			
6	쓰레기 버리기			
7	아이 돌보기			
8	장보기			
9	화장실 청소하기			
10	신발 정리하기			

그림 8-02 서약서 예

나는 매일 아래와 같은 집안일을 돕겠습니다.

신발 정리하기
내방 청소하기
화분에 물 주기
설거지하기

학년 __________ 반 ______________ 이름
학부모 성명 ______________________ (인)

- '형님 먼저 아우 먼저' 게임하기: 놀이용 긴 숟가락(약 70cm), 접시 2개, 과자
- 가족앨범 만들기: 가족사진, 색지, 색연필, 사인펜, 가위, 색테이프
- 가족신문 만들기: 색상지, 색종이, 풀, 가위, 매직, 사인펜, 가족사진

유의점

- 가족의 역할은 고정되어 있는 것이 아니라, 상황에 따라 가족이 서로 협조하고 도와주어야 함을 이해할 수 있도록 한다.
- 학생들의 의견이 맞다, 틀리다의 의미로 주입하기보다는 남녀의 다양한 역할 변화를 유도하여 고정관념을 깨뜨리도록 한다.
- 아버지가 하시는 일과 어머니가 하시는 일에 대하여 발표할 때, 전통적인 관습에 얽매이기보다는 핵가족시대의 역할 변화에 초점을 맞춘다.

나. 학교에서의 성역할

활동 목표

- 학교생활에서 친구끼리 지켜야 할 기본 예절을 안다.
- 역할극을 통해서 내가 좋아해도 상대방이 싫어한다면 그 감정을 존중해 주어야 함을 안다.
- 고운 말씨를 사용한다.
- 학교생활에서 남녀가 서로의 성차이를 인정하고 존중해 주어야 함을 안다.
- 신체 발달의 차이를 인정한다.

활동 내용 및 방법

즐거운 율동과 노래 게임

- 친구와 즐겁게 노래 부르기

'안마를 합시다' '서로서로 도우며' '즐겁게 춤을 추다가' '우리 손잡고'

안마를 합시다 정근 요 / 정근 곡

1. 잠잠잠잠 찌개찌개지 잠잠잠잠 찌개찌개지
어깨춤을 추면서 손 흔들며 모이자
앞사람을 안마합시다
쿵쿵 치자 가볍게 쿵쿵 치자 가볍게
쿵쿵쿵쿵 살살살살 쿵쿵쿵쿵쿵
쿵쿵쿵쿵 살살살살 다시 또 한 번

2. 주무르자 양쪽 어깨를 두 손으로 가볍게
어깨부터 허리까지 리듬에 맞춰
즐겁게 안마합시다
쿵쿵 치자 가볍게 쿵쿵 치자 가볍게
우리들은 사이좋은 어깨동무들
아침 저녁 모이면 서로 도와요

3. 혼자서 할 때에는 다리운동 먼저 합시다
무릎을 치면서 고개를 흔들흔들
하품을 하여 봅시다
쿵쿵 치자 등 허리도 쿵쿵 치자 내 어깨도
팔다리도 살살살살 즐거운 놀이
손목 발목 팔다리도 돌려 봅시다

- 율동에 맞추어 노래 부르기
  - 둘씩 짝을 맞추어 율동과 동요를 함으로써 수업 분위기를 흥미롭게 유도한다.
  - 서로 노래 부르며 율동을 한 후 느낌이 어떠했는지 이야기하기
- 짝짓기 체조하기
  - 콩쥐팥쥐, 어깨 주무르기, 등 두드리기, 안마하기
  - 친구와 사이좋게 지내고 서로 아끼고 배려하는 마음으로 생활하면 학교생활이 즐겁고 행복해짐을 알려 주기

말 열매 붙이기 게임

- 학생 1명당 각각 3장의 카드 준비하기
- 카드에는 학생 이름을 적을 수 있는 칸 마련하기
- 고운 말 카드(예쁘다, 잘한다, 미안해, 고마워, 사랑해, 좋아, 행복해 등 학생들이 자주 사용하는 좋은 말을 적는다.)
  - 나쁜 말 카드(아줌마, 뚱보, 쭉쭉빵빵, A컵, 미워, 나빠, 돼지, 똥개, 바보 등 학생들이 신체에 대해 자주 사용하는 나쁜 말을 적는다.)
- 좋은 말 카드와 나쁜 말 카드를 섞어서 학생들에게 3장씩 나누어 주기
- 받은 카드에 각자 자기 이름 쓰기
- 학생들은 시작종과 함께 한 명씩 나와서 자기 카드를 고운 말 나무와 나쁜 말 나무에 구분하여 붙이기
- 카드를 다 붙인 후 나무에 붙은 카드를 떼어서 좋은 말 열매와 나쁜 말 열매

를 확인하고 발표하기

■ 좋은 말과 나쁜 말 구분을 잘한 학생은 칭찬하기

■ 좋은 말 열매에 있는 말만 사용하기로 약속하기

역할극 활동

■ 학교생활에서 일어날 수 있는 상황 만들어 보기
(남녀가 서로 협력하는 역할극으로 유도한다.)

- 극중 인물 설정하기
- 역할 정하기
- 각 장면에 맞는 역할극하기

역할극 1

① 휠체어를 탄 남학생이 경사로를 힘들게 오르는 모습

② 여학생 1: 못 본 척 피해서 도망간다.
여학생 2: 휠체어를 밀어 준다.

③ 두 행동을 비교하여 발표하기

역할극 2

① 여학생이 물이 담긴 무거운 양동이를 끙끙대며 운반하는 모습

② 남학생 1: 그냥 지나간다.
남학생 2: 함께 들어준다.

③ 두 행동을 비교하여 발표하기

역할극 3

① 키가 작은 남학생이 높은 곳에 있는 물건을 꺼내려는 모습

② 키 큰 여학생 1: 책상을 옮겨 주고 움직이지 않도록 잡아 준다.
키 큰 여학생 2: 키가 작다고 놀린다.

③ 두 행동을 비교하여 발표하기

역할극 4

① 남학생이 갑자기 발기하는 모습

- 패트병이나 도구를 사용하여 상황을 꾸민다.

② 어떻게 해야 할 것인지 발표하기

- 웃옷으로 가리기
- 가까이 있는 소지품으로 가리기
- 화장실에 가서 소변 보기
- 면봉으로 귀 후비기

활동 자료

■ 즐거운 율동과 노래 게임: 카세트, 녹음기

■ 말 열매 붙이기 게임: 고운 말 카드, 나쁜 말 카드(학생당 3장씩 준비), 카드를 붙일 나무그림 2개(하나는 고운 말 붙일 나무, 다른 하나는 나쁜 말 붙일 나무)

■ 역할극 활동: 소쿠리 탈(소쿠리는 엮인 대 사이로 밖을 볼 수 있으므로 특별히 눈을 뚫지 않고도 역할극을 할 수 있다.)

유의점

■ 학교생활을 하는 데 있어 친구들 간에 서로 존중해 주어야 할 구체적인 모습

을 보여 주도록 한다.

- 친절한 말씨가 사람들과의 관계의 기본임을 알 수 있게 한다.
- 별명을 부르기보다는 친구의 장점을 특징화하는 애칭을 만들어 본다. ("야! 돼지야."보다는 "예쁜이 안녕?"이라고 부른다.)
- 상대의 감정을 읽고 존중해 주어야 함을 알려 준다.

다. 사회에서의 성역할

활동 목표

- 사람들은 사회 속에서 맡은 바 자기의 위치와 역할이 있음을 안다.
- 사람들은 자기 역할에 맞게 마땅히 따르고 지켜야 할 것이 있음을 안다.
- 상황에 맞는 여러 가지 인사를 한다.

활동 내용 및 방법

⚤ 여러 가지 역할 알기(누구에게 어울릴까 게임)

- 4조로 나누어 각 조별로 역할을 설정하기(경찰, 할머니, 의사, 택시기사 등)
- 여러 가지 소품 나열하기
- 각 조별로 한 사람을 뽑아 맡은 역할에 맞게 분장시켜 꾸미기
- 분장한 사람은 어울리는 역할 흉내 내기

⚤ 인사하기

- 그림과 낱말카드를 보면서 각 상황에 맞는 인사하기
  - 아침에 인사하기
    ① 부모님께 인사하기("안녕히 주무셨어요?" "잘 먹겠습니다." "학교에 다녀오겠습니다.")
    ② 형제자매에게 인사하기("안녕." "잘 다녀와.")
  - 통학버스에서 인사하기
    ① 운전기사, 버스보조원, 친한 친구에게 인사하기

- 학교에서 인사하기
  ① 선생님께 인사하기, 친구 부모님께 인사하기
  ② 아저씨들에게 인사하기, 친구들과 인사하기
- 동네에서 인사하기
  ① 가게 주인에게 인사하기
  ② 동네 어른들께 인사하기

■ 그림과 낱말카드를 보면서 연령에 맞는 인사하기
- 어른에게 인사하기("안녕하세요." "감사합니다." "죄송합니다.")
- 친구에게 인사하기(안녕, 악수하기, 손바닥 부딪히기, 등 두드리기)
- 동생에게 인사하기(볼에 뽀뽀하기, 껴안기)

■ 대상에 맞는 인사법 구분하기
- 친구, 가족, 운전기사, 슈퍼마켓 아저씨, 어린 동생의 사진이나 그림 구분하기
- 상황을 설정하여 인사 연습하기
  사람에 따른 바른 인사법을 구분하여 연습하기(껴안고 뽀뽀할 수 있는 사람, 악수를 할 수 있는 사람, 고개를 숙이고 정중하게 인사를 해야 하는 사람, 눈인사를 할 수 있는 사람, 손만 가볍게 올리고 말로만 "안녕"이라고 할 수 있는 사람)
- 부적절한 인사를 했을 때의 상황을 설정하여 교정하기
  ① 어른 볼에 뽀뽀하기, 껴안기, 등 두드리기
  → 허리 굽혀 인사하기
  ② 동생에게 반갑다고 악수하기, 허리 굽혀 인사하기
  → 껴안기, 등 두드리기
  ③ 학교에 처음 보는 손님이 오셨을 때 웃으면서 다가가 갑자기 껴안기
  → 가볍게 "안녕하세요." 하면서 눈인사하기
- 공적인 장소에서 신체 접촉을 너무 지나치게 했을 때의 상황을 설정해 보고 느낌이 어떤지 이야기해 보기 → 기분 나쁨, 창피함
- 신체적 접촉을 해서는 안 되는 사람을 구별하기
  → 슈퍼마켓 아저씨, 친구, 운전기사, 사촌, 신문 배달원, 중국집 종업원, 처음 보는 낯선 사람

인사 게임

- 역할이 적힌 카드 목걸이를 목에 걸기
  (이웃집 아저씨, 경찰관, 이모, 할머니, 통학버스 아저씨 등)
- 둥글게 앉아 노래를 부르며 술래는 빙빙 돌기
- 노래가 끝나면 그 자리에 멈춰서 앞 사람에게 "여보세요."라고 불러 뒤돌아보도록 하기
- 앞 사람은 카드 목걸이를 보고 상황에 맞는 인사하기

직업에 관한 다트 게임하기

- 역할놀이를 5~6가지 설정하기
  (요리사, 의사, 미용사, 군인, 교사, 축구선수, 무용가 등)
- 역할놀이에 맞도록 꾸밀 준비물 준비하기
- 각 코너에 직업을 꾸밀 의상과 소품 준비하기
  (각 코너에는 샘플로 된 그림이나 사진 붙여 놓기)
- 다트판에 요리사, 의사, 미용사, 군인, 교사, 축구선수, 무용가 등 역할놀이에 맞는 직업을 써 놓기
- 한 명씩 나와서 다트 게임을 하여 직업을 고르기
- 선택된 직업이 적힌 목걸이 착용하기
- 자기 직업이 있는 코너로 가서 앞에 붙은 그림을 참조하여 의상과 소품으로 꾸미기
- 정해진 역할에 맞는 직업으로 꾸미고 하는 일 발표하기
- 누구든지 성별에 관계없이 자신이 하고 싶은 직업을 가질 수 있음을 알기

직장에서 이루어지는 상황에 대한 역할극하기

- 직장생활에서 일어날 수 있는 상황 만들어 보기
  - 극중 인물 설정하기
  - 역할 정하기
  - 각 장면에 맞는 역할극하기

역할극

① 직장 상사가 자리에 앉아서 차 심부름을 시키는 모습

"미스 김, 커피 한잔만 타 줘."

② 여자 1: "싫어요. 나는 차 심부름하는 사람이 아니에요."

여자 2: "마침 나도 커피를 마시려고 했으니 함께 타 드릴게요."

"다음에 차 드실 땐 혼자 드시지 마시고 제 것도 부탁드려요."

여자 3: "제가 지금 일이 많은데요. 이 일 좀 도와주시면 제가 시간을 낼 수 있을 것 같네요. 함께 차를 마신 후 제 일 좀 도와주시겠어요?"

③ 여러 상황을 비교하여 어떻게 행동하는 것이 바람직한지 발표하기

활동 자료

- 여러 가지 역할 알기: 어른(남자, 여자), 할머니, 할아버지, 아저씨, 아주머니, 남학생, 여학생, 남녀 어린이, 아기, 친구, 가족, 운전기사, 가게 주인, 동네 어른 등의 사진이나 그림
- 인사하기
  - 인사말 카드("안녕하세요." "안녕." "수고하세요." "감사합니다." "미안해." "반가워.")
  - 다양한 인사하는 모습 그림이나 사진자료(악수하는 모습, 뽀뽀하는 모습, 껴안는 모습, 손비닥 부딪히는 모습 등)
- 인사게임: 역할이 적힌 카드 목걸이
- 직업에 관한 다트 게임: 의사 가운, 청진기, 축구선수 유니폼, 요리사 모자, 가운, 앞치마, 미용가위, 머리빗, 장난감 총, 예비군복 등 역할놀이 복장, 다트 게임판, 다트 화살

유의점

- 인사에는 시간 · 장소 · 상황에 맞는 적절한 규칙이 있음을 강조한다.
- 사회에서 다른 사람과 잘 어울릴 수 있도록 해 주는 인사의 중요성을 알고, 이를 실천할 수 있도록 지도한다.
- 고정된 성역할의 개념에서 벗어나 양성평등의 의미를 알 수 있게 한다.

03 예의 있는 생활

사 례

Q **우리 아이는 옷차림에 대해 관심이 없어서 옷을 지저분하게 입고, 친구들이 지저분하다고 놀려도 웃기만 한다.**

A 장애 아동의 경우 신체에 대한 부정적인 생각으로 인해 낮은 자존감을 갖게 된다. 간단히 몸을 깨끗하게 하는 활동(세수, 손 씻기, 양치질 등)부터 스스로 하는 습관을 들이게 하고, 거울 보기, 단정한 옷 입기 등을 통해 의도적으로 자기를 꾸미는 데 관심을 갖도록 하고, 멋진 모습을 꾸미는 것이 친구들로부터 인정을 받을 수 있는 하나의 방법임을 알도록 기회를 자주 제공하는 것이 중요하다.

Q **지적장애 여자 고등학생으로 때와 장소를 구별하지 않고 큰 소리로 이야기하거나 웃고, 휴대폰으로 전화를 걸어 소리를 지르는 등 주변 사람들에게 피해를 주곤 한다.**

A 먼저 주변 환경과 주변 사람에 대해 알게 하고, 여러 가지 사례를 들어 경우에 따라 어떻게 행동해야 하는지를 지도한다. 부적절한 행동은 주변 사람에게 피해를 준다는 것을 깨닫게 하고, 역할놀이 등을 통해 구체적 사례를 직접 경험하도록 유도하여, 자신의 문제행동을 알고 고치려는 의지를 갖게 한다.

문제의 정의 및 처치

사람은 누구나 혼자서는 살 수 없으며 자신이 태어나고 성장해 가는 사회 속에서 다른 사람과 더불어 살아가야 한다. 사회 속에서 다른 사람들과 함께 살아가려면 그 사회에서 생활하는 사람들이 공통으로 갖고 있는 생활방식을 이해하고 따라야 한다. 같은 생활권 안에 사는 사람들끼리 생각하고 말하고 행동하는 데 있어서 함께 지키고 따르기로 약속한 것을 예의 있는 역할이라고 한다.

장애아에게 이러한 약속들을 알게 하는 것이 어렵다는 편견이 그들을 더욱 사회적으로 고립되게 만드는 요인이다. 사회가 가지고 있는 이러한 약속을 알게 하는 것은 단지 몇 회의 성교육 프로그램만으로 충분하지 않다. 사회성 기술은 매일 학습되는 것이기 때문에 가정과 학교에서 매일 끊임없이 반복하여 학습하게 함으로써 예의 있는 삶을 살도록 해야 할 것이다.

가정에서의 지도

- TV를 볼 때나 식사 시간 등을 이용하여 자녀와 대화를 자주함으로써 이성친구가 생겼을 때 가족들에게 자연스럽게 이야기할 수 있는 분위기를 조성한다.
- 이성친구와 만날 때 지켜야 할 예의와 구체적인 데이트 방법을 알려 준다.
- 자기의 감정보다는 상대방의 생각과 의사를 존중할 수 있도록 하고 지나친 감정표현은 하지 않도록 지도한다.

지도 내용 및 활동 계획

활동 목표

- 이성친구와 사귀면서 지켜야 할 기본적인 예절을 알 수 있다.
- 이성친구가 호감을 갖게 하는 행동을 할 수 있다.
- 이성친구와 할 수 있는 건전한 활동을 익힐 수 있다.
- 상대방의 감정을 존중할 수 있다.

활동 내용 및 방법

이성 간 지켜야 할 예절 알기

- ○× 자리 정하기
- ○× 카드로 사용할 웃는 얼굴 부채, 찡그린 얼굴 부채를 담당할 학생 정하기

■ 그림을 보고 맞으면 웃는 얼굴 부채, 틀리면 찡그린 얼굴 부채로 모이기

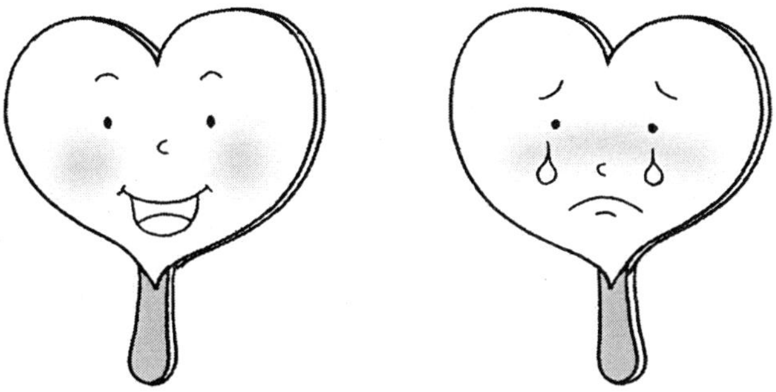

• 복장

① 단정하고 깨끗한 옷차림을 한 모습

② 단추와 지퍼도 올리지 않고 지저분한 옷차림을 한 모습

• 서 있는 자세

① 어깨를 숙이고 비스듬히 몸을 꼬고 서 있는 모습

② 똑바로 상대방을 보고 바른 자세로 서 있는 모습

• 앉는 자세

① 짧은 치마를 입고 다리를 벌리고 앉은 모습

② 짧은 치마를 입고 다리를 모으고 수건이나 옷으로 무릎을 가리고 앉은

모습

- 식사하는 자세
  ① 음식물을 흘리고 떠들면서 먹는 모습
  ② 음식물을 흘리지 않고 조용하게 먹는 모습
- 화장실 사용법
  ① 노크 없이 화장실 문을 여는 모습
  ② 출입할 때 노크를 하는 모습
  ③ 공공화장실의 남녀표지판을 구분하여 들어가는 모습
  ④ 마지막까지 남은 학생 칭찬하기

⚤ 호키포키 포크댄스하기

■ 호키포키 노래 부르기

- 호키포키(독일 민요)

  다 같이 오른손을 안에 넣고 오른손을 밖에 빼고
  오른손을 안에 넣고 힘껏 흔들어 손들고
  호키포키 하며 빙빙 돌면서 즐겁게 춤추자
  호키포키 호키포키 호키포키 신나게 같이 춤추자

■ 호키포키 춤추기

- 대형: 2열 원형(남, 녀)

  무용법: 전주 16호

  8호: 양손을 허리에 댄 후 오른손을 앞으로 뻗은 다음 뒤로 하고 다시 앞으로 뻗은 후 힘껏 흔든다.

  8호: 남녀가 서로 팔짱을 끼고 돌고 반대쪽으로 한 바퀴 돌면서 파트너를 바꾼다.

■ 춤을 추면서 파트너 바꾸기

■ 음악이 끝날 때 만난 짝을 오늘의 이성친구로 하기

■ 30초간 파트너에 대해 이야기하기

- 오늘 짝이 된 이성친구의 좋은 점과 나쁜 점을 발표한다.
- 친구가 좋아 보일 때에 대해 이야기한다.

① 학급에서 몸이 불편한 친구를 도와준다.

② 몸을 깨끗이 하고 옷을 단정히 입고 다닌다.

- 친구가 싫은 행동을 할 때가 언제인지 이야기한다.

① 싫어하는 별명을 부를 때

② 아이스케키 놀이를 하면서 치마를 들출 때

③ 똥침을 할 때

■ 이성친구에게 호감을 느낄 수 있는 행동에 대해 생각해 보기

- 적절한 행동과 부적절한 행동을 비교하고 파트너에게 평가하도록 한다.

사랑의 찻집에서 차 마시기 실습하기

■ 포크댄스와 함께 파트너 정하기

■ 바른 예절로 파트너를 자리에 앉게 하기

- 여자 친구가 먼저 앉도록 배려하기
- 자리 정하기(친한 친구 사이–나란히 앉기, 처음 만나거나 어려운 사이–마주 앉기)

■ 차 마시는 실습하기

- 차 종류 알아보기(커피, 녹차, 쌍화차, 유자차 등)
- 설탕, 크림 적당히 넣기
- 차를 마시면서 조용히 내화하기
- 찻잔이 부딪히는 소리 내지 않기
- 소리를 크게 내지 않고 차 마시기
- 흘리지 않고 마시기
- 티백 녹차의 경우 티백을 꺼내 놓고 마시기
- 대화 내용(가족 이야기, 좋아하는 연예인이나 운동선수 이야기, 학교생활 이야기, 다음에 데이트하고 싶은 장소와 시간 약속하기)
- 사진이나 그림을 보고 조심해야 할 행동 알기
  (상대방의 어깨나 엉덩이에 손을 얹고 걷는 모습, 손잡고 똑바로 걷는 모습, 어둡고 사람이 없는 곳에서 단 둘이 껴안고 있는 모습)
- 바람직한 행동 알기
  (사람이 많이 모인 곳에서 데이트하는 모습, 서로 아껴 주는 모습, 의자를 꺼내 주

는 모습, 먹을 것을 서로 권하는 모습, 남자가 여자에게 차를 가져다주는 모습)

■ 데이트할 수 있는 장소 알기(극장, 전시회, 공원, 지하철, 카페, 레스토랑, 서점)

모의재판(스토커)

■ 자기가 좋아하는 사람 발표하기

■ 다른 사람이 나를 좋아했던 경험 발표하기

■ 상대가 싫다고 하는데 좋다고 따라다니거나, 매일 편지를 써 본 경험이 있는지 이야기하기

■ 스토커에 관련된 인터넷 신문기사 살펴보기

■ 스토커가 어떻게 처벌받았는지 확인해 보기

■ 스토커에 대한 모의재판하기

- 역할 정하기(판사, 변호사, 검사, 피고, 원고, 증인, 배심원)

■ 스토커 경험이 있는 학생은 다시는 하지 않기로 약속하기

활동 자료

■ 이성 간 지켜야 할 예절 알기

- ○× 카드로 사용할 웃는 얼굴 부채, 찡그린 얼굴 부채
- 에티켓 자료(바른 예절로 차 마시는 모습, 단정한 옷차림, 서 있는 자세, 앉은 자세, 공공화장실의 남녀 구분 표지판, 화장실 문을 노크하는 모습, 화장실 문을 노크 없이 여는 모습 등의 그림이나 사진자료)

■ 호키포키 포크댄스하기: 호키포키 CD, CD 플레이어, 컴퓨터

■ 사랑의 찻집에서 차마시기 실습하기: 찻집을 꾸미기 위한 소품(테이블, 찻잔, 음료수)

■ 모의재판: 스토커 관련 인터넷 신문기사, 컴퓨터

유의점

■ 놀이를 통해 이성에 대한 규칙과 예절을 자연스럽게 익히도록 지도한다.

■ 좋은 친구관계가 이성친구 사이에도 좋은 관계로 이어짐을 알게 한다.

■ 어색한 커플이 생기면 교사가 도움을 주어 부드럽게 이끌어 나간다.

04 공적·사적 구분(장소, 신체)

사 례

Q **우리 아이는 아무 곳에서나 바지를 내리고 돌아다녀 걱정이다.**

A 지작장애 학생의 경우 편하게 옷을 입고 벗을 수 있다는 이유만으로 부모님들이 트레이닝복이나 고무줄 바지를 선호하는 경향이 있다. 이로 인해 아무 곳에서나 바지를 벗는 행동을 하는데 이를 고치기 위해서는 우선 혼자서 바지를 쉽게 벗을 수 없도록 벨트가 있는 바지를 입히고, 아무 곳에서나 바지를 벗을 경우에는 즉시 자신의 행동이 잘못된 것임을 알게 한다. 공적인 장소에서 바지를 벗는 행동이 없어질 때까지 반복하여 지도한다.

Q **우리 아이는 거실에서 TV를 볼 때면 바지 속에 손을 넣고 사위행위를 하곤 한다.**

A TV 시청 중이라면 우선 자위행위를 하지 못하도록 제재를 가하고 바지의 지퍼를 올리도록 지도한다. 그리고 바지가 너무 조이지는 않은지, 가려움증은 없는지, 주의를 끌기 위한 행동은 아닌지에 대한 관찰이 필요하다. 자위행위 자체는 정상적이나, 이 행동이 이루어지는 장소가 공적인 장소일 경우 문제가 된다. 사적인 장소와 공적인 장소에 대한 구분이 우선되어야 한다.

문제의 정의 및 처치

장애 아동에게서 종종 나타나는 공개적인 자위행위와 노출증에 대한 문제는 매우 심각하다. 아동에게서 이러한 문제가 발생하는 원인은 가정이나 학교에서 이러한 행동이 사적인 행동이며, 사적인 장소에서 해야 한다는 것을 계속적으로 강화해 주지 않았기 때문이다. 사실 장애 아동은 자신의 몸이나 사적 장소에 대해 잘 모르며, 그에 대한 지식을 습득하는 데에 어려움이 있다.

이러한 행동과 관련하여 공공장소에서는 적합한 행동이 아니며, 따라서 허용되지 않는 행동을 학습시키고, 사적인 장소가 어디인지를 알게 하고, 이러한 장소에서 허용되는 행동을 구분하여 가르쳐 주어야 한다.

- 공적인 장소와 나만의 장소를 구분할 수 있다.

가정에서의 지도

- 공적인 장소와 나만의 장소를 구분할 수 있도록 계속적으로 지도한다.
- 관심을 끌기 위해 하는 행동이라면 일시 격리하는 방법을 사용한다. 꾸지람이나 처벌도 포함된다.
- 인내심을 갖고, 적절한 행동을 계속 강화한다.
- 직접적이고 구체적으로 구분해서 알려 준다.
- 성적인 행동을 못하게 하기보다는 장소에 따른 행위의 구분을 분명하게 해준다.
- 행동을 못하게 하기 어려울 경우 아동의 관심을 다른 곳으로 돌린다.

지도 내용 및 활동 계획

가. 공적 · 사적 장소 구분하기

활동 목표

- 우리 사회에는 공적인 장소와 사적인 장소가 있음을 안다.
- 공적인 장소와 사적인 장소를 구분하여 말하고, 각각의 장소에 맞는 적절한 행동을 할 수 있다.

활동 내용 및 방법

공적 · 사적 장소 알아보기

- 공적 장소에 대해 이야기하기

- 공적 장소의 특징에 대해 이야기하기(학교버스, 지하철, 백화점, 놀이터, 교실, 은행, 패스트푸드점 등 나 외의 사람을 만나게 되는 곳)

■ 사적 장소에 대해 이야기하기

- 사적 장소의 특징에 대해 이야기하기(내 방, 화장실 등 나 혼자만 있는 곳)

■ 공적 장소에서 할 수 없는 행동에 대해 이야기하기

- 다른 사람이 보아서는 안 되는 행동(소변 보는 것, 바지 속에 손을 넣는 것, 코 후비는 행동, 야한 사진을 보는 것 등)
- 다른 사람이 들어서는 안 되는 행동(생리를 한다고 크게 말하는 행동, 누구를 사랑한다고 말하는 것 등의 사적 이야기를 크게 말하는 행동)

■ 사적인 장소에서만 해야 하는 행동에 대해 이야기하기

- 자위행위, 속옷 갈아입기, 생리대 착용하기

■ 공적인 장소에서 큰 소리로 생리에 대한 이야기나 사랑한다는 표현을 하면 안 되는 이유를 말하기

- 다른 사람들이 모르게 숨겨야 하는 비밀이 있다.
- 사람들이 당황하거나 이상하게 바라본다.

공적·사적 장소 구분 색 카드 들기

■ 초록, 빨강, 노랑 색 카드 준비하기

■ 장소에 따른 색상 정하기(신호등과 연계하여 정하기)

■ 공적·사적 장소 구분하여 색 카드 들기

(공적 장소: 초록, 사적 장소: 빨강, 위험한 장소: 노랑)

■ 공적·사적 장소에서 지켜야 할 일 알기

■ 공적·사적 장소에서의 복장의 차이점 알기

역할극을 통해 공적·사적 장소에서 구분해야 할 행동 알아보기

■ 지하철 안에서 일어날 수 있는 상황 만들기

- 극중 인물 설정하기
- 역할 정하기(바지에 손을 넣을 학생, 옆에 사람과 큰 소리로 이야기할 학생 1, 2, 3, 어른 1, 2, 3)

- 각 장면에 맞는 역할극하기
  ① 지하철에 탑승하는 장면
  ② 지하철에서 바지 속에 손을 넣어 생식기 만지는 상황
  ③ 옆에 앉았던 사람이 멀리 도망가고 피하는 장면

■ 교실에서 일어날 수 있는 상황 만들기
- 교실에서 좋아하는 친구에게 뽀뽀를 하거나 끌어안는 상황
- 교실에서 발기한 생식기를 다른 학생에게 보여 주는 상황

■ 거실에서 일어날 수 있는 상황 만들기
- TV를 보면서 혼자 누워 있을 때와 손님이나 다른 가족이 있을 경우를 구분하여 역할극하기

■ 공적인 장소에서 자위행위를 하거나 창피한 이야기를 큰 소리로 해서는 안 되는 이유 발표하기
- 사람들이 당황해하거나 화를 낸다.
- 사람들은 사적인 장소에서 하는 행동을 보고 싶어 하지 않는다.

활동 자료

■ **공적·사적 장소 알아보기:** 백화점, 화장실, 놀이터, 버스, 집의 거실, 아이방, 교실, 패스트푸드점, 은행, 지하철 등의 그림자료

■ **공적·사적 장소 구분 색 카드 들기:** 초록색, 빨간색, 노란색 카드

■ **역할극:** 지하철 안 배경 그림, 교실 배경 그림, 거실 배경 그림

유의점

■ 사적인 행동을 다른 사람이 보는 곳에서 하면 부끄럽고 예의에 벗어나는 것임을 알게 한다.

■ 사적 장소에서의 행동과 공적 장소에서의 행동을 구분하도록 지도한다.

나. 공적 · 사적 신체 구분하기

활동 목표

■ 우리 몸은 공적인 부위와 사적인 부위가 있음을 안다.

- 우리 몸의 공적인 부위와 사적인 부위를 구분하고 말할 수 있다.
- 우리 몸의 사적인 부위는 다른 사람이 함부로 만져서는 안 되는 곳임을 안다.

활동 내용 및 방법

수영복 입히기

- 수영장에 가 본 경험에 대해 이야기 나누기
- 수영복을 입었을 때 가려지는 부분에 대해 이야기하기
- 사적인 신체 부위에 대해 이야기하기
  (남자의 경우 수영복을 입으면 가릴 수 있는 부위)
  (여자의 경우 원피스 수영복을 입으면 가릴 수 있는 부위)
- 수영복으로 가리지는 않지만 사적인 부위가 어디인지 이야기하기(입, 목, 귀, 허벅지, 손)
- 학생들이 직접 나와서 전지에 그려진 인체도에 수영복을 입힌 후, 사적인 신체 부위에 대해 이야기한다.
- 공적인 신체 부위에 대해 이야기하기
  - 수영복을 입었을 때 가려지지 않는 부위(머리, 얼굴, 팔, 손가락, 다리, 발)
- 사적인 신체 부위에 대한 자기 방어
- 교사가 인형으로 역할극을 할 때, 위험한 상황이나 부적절한 신체 접촉이 일어나면 "안 돼요!"라고 소리치며 책상 두드리기
- 특별한 상황에서 사적인 신체 부위를 보거나 보이게 될 경우에 대해 이야기하고, 어떤 사람에게 보일 수 있는지 이야기하기
  - 병원에서 진찰을 받을 때
  - 생식기가 아파서 부모님에게 보여 주어야 할 때
- 공적인 신체 부위도 상황에 따라 사적인 신체 부위가 될 수 있음을 알려 주기
  - 얼굴이나 귀에 얼굴을 가까이 대고 말을 걸 때
  - 손을 은밀히 잡을 때
  - 허벅지 부위에 손을 댈 때

카드놀이하기

- 칠판에 게시된 전지 크기의 남녀 인체도를 보면서 내 몸에서 다른 사람이 만질 수 있는 곳과 만지면 안 되는 곳을 알아본다.
- 학생들에게 빨간색 카드와 파란색 카드를 각각 1장씩 나누어 준다.
- 칠판에 게시된 인체도의 한 부분을 교사가 지적하면, 만질 수 있는 부위인 경우 학생들은 파란색 카드를 들어 보이고, 만지면 안 되는 곳일 경우에는 빨간색 카드를 들어 보인다.
- 인체도가 그려진 도화지를 나누어 준다.
- 나누어 준 그림에 색연필로, 속옷으로 가려지는 부분에는 빨간색을, 그렇지 않은 부분에는 파란색을 칠해 보도록 한다.

활동 자료

- 수영복 입히기: 남녀 인체도가 그려진 전지, 인체도에 맞는 수영복 그림(벨크로 테이프 부착)
- 카드놀이하기: 남녀 인체도가 그려진 전지, 남녀 인체도가 그려진 도화지, 학생 수만큼의 빨간색(10×10cm) 카드와 파란색(10×10cm) 카드, 스티커(빨간색과 파란색), 색연필(빨간색과 파란색)

유의점

- 우리 몸의 사적 부위를 다른 사람이 만지면 안 되는 이유를 알도록 지도한다.
- 생식기의 중요성을 알고 어렸을 때부터 소중하게 관리해야 함을 지도한다.
- 형제, 선생님, 친구와 같이 친밀한 사이라도 사적 신체 부위를 만지려고 하면 주위에 사람이 있을 때는 “싫어요!” “안 돼요!”라고 말하고 주위에 사람이 없을 때는 “배 아파요.” “똥이 마려워요.”라고 분명하게 표현하도록 지도한다.
- 공적 신체 부위도 다른 사람이 함부로 만지지 못하게 하도록 지도한다.

05 성매매와 성상품화 예방

사례

Q 엄마와 단 둘이 사는 지적장애 여자 고등학생에게 같은 동네에 거주하는 다수의 남성이 돈을 쥐어 주거나 여학생이 좋아하는 선물을 사 주며 지속적인 성관계를 가졌고, 여학생이 임신을 하게 되면서 해당 지역 사회복지사가 상황을 알게 되어 적절한 조치를 취한 후 전학하였다. 여학생은 여전히 자신의 행동에 대한 문제의식은 없는 상태다.

Q 빈번하게 드나들던 아빠 친구가 과자를 사 주며 성관계를 지속하였는데, 산부인과 진료 과정에서 딸의 임신 사실을 인지한 엄마는 이를 숨기기 위해 학교에서 실시하는 소변검사에 딸의 소변 대신 수돗물을 가검물로 제시하였다. 이를 이상하게 여긴 학교에서도 결국 학생의 임신 사실을 알게 되었다.

문제의 정의 및 처치

지적장애 아동의 특성상 음란물에 대한 반응을 숨기지 않으며, 단호하게 거부하지 못하므로 은밀하게 빈번히 접촉하는 유형으로 성매매가 나타나곤 한다. 지적장애인의 경우 친절과 호의를 가장한 성매매 유혹에 취약한 경향을 보이며, 자신의 몸을 보여 주고 만지게 하거나 또는 성관계를 한 후 돈이나 물건을 받는 것을 문제로 인식하지 못하는 경우가 많다. 이는 성매매가 단순히 부도덕이나 범죄와는 다르다는 의식에 기반을 둔다. 또한 지적장애인에게 성정체감과 자존감 형성의 기회가 부족하거나 이를 획득할 기회가 제공되지 않았기 때문일 수 있고, 환경 등이 조성되어 있지 않기 때문이다. 그러므로 부모와 교사는 인내심을 갖고 아동의 생활 전반에 관심을 갖고, 부적절한 성적 행동에는 즉각 개입하여 수정하도록 지도하고, 이를 개선하고 그들의 자존감을 높여 주기 위한 노력을 다해야 한다.

가정에서의 지도

- 자신을 소중히 생각하고 존중하는 마음을 갖도록 한다.
- 가정 내 음란물을 방치하여 자녀가 무심코 접하는 사례가 없도록 유의한다.
- 글, 그림, 사진, TV나 영화를 보면서 부끄럽고 창피한 마음이 들면 우리의 정신건강에 해로운 것으로 마음의 병이 들게 된다는 것을 알도록 한다.
- 사람의 몸을 보여 주거나 만지게 하는 등 성적 행위의 대가로 돈이나 물건을 주고받는 것은 범죄가 될 수 있음을 알리고 주의하도록 한다.
- 자녀의 평소 생활에 관심을 갖고 주위 환경을 살펴 자녀의 말과 행동, 신체의 변화, 출처가 불분명한 소지품 유무, 금전 씀씀이 등을 파악하고 지도한다.

참고 내용

■ 성상품화

성상품화란 인간의 성을 이용하여 돈을 벌려는 모든 행위로, 서비스를 포함한 유·무형의 상품을 많이 팔기 위해 상품과 전혀 관련이 없는 여자나 남자의 신체적인 부분만을 강조하여 사람들의 성에 대한 호기심을 돈벌이에 이용하는 것을 말한다.

■ 음란물

음란물이란 주로 돈을 벌기 위한 목적으로 성기와 성행위만을 강조하여 보여 줌으로써 그것을 읽거나 보는 사람으로 하여금 성적으로 흥분하게 만드는 글, 그림, 사진, 영화, 만화, 잡지 등을 말한다. 성에 대한 호기심이라는 누구에게나 생기는 건강한 현상을 이용한 음란물에서 보여 주는 내용은 실제가 아니라 돈을 벌기 위해 자극적이고 과장된 내용으로, 사랑과 책임 있는 태도가 결여된 성의식을 갖게 할 수 있다.

■ 성매매

성매매란 성을 상품화하여 사고파는 행동으로, 성상품화의 극단적인 모습이다.

TV 광고나 드라마, 영화 등 우리 주변에서 흔히 볼 수 있는 성상품화 현상을 아무런 비판 없이 접하다 보면 사람을 성적 상품으로 여기게 되고, 이는 남녀가 서로 존중하는 태도를 잃게 되어 성희롱, 성폭력, 성매매와 같은 범죄로 이어질 수 있다. 또한 성에 대한 예절과 윤리가 무너져 가정과 사회의 질서가 흔들릴 수도 있다.

지도 내용 및 활동 계획

활동 목표

- 성매매에 대해 알고 사람의 몸과 마음은 사고팔 수 없음을 안다.
- 음란물의 해로움을 알고 바르게 대처한다.

활동 내용 및 방법

⚤ 성매매 알기 1(그림카드 찾기)

- 돈으로 살 수 있는 다양한 물건과 서비스 등의 그림이나 사진 등 이미지 자료와 돈으로 살 수 없는 다양한 이미지 자료 및 문자카드를 준비하여 학생 수준에 맞게 제시한다.
- 돈으로 살 수 있는 물건 찾기
  - 과자, 음료수 등 간식
  - 연필, 필통 등 문구류
  - 캐릭터 인형, 게임 CD, 운동화, 휴대전화, 옷, 자전거 등 청소년이 선호하는 물건
  - 반지, 시계, 목걸이 등 귀금속류
- 돈으로 살 수 있는 즐거운 활동 찾기
  - 영화, 연극, 음악회 등 공연 관람
  - 게임, 놀이공원, 요리, 만들기 등 체험활동
  - 야구, 축구, 농구 등 스포츠 경기 관람
  - 가족이나 친구와 여행
- 돈으로 살 수 없는 것에 대해 알기

• 사랑하는 부모님, 형제자매 등 가족
• 사이 좋은 친구, 선생님
• 예쁜 여자 친구, 멋진 남자 친구
• 내가 잘하는 춤, 노래, 악기 연주 등 취미
• 입맞춤, 포옹
• 사람의 몸과 마음
• 해, 달, 별과 하늘

■ 돈으로 살 수 있는 것과 돈으로 살 수 없는 것의 차이에 대해 이야기하기
■ 돈으로 살 수 없는 것이 더욱 소중한 것임을 알기

⚥ 성매매 알기 2(가치 부여하기)

■ 돈으로 살 수 있는 다양한 물건과 서비스 등의 그림이나 사진 등 이미지 자료와 돈으로 살 수 없는 다양한 이미지 자료와 문자카드 및 다양한 가격대가 기록된 카드를 준비하여 학생 수준에 맞게 제시한다.
■ 칠판이나 자료 제시대를 이용하여 돈으로 구매할 수 있는 물건과 서비스 카드를 일렬로 게시하고 바구니에는 오백 원, 천 원, 이천 원, 오천 원, 만 원, 오만 원, 십만 원 등 다양한 가격이 기록된 가격표를 넣어 둔다.
■ 게시된 물건이나 서비스 카드 옆에 개인별로 적정한 가격표를 붙이고 그 이유를 설명한다.
■ 사랑하는 가족과 친구, 사람의 몸과 마음 등은 돈으로 가치를 매길 수 없는 아주 소중한 것임을 알려 준다.
■ 돈이나 선물을 받고 입맞춤, 몸을 보여 주고 만지게 하는 것, 성관계를 하는 일 등이 모두 성매매임을 알게 한다.
■ 돈, 음식, 선물 등을 주면서 입맞춤, 몸을 보여 달라거나 만지는 것, 성관계를 하는 일 등이 모두 성매매임을 알려 준다.

⚥ 성매매의 문제점 알기

■ 성매매로 인한 몸과 마음의 병 및 정신건강에 미치는 해로움을 알려 준다.

- 남녀가 서로 존중하는 태도를 잃게 되고 성폭력 등 범죄로 이어질 수 있다.
- 성인성 질환에 감염될 수 있다.
- 원하지 않는 임신을 하거나 결혼에 대해 부정적인 생각을 할 수 있다.
- 몸과 마음의 건강을 해칠 뿐 아니라 우리 삶에 나쁜 영향을 미칠 수 있다.

■ 성매매에 노출되기 쉬운 환경을 알려 준다.

- 인터넷 채팅
- 아르바이트 등 광고 전단
- 온라인에서 알게 된 사람과의 직접 만남
- 가출
- 유난히 친절한 동네 사람 등

■ 성매매를 요구하는 사람은 신고하도록 안내한다.

- 부모님이나 선생님께 알리기
- 117번으로 경찰에 신고하기

성상품화 알기(광고 비교하기)

■ 같은 제품을 선전하는 두 광고를 보고 차이점을 살펴본다.

그림 8-03 스마트폰 광고

선정적 휴대폰 광고 / 건전한 휴대폰 광고

■ 광고 그림을 보고 연상되는 사람이나 물건, 느낌 말하기

■ 성을 상품화한 광고 구별하여 찾기

■ 여성이나 남성의 몸을 많이 노출하여 사람의 눈길을 끄는 것으로, 팔고자 하는 제품의 특성과 상관없이 사람의 몸을 상품으로 이용하는 것이 성을 상품화하는 광고임을 알기

■ 성상품화 광고의 문제점 알기
- 보이는 신체적인 면만을 강조하여 외모만을 중요하게 여기는 풍토를 조장하고, 지나친 다이어트와 성형 수술에 관심을 갖게 한다.
- 사람을 성적인 상품으로 여기게 한다.
- 성희롱, 성폭력, 성매매 등 범죄로 이어질 수 있다.

■ 성상품화는 상품을 많이 팔기 위해 상품과 관련이 없는 여자나 남자의 신체적인 부분만을 강조하여 사람들의 성에 대한 호기심을 돈벌이에 이용하는 것임을 알려 준다.

활동 자료

■ 그림카드 찾기: 잡지, 신문, 전단지, 출력물 등 다양한 이미지 자료를 활용하고 문자카드는 간결한 문체로 분명하게 전달될 수 있는 크기를 선택한다.

■ 가치 부여하기: 그림카드는 성매매 알기 1(그림카드 찾기) 자료에 준하며, 가격카드는 화폐사진과 숫자나 글자카드로 다양하게 준비하여 개인 수준에 맞게 적정량을 제시한다.

유의점

■ 성매매의 이해가 부족할 경우 지적장애 아동의 특성상 친절함과 호의로 위장된 성매매의 위험에 쉽게 노출될 수 있으므로 주의하도록 구체적인 사례를 이용하여 지도한다.

■ 아무런 비판 없이 일상화된 성상품화 광고를 받아들여서 성에 대한 편견을 갖게 되거나 성에 대한 고정관념으로 이어지지 않도록 유의한다.

■ 민망하고 창피한 느낌이 드는 글, 그림, 사진, 만화, 게임, 달력, 영화 등은 우리의 몸과 마음의 건강에 해로운 영향을 미치는 것임을 알고, 즉시 접촉을 중단하도록 한다.

9장

양성평등

01. 성고정관념 벗어나기

02. 양성평등성 받아들이기

03. 성차별 극복하기

04. 서로 돕는 남녀관계

사 례

Q 지적장애 남자 중학생이 교실에서 키우던 토끼가 먹이를 먹지 못하고 토하는 모습을 보며 눈물을 흘리자 다른 학생들이 그 학생을 놀리고 있다. 평소에도 소심하고 겁이 많고, 잘 운다며 같은 또래 남학생들이 그 학생을 왕따시키고 있다.

A 토끼의 힘든 상황을 보고 안타까워하는 것은 부끄러운 것이 아니고, 동물의 생명을 소중히 여기는 아름다운 마음이며, 누구나 상황에 따라 눈물을 흘리는 것은 적절한 감정표현일 수 있으며, 감정표현의 정도는 성별에 따른 것이 아니라 개인차임을 알려 준다.

Q 다운증후군 여자 고등학생은 자신보다 못하다고 생각하는 학생들을 평소에 무시한다. 특히 같은 학급의 중도지적장애 남학생이 자신이나 학급에 아무런 도움이 되지 못한다고 생각하여 무시하고 그 남학생과 같이 하는 활동에는 참여하지 않겠다고 고집을 부린다.

A 남학생의 장점을 친구들과 함께 찾아보고, 누구나 장점이 있다는 것을 알도록 지도 한다.

Q 지적장애 남자 중학생이 가정 역할놀이 활동 시 짝꿍 여학생에게는 아무 일도 못하게 하고 모든 역할을 혼자서만 하려고 한다. 여자는 가만히만 있으면 된다며, 자신 혼자 모든 일을 결정하고 가정의 모든 역할을 하겠다고 한다.

A 혼자서 가정의 모든 일을 할 경우 생길 수 있는 부정적인 결과에 대해 알아본다. 가정의 역할 분담은 가족구성원의 상황에 따라 달라질 수 있으며, 가정의 모든 일은 혼자서 결정하지 않고, 가족구성원이 함께 결정하고 참여해야 하는 것임을 알도록 한다.

문제의 정의 및 처치

교육의 가장 궁극적인 목적은 각 개인이 가지고 있는 잠재능력을 발견하여 이를 계발함으로써 자아를 확립하는 것이다. 21세기를 살아가는 우리 학생들에게 가장 요구되는 능력은 자신의 힘으로 인생을 개척하고 결정하는 태도의 '정신적 자립'이다. 그동안 알게 모르게 남성보다는 여성의 자립적인 태도와 능력을 기르는 데 소홀해 왔던 것이 사실이다. 따라서 가정과 교육기관에서부터 성차별을 벗어난 양성평등 교육을 실시하는 것이야말로 우리 학생들의 잠재능력 계발 및 사회 발전에도 도움이 되는 일이다.

양성평등 교육은 특정한 성에 대하여 부정적인 감정이나 고정관념, 차별적인 태도를 갖지 않도록 하고, 생물학적 성차이를 사회문화적인 성차별로 직결시키지 않아, 개개인 모두가 타고난 성별에 관계없이 자신의 잠재능력을 최대한 발휘하여 자아실현을 할 수 있도록 하는 것에 근본을 두고 있다.

진정한 양성평등 교육이 이루어지기 위해서는 성정체감, 성차이와 성역할 및 성역할 고정관념, 그리고 성차별에 대한 개념 정리가 필요하며, 새로운 성역할의 개념으로서 양성성을 바로 이해하고 학생들을 일상생활 속에서 지도하는 것이 필요하다.

성정체감이란 개인의 심리적인 측면으로, 자신을 소녀 또는 소년으로 인식하고 나아가 여성 또는 남성으로 인지하는 것으로, 대개 2차 성징이 나타나는 시기에 굳어진다. 성차이는 남녀의 타고난 신체적, 생물학적 차이로서 성차별 또는 성역할과는 구별되어야 하는 개념이다. 성역할이란 사회로부터 기대되는 역할이라 할 수 있는데, 과거와 현재의 성역할에는 많은 차이가 있다. 성역할 고정관념은 전통적으로 남성과 여성에게 기대되어 왔던 역할로 여성에게 여성다움을 요구하고, 남성에게 남성다움을 요구하는 것이며, 이는 이분법적인 사고방식으로 남녀 모두를 틀에 가두고 개인의 자아실현 및 나아가 사회의 발전을 저해하는 요소로 작용한다고 할 수 있다. 이와 더불어 성차별은 성역할 고정관념에서 파생되는 언동으로 여성뿐 아니라 남성에게도 피해를 주는 결과를 가져온다. 이에 21세기에 적합한 이상적인 성역할의 대안으로 양성성이 제시되고 있으며, 양성성이란 전통적인 성역할을 고수하는 성역할 고정관념을 깨고, 한 유기체 안에 전통적으로 여성적인 특성과 남성적인 특성이 함께 공존하는 것을 말한다.

- 양성성이란 우리 안에 남성적인 특성과 여성적인 특성이 함께 존재하는 것임을 알도록 한다.
- 사람은 누구나 소중한 존재라는 것을 알도록 한다.
- 남녀는 서로 도와야 하는 상호 보완적인 관계임을 알도록 한다.
- 학생은 자신 안에 다양하고 풍부한 감정과 잠재 가능성이 있음을 인지하도록 한다.
- 성역할 고정관념 및 성차별은 옳지 못한 것임을 알도록 한다.
- 시대와 장소에 따라 성역할은 가변적인 것임을 알고, 남녀를 나누는 이분법적인 사고방식은 잘못된 것임을 알도록 한다.

  ➡ 참고 내용의 '시대와 문화에 따른 성역할의 가변성' 참조
- 성차별을 받는 상황에서는 자신의 생각을 표현할 수 있도록 한다.

가정에서의 지도

- 부모님이 집안일을 나눠서 한다.
- 학생이 집안일에 참여하도록 한다.
- 자신의 속옷 빨래, 자신의 방 청소, 간식 챙기기 등을 스스로 하도록 한다.
- 평소 부모님이 가정에서 성차별적인 말을 삼간다.
- 남녀 차별적인 내용이나 성역할 고정관념에 대한 내용이 포함된 TV 프로그램을 보지 않고, 내용 바로잡기를 생활화한다.
- '여자가' '남자가' 등의 말을 삼간다.
- 성별에 따라 놀이기구를 정해 주거나, 방의 환경 및 벽지 색깔을 제한하지 않도록 한다.

01 성고정관념 벗어나기

지도 내용 및 활동 계획

활동 목표

- 성역할 고정관념에 대해 비판적인 태도를 갖는다.
- 성역할은 변할 수 있는 것임을 안다.
- 21세기에 적합한 성역할로서의 양성성을 이해한다.

활동 내용 및 방법

남녀 꾸미기

- 칠판에 남녀 신체 그림 붙이기

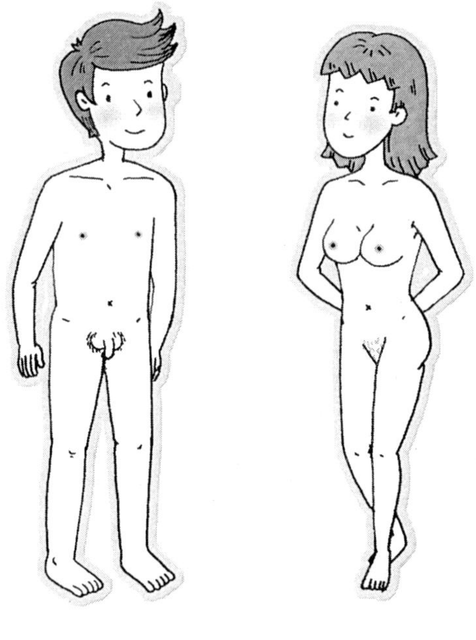

- 속옷, 겉옷, 머리 모양, 장신구 등의 그림 제시하기

- 학생을 A, B 팀으로 나누기
- A팀은 여자 신체를, B팀은 남자 신체를 의상, 장신구 등으로 꾸미기
- 팀 대표 정하기
- A팀 대표가 완성된 여성 신체 작품 설명하기
- A팀 설명에 따라 교사는 적절하게 양성평등적인 설명 덧붙이기
- A팀 작품을 B팀 팀원들이 고치기
- B팀은 A팀 작품을 고친 이유 설명하기

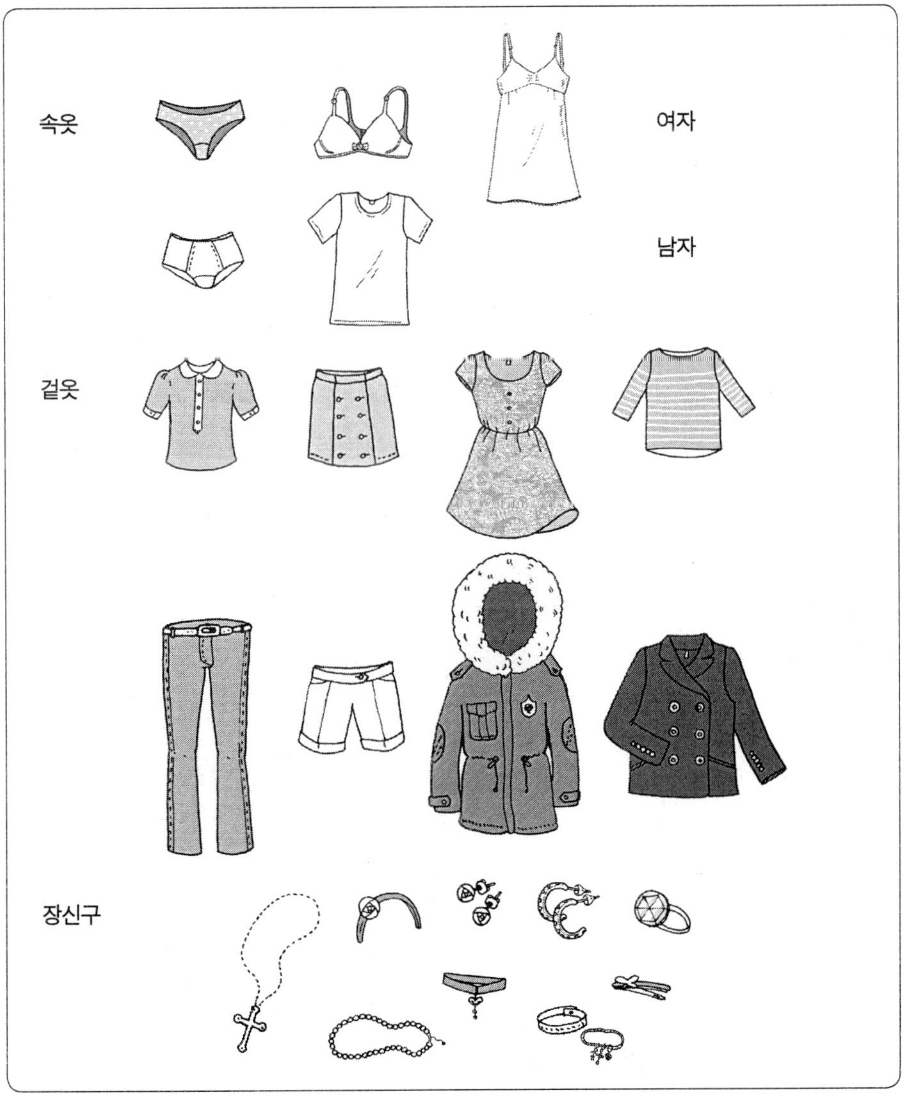

- 교사는 성역할에 대한 학생들의 생각이 고정되지 않도록 바로잡아 주기
- B팀 대표가 완성된 남성 신체 작품 설명하기
- A팀원들이 B팀의 작품을 고치고 설명하기
- 완성된 두 작품 사이에서 공통점 및 차이점 찾아보기
- 성차이와 성역할 구별하기
- 남녀는 타고난 신체적인 차이가 있음을 알기(성차이)
- 사회적인 성역할에는 차별을 두지 않아야 함을 알기
- 남녀는 서로 도와야 하는 관계임을 알기

장래 희망 발표하기('돌아갑시다' 놀이)

- 고깔모자를 학생 수만큼 준비하기
- 카드를 학생들에게 나누어 주기
- 카드에 자신이 되고 싶은 직업을 쓰기
- 고깔모자에 직업 이름이 적힌 카드 붙이기
- 학생 수만큼의 의자를 바깥으로 향하게 하여 원 모양으로 배치하기
- 의자 위에 고깔모자를 하나씩 올려놓기
- 교사가 게임에 함께 참여하기
- 학생과 교사를 합친 수보다 의자 숫자가 한 개 부족하도록 하기
- 노래를 부르며 원 바깥에서 돌기
- 돌다가 교사의 "STOP" 구령에 맞춰 고깔모자를 쓰고 의자에 앉기
- 고깔모자를 차지하지 못한 1명의 학생은 원 안으로 들어가기
- 원 안으로 들어온 학생은 자신이 직업 이름을 적었던 고깔모자 찾기
- 자신이 적은 고깔모자를 쓰고 있는 학생에게서 고깔모자 빌리기
- 빌린 모자를 쓴 후 자신이 종사하고 싶은 직업에 대해 설명하기
- 왜 그 직업에 종사하고 싶은지 이유 설명하기
- 학생의 발표 내용 중 성역할 고정관념에서 나오는 표현 바로잡아 주기
- 학생의 발표가 끝나면 게임을 계속 진행하기
- 모든 학생이 발표할 수 있도록 게임 진행하기
- 남녀 누구나 자신이 종사하고 싶은 직업을 가질 수 있음을 알기

■ 자신이 종사하고 싶은 직업을 갖기 위해 노력해야 함을 알기
■ 남녀에 따라 차별을 두는 직업이 없음을 알기

직업신문 만들기

■ 컴퓨터, 프린터, 전지, 가위, 풀, 사인펜 준비하기
■ 찾아볼 직업군 제시하기
■ 학생을 2명씩 짝지어 주기
■ A팀은 남자 간호사, 여자 간호사 찾아보기
■ B팀은 남자 미용사, 여자 미용사 찾아보기
■ C팀은 여자 요리사, 남자 요리사 찾아보기
■ D팀은 여자 총리, 남자 총리 찾아보기
■ E팀은 남자 발레리노, 여자 발레리나 찾아보기
■ F팀은 여자 군인, 남자 군인 찾아보기
■ G팀은 여자 축구선수, 남자 축구선수 찾아보기
■ H팀은 여자 우주인, 남자 우주인 찾아보기
■ 검색한 내용 중 사진, 기사 등을 출력하기
■ 다함께 출력물을 전지에 붙여 직업신문 만들기
■ 전지를 칠판에 붙이기

그림 9-01 남자 간호사, 여자 군인

- 팀별로 발표하기
- 성별에 따라 직업이 정해지는 것이 아님을 알기
- 개인적인 성향과 노력에 의해 직업이 성취되는 것임을 알기

양성평등 출석부 만들기

- 도화지, 색연필, 사인펜, 실제 학급명부 준비하기
- 학생을 세 팀으로 나누기
- 도화지, 색연필, 사인펜 나누어 주기
- 학급 출석부를 만들 것이라고 말해 주기
- 이름 쓰는 순서를 정해 주지 말 것
- 팀별로 이름 쓰는 순서 의논하기
- 팀별로 출석부 만들기
- 출석부가 완성되면 팀별로 발표하기
- 출석부 이름의 순서를 정한 이유 발표하기
- 실제 학급명부와 비교해 보기
- 출석부는 성별, 신체 차이와 상관없이 가나다 순으로 정하는 이유 알기

가정에서 도우미 역할하기

- 도우미 도표, 스티커 준비하기
- 도우미 도표 내용을 한 명씩 돌아가며 소리 내어 읽기
- 자신이 할 수 있는 일인지, 어떻게 할 것인지 말하기
- 스티커는 부모님이 붙여 주기
- 기간을 정해 확인하고, 시상하기
- 남녀 학생 모두 자신의 일을 스스로 할 수 있음을 알기

도우미 역할	1	2	3	4	5	6	7	8	9	10	11	12	13	14	15	16	17	18	19	20
설거지하기																				
내 방 청소하기																				
부모님 구두 닦기																				
옷장 정리하기																				
욕실 청소하기																				
내 속옷 손빨래하기																				
세탁기 돌리고 빨래 널기																				
빨래 걷고 옷 개기																				
상 차리기																				
밥 짓기																				
애완동물 목욕시키기																				
애완동물 밥 주기																				
애완동물 산책시키기																				
애완동물 배설물 치우기																				
화초에 물 주기																				
쓰레기 버리기																				
재활용 쓰레기 분리하기																				
집 앞 쓸기																				
실내화 세탁하기																				

활동 자료

- 남녀 꾸미기: 코팅된 남녀 신체 그림, 속옷, 겉옷, 머리 모양, 장신구, 신발 등을 다양한 색깔로 제작하여 코팅함
- '돌아갑시다' 게임: 고깔모자, 카드, 매직, 풀
- 직업신문 만들기: 컴퓨터, 프린터, 전지, 가위, 풀
- 출석부 만들기: 도화지, 사인펜, 색연필, 실제 학급명부
- 가정에서 도우미 역할하기: 도우미 도표 목록, 스티커

유의점

- 수업 중 학생들에게서 여성성이나 남성성을 강조하는 표현이 나올 경우에는 상황에 적절하게 양성평등적인 말로 바꾸어 준다.
- 처음부터 교사가 양성평등적인 답을 제시하기보다는 학생 스스로 자연스러운 과정을 거치면서 양성평등적인 대안을 찾도록 도와준다.
- 남녀 꾸미기에서 남녀의 속옷이 구별되는 것은 성차별이나 성역할의 차이가 아니고 신체적 · 생리적인 남녀의 단순한 성차이라는 것을 알고 있어야 한다.
- 타고난 성차이와 다르게 성역할은 사회에서 개인에게 요구하는 것으로 성역할의 개념은 성별과 상관없이 개인이 속한 사회와 문화에 의해 결정된다는 것을 알아야 한다.
- 직업신문 만들기에서는 변해 가는 직업 양상을 알고, 학생들의 고정관념을 깨기 위해 여성이 대부분인 가운데 남성이 가진 또는 남성이 대부분인 가운데 여성이 가진 직업을 검색하는 것도 중요하지만, 결국 성별에 관계없이 직업을 가질 수 있다는 것을 알기 위해 그 직업에 대하여 여성의 경우와 남성의 경우 모두 검색해야 한다.
- 가정에서 도우미 역할하기 코너에서는 학부모의 도움이 절대적이며, 양성평등에 대한 학부모의 인식이 중요하다.

02 양성평등성 받아들이기

지도 내용 및 활동 계획

활동 목표

- 양성성의 개념을 안다.
- 한 사람에게 다양한 감정과 성격이 함께 존재하는 것을 안다.
- 자신의 다양한 감정을 적절하게 표현하는 방법을 안다.

활동 내용 및 방법

잡지를 이용해 자신 표현하기(가게놀이)

- 잡지, 도화지, 풀, 가위 및 모형 돈 준비하기
- 학생들에게 모형 돈의 일정 액수를 나누어 주기
- 교사는 가게 주인이 되기
- 가게에 그림이 풍부한 잡지 마련해 두기
- 가게의 잡지 중 자신을 표현할 수 있는 그림 고르기
- 좋아하는 사람, 직업, 물건 등의 그림 고르기
- 고른 그림을 흥정하여 사기
- 도화지, 풀, 가위, 사인펜 나누어 주기
- 구입한 그림의 테두리를 따라 자른 후 도화지에 붙이기
- 도화지에 자기소개와 그림에 대한 설명 쓰기
- 완성한 학생은 도화지를 가지고 자신을 소개하기
- 표현한 자신의 성격이나 좋아하는 것 중에 서로 반대되는 것 찾기
- 한 사람 안에 다양한 성격과 감정 등이 존재하는 것 이해하기
- 발표가 끝나면 완성된 도화지를 칠판에 붙이기
- 서로 다른 학생들 간에 비슷한 점과 다른 점 찾기

- 성별에 상관없이 학생마다 비슷한 점과 다른 점 등이 있음을 알기

친구에 대해 알아보기(항아리에 무엇이 있을까)

- 성격, 느낌 등 사람을 표현하는 말이 적힌 카드 준비하기
- 카드를 항아리에 넣어 섞기

  카드 내용: 얌전하다, 씩씩하다, 용감하다, 겁이 많다, 여유가 있다, 민첩하다, 조용하다(말이 없다), 언어능력이 뛰어나다(말이 많다), 유머가 있다, 재미있다, 눈물이 많다, 잘 웃는다, 활발하다, 내성적이다, 목소리가 크다, 목소리가 작다, 부드럽다, 강하다, 예민하다 등
- 학생이 항아리에서 낱말카드 뽑기
- 뽑힌 낱말카드에 적힌 내용을 읽기
- 낱말에 해당하는 성격을 가진 친구 찾기
- 해당 학생의 성격을 다른 학생들이 말해 주기
- 학생들의 발표 내용을 교사가 칠판에 적기
- 해당 학생은 자기소개하기
- 칠판에 적힌 내용 중 비슷한 내용끼리 묶기
- 반대되는 성격, 이미지 찾기
- 게임을 진행하여 모든 학생을 참여시키기
- 한 사람 안에 다양한 성격 · 감정 · 느낌 등이 있음을 알기
- 성격 · 느낌 등은 성별과는 관계가 없는 것임을 알기

다양한 감정 표현법 알기(얼굴 표정 만들기)

- 다양한 상황 그림, 얼굴 마스크 준비하기
- 나무막대에 얼굴 그림을 붙여 마스크 만들기
  - **마스크 종류:** 웃는 얼굴, 우는 얼굴, 찡그린 얼굴, 두려워하는 얼굴, 놀란 얼굴, 화난 얼굴, 수줍은 얼굴 등
  - **상황 그림 종류:** 가족이 함께 놀이동산에 놀러 간 그림, 키우고 있는 강아지가 아픈 그림, 밤에 혼자서 길을 가는 그림, 친구가 뒤에서 놀라게 하는 그림,

그림 9-02 다양한 얼굴 표정

낯선 아저씨가 내 몸을 만지는 그림, 좋아하는 친구와 춤을 추는 그림

- 마스크가 잘 보이도록 교실 앞면에 배치하기
- 여러 상황의 그림자료 보여 주기
- 상황에 어울리는 마스크를 학생이 선택하기
- 마스크를 선택한 학생은 앞에 나와 마스크를 쓰기
- 마스크에 어울리는 행동, 말, 소리 내어 보기
- 마스크를 벗고 마스크처럼 얼굴표정 지어 보기
- 나머지 상황 그림을 차례로 보여 주기
- 모든 학생이 고루 다 참여하도록 하기
- 사람에게는 누구나 여러 가지 감정이 있음을 알기
- 상황에 맞는 적절한 표정과 감정을 표현을 알기

그림 9-03 다양한 상황 그림

활동 자료

- 가게놀이: 잡지책, 도화지, 풀, 가위, 펜, 모형돈
- 항아리에 무엇이 있을까: 항아리, 성격·생김새·느낌 등이 적힌 카드
- 얼굴 표정 만들기: 다양한 표정의 마스크, 다양한 상황 그림
- 마스크 만들기: 얼굴 표정 그림을 얼굴 형태로 오린 후 나무막대를 붙여 손잡이를 만든다.

유의점

- 양성평등 교육은 일상생활 중에 이루어지는 것이 자연스러우면서도 효과적

이기 때문에 교사는 일상생활 중에 행동이나 언어 사용에 있어 양성평등을 기본 신념으로 포함하고 있어야 한다.

- '항아리에 무엇이 있을까?'에서 쓰이는 카드의 내용은 긍정적인 표현을 사용해야 하고, 성별에 따라 같은 말에 대한 평가가 달라져서는 안 된다. 예를 들어 '얌전하다'라는 표현이 통상적으로 여학생에게는 칭찬이나 남학생에게는 부정적인 말로 사용되고 있지만, 이는 양성평등과 상반되는 개념임을 알아야 한다.

03 성차별 극복하기

지도 내용 및 활동 계획

활동 목표

- 성차별적 의미가 담긴 언어 및 행동을 구별한다.
- 성차별은 옳지 않은 것임을 안다.
- 개개인은 성별에 관계없이 존엄한 존재임을 안다.

활동 내용 및 방법

생활 속 성 편견 알아보기(종이인형극 놀이)

- 학생 사진, 가위, 나무막대, 양면테이프 준비하기
- 자신의 사진 오리기
- 오린 자신의 사진을 나무막대에 붙이기
- 교사도 종이인형 준비하기: 선생님 인형, 여학생 인형(우리), 남학생 인형(미래)
- 종이인형극 시작하기
- 주된 내용을 교사가 이끌어 가기
- 학생들은 인형을 이용해 중간중간 자신의 의견을 표현하기

선생님 오늘 클럽활동을 조직할 거예요.
태권도클럽, 요리클럽, 축구클럽, 뜨개질 클럽 중에서 각자 하고 싶은 거 손드세요.

학생들 (각자 자신이 하고 싶은 것을 인형으로 표현하기)

선생님 (학생들의 반응에 적절하게 답하기)

선생님 어, 근데, 선생님이 알기로는 우리가 축구

를 무척 좋아하는 걸로 아는데, 축구클럽에 손을 안 들었네요.

우리(여학생) 선생님, 저는 사실 축구클럽 하고 싶은데요, 부모님이 반대하세요. 축구는 위험하다고요, 여자가 무슨 축구냐고요, 여자는 얌전해야 한대요, 그래도 전 씩씩한 게 좋은데.

선생님 그랬군요. 선생님은 평소에 우리가 밝고 씩씩해서 참 좋았어요. 선생님이랑 함께 부모님께 한 번 말씀 드려 보아요. 잘될 거예요.

미래(남학생) (수줍은 듯 말하기)

선생님, 사실은 저는 뜨개질클럽으로 바꾸고 싶어요.
저는 제가 직접 목도리를 만들고 싶어요.
근데, 제가 뜨개질을 하면 친구들이 놀릴 것 같아서요.

선생님 그래요? 참 기특하네요. 솔직하게 미래의 마음을 말해 줘서.
자기가 하고 싶은 일을 하는 건 부끄러운 게 아니에요.
친구들은 미래를 놀리지 않아요.
그런 일로 놀리는 친구가 있으면 그 친구가 잘못인 거예요.
미래, 뜨개질 배우면 선생님한테 멋진 목도리 선물해 줄래요?

선생님 미래와 우리를 위해 박수쳐 줄까요?

학생들 인형을 앞세워 "네."라고 대답하기

미래 (씩씩한 목소리로 말하기)

이건 비밀인데요, 전 멋진 스웨터를 짜서 엄마께 선물하고 싶어요. 호호.

선생님 다른 학생들은 무엇이 가장 하고 싶은지 한번 얘기해 볼까요?

학생들 (자신의 캐릭터 인형으로 발표하기)

■ 남자라서 못하는 일, 여자라서 못하는 일이 없음을 알기

⚥ 성차별과 양성평등 의미 알기(인디언밥 게임)

■ 성차별과 양성평등 내용이 적힌 카드가 담긴 항아리 준비하기

성차별 카드: 여자는 집안일만 해야 해
남자는 울면 안 돼

남자는 집안일을 하면 안 돼
학급 반장은 남자만 할 수 있어
여자는 예쁘기만 하면 돼
여자는 얌전해야 해
여자 의사 선생님은 믿을 수 없어
남자는 항상 여자보다 강해야 해
설거지는 여자들만 하는 거야

양성평등 카드: 아기는 엄마와 아빠가 함께 돌보는 거야
집안일은 엄마와 아빠가 함께 하는 거야
슬픈 영화를 보면 남녀 모두 울 수 있어
남녀 학생 모두 자기 속옷은 자기가 세탁하는 거야
학급의 회장은 학급을 위해 봉사하고 싶은 사람이 하는 거야
(모든 학생이 돌아가면서 하는 것도 좋은 방법임)

- 매트를 깔고 둥글게 앉기
- 학생이 항아리에서 카드를 뽑아 큰 소리로 읽기
- 카드가 성차별적인 내용이면 학생은 원 가운데로 들어오기
- 엎드려 인디언밥 벌칙 받기
- 카드가 양성평등적인 내용이면 학생은 원 가운데로 들어와 서기
- 다른 학생들이 환호하며 박수쳐 주기
- 모든 학생이 게임을 경험하도록 하기
- 게임이 끝나면 카드를 성차별적인 것과 양성평등적인 내용으로 분리하기
- 성차별적인 말을 쓰지 않아야 하는 것을 알기

성차별과 양성평등 의미 구분하기(○× 서바이벌 게임)

- 바닥에 금을 그어 ○와 × 장소로 구분하기
- 막대사탕, 성차별 및 양성평등적인 내용의 카드 준비하기
(인디언밥 게임 자료 참고)
- 성차별적인 내용은 옳지 못한 것(×)으로 보기
- 양성평등적인 내용은 옳은 것(○)으로 보기

- 교사가 카드를 집어 내용을 읽고 보여 주기
- 학생들이 카드 내용을 판단하고 ○와 × 장소로 이동하기
- 게임을 계속 진행하면서 마지막까지 남은 학생에게 막대사탕 주기
- 패자부활전을 열어 탈락된 학생들도 다시 참여시키기
- 게임이 끝나면 성차별 및 양성평등적인 카드를 구분하기
- 성차별적인 말을 쓰지 않아야 하는 것을 알기

활동 자료

- 종이인형극 놀이: 학생 사진, 가위, 양면테이프, 나무막대, 청소년 모습
- 인디언밥 게임: 성차별적 내용 카드, 양성평등적 내용 카드
  인디언밥 게임 소개: 벌칙을 받는 학생은 원 가운데로 들어가 엎드리고 주위의 학생들이 "인디언밥!"을 외치면서 손바닥으로 등을 두드리는 게임
- ○×서바이벌 게임: 성차별적 내용 카드, 양성평등적 내용 카드, 막대사탕

유의점

- 성차별로 인해 초래되는 우리 사회의 피해자는 결과적으로 남성과 여성 모두라는 것을 인식하고, 여성은 피해자, 남성은 가해자인 것으로 비춰지지 않도록 해야 한다.
- 어느 한쪽 성을 대변하는 수업이 되기보다는 상대방 성이 처한 상황의 어려움을 서로 공감할 수 있도록 해야 한다.
- 종이인형극 놀이에서는 모든 학생이 중간중간 많이 참여할 수 있도록 상황에 맞춰 교사의 순발력이 요구된다.
- 인디언밥 게임에서는 게임규칙을 설명해 주고 벌칙을 줄 때 안전사고가 일어나지 않도록 주의해야 한다.
- ○×서바이벌 게임에서는 학생이 이동하며 게임이 진행되므로 안전사고에 주의하고, 분위기가 산만해지지 않도록 한다.

04 서로 돕는 남녀관계

지도 내용 및 활동 계획

활동 목표

- 남녀관계는 서로 협력하는 관계임을 안다.
- 남녀 학생은 서로 존중하는 마음을 갖는다.

활동 내용 및 방법

일상생활 중 남녀의 돕는 관계 알기(역할극과 토론활동)

선생님 엄마아빠놀이를 해 보겠어요. 엄마 역할, 아빠 역할, 자녀 역할 각 3명이 필요하고, 다른 친구들은 토론자입니다.

상황 설명 주말 아침, 세탁기가 돌아가고 있으며, 집 청소도 해야 하고, 아침식사도 준비해야 하는 상황임을 교사가 설명한다.

엄마 역할 아침식사 준비는 내가 할게요.

아빠 역할 그럼, 나는 집 청소를 책임지겠습니다.

아이 역할 저는 무엇을 할까요?

아빠 역할 빨래를 건조대에 널어 주겠니?

선생님 가족 모두가 사이좋게 집안일을 하고 있네요.

학생 와, 우리 집이랑 비슷해요. 주말에는 집안일을 가족 모두 같이 해요.

학생 어, 우리 집은 안 그래요. 아빠는 잠만 주무시는데요.

학생 우리 집은 설거지는 아빠가 하시지만, 음식은 엄마가 하세요. 청소도요.

학생 우리 아빠는 라면을 맛있게 끓여요.

학생 우리는 아빠가 집에 계시고, 엄마가 회사에 가세요.
그래서 아빠가 저를 돌봐 주세요

학생 근데, 아빠는 엄마한테 존댓말 안 해요.

학생 우리 집은 서로 존댓말 하세요.

학생 우리 아빠는 음식은 못하지만, 고장 난 것을 잘 고쳐요. 벽에 못도 박고요.

학생 우리 엄마도 벽에 못 박을 수 있어요.

학생 근데, 우리 엄마는 벌레를 못 잡아요. 아빠가 잡아요.

학생 우리 엄마는 벌레 잡을 수 있는데…….

학생 우리 집은 베란다 페인트칠을 온 가족이 함께 했어요.

학생 지난번 엄마가 형광등 바꾸실 때 제가 도와 드렸어요.

학생 우리 집 설거지는 제가 많이 해요.

학생 제 속옷은 제가 세탁해요.

학생 엄마, 아빠가 모두 회사 가셔서, 할머니가 많이 도와주세요.

학생 우리 아빠는 다림질 왕이에요. 제 옷도 다려 주세요.

학생 눈이 올 때, 집 앞의 눈을 우리 식구 모두 같이 치웠어요.

선생님 그래요. 집집마다 다르지만, 집안일을 한 사람이 하면 너무 힘들겠죠? 우리 친구들도 부모님을 도와서 같이 집안일을 해 보면 좋겠어요.

- 학생들이 자유롭게 자신의 상황을 발표하도록 유도하기
- 가정의 다양성을 인정하고 집안 일이 성별에 따라 구분되어 있지 않음을 알기
- 가정의 일은 가족 모두가 함께 참여해야 함을 알기

친구 칭찬하기(톰과 제리 게임)

- 옆 사람과 손을 잡고 둥글게 서기
- 빙글빙글 돌면서 "톰은 고양이, 톰은 고양이"라고 말하기
- 계속 돌면서 교사가 "그럼 제리는 누구?"라고 묻기
- 한 학생을 제리로 지목하기
- 제리로 지목된 학생은 원 안으로 들어가기
- 다시 돌면서 "톰은 뭐라고 말하나?"라고 묻기
- 손을 잡고 있는 학생들이 '야옹야옹' 하기
- 돌면서 "제리는 뭐라고 말하나?"라고 묻기
- 제리로 지목된 학생은 원에서 나가려고 하기
- 나가기 위해 손을 잡고 있는 학생 중 2명의 좋은 점을 칭찬하기
- 칭찬받은 학생들은 칭찬이 마음에 들면 손을 풀어 원 사이에 끼워 주기
- 칭찬받은 학생들이 손을 풀어 주지 않으면 다시 톰과 제리 게임하기
- 모든 학생이 다 한 번씩 제리가 되어 보기
- 제리가 되어 다른 친구를 칭찬해 보기
- 사람은 누구나 장점이 있고 소중한 존재임을 알기
- 남학생은 여학생을, 여학생은 남학생을 지목하여 칭찬하는 방법으로 진행하기

친구 도와주기(수호천사 활동)

- 카드, 비밀상자 준비하기
- 여학생 비밀상자, 남학생 비밀상자를 따로 준비하여 여학생은 남학생의 수호천사, 남학생은 여학생의 수호천사가 되도록 이끌기
- 학생들이 자신의 이름을 써 비밀상자에 넣기
- 카드를 섞은 뒤 학생들이 차례로 카드 뽑기

- 자신이 뽑은 친구 발표하기
- 자신이 뽑은 친구의 수호천사가 되기
- 수호천사가 되어 어떻게 도와줄 것인지 발표하기
- 수호천사 카드에 이름을 적고 코팅하기
- 카드 내용을 큰 소리로 읽고 다짐하기

나 ____________________는(은)
____________________의 수호천사가 되어
____을(를)
도와줄 것이다.

친구와 협력하기(사탕 넣기 활동)

- 입구가 좁고, 긴 비닐봉지(우산 담는 비닐), 사탕 준비하기
- 학생을 '나홀로팀'과 '둘이함께팀'으로 나누기
- 둘이함께팀은 남녀 학생을 한 팀으로 구성하기
- 각 팀 선수들의 순서 정하기
- 나홀로팀은 1명씩 나와서 경기하기
- 나홀로팀은 혼자서 비닐의 입구를 잡고 사탕 넣기
- 둘이함께팀은 2명씩 나와서 경기하기
- 둘이함께팀은 1명이 비닐 입구를 잡고, 다른 1명이 사탕 넣기
- 한 경기당 30초 동안 사탕 넣기
- 경기를 릴레이식으로 진행하기
- 경기가 빠르게 이루어지도록 하기
- 경기가 완전히 끝난 후 사탕의 양 비교하기

- 나홀로팀의 경기 후 느낌 발표하기
- 둘이함께팀의 경기 후 느낌 발표하기
- 각 팀이 넣은 사탕을 각각의 팀에게 상으로 주기
- 협력하면 혼자 할 때보다 쉽게 일을 할 수 있음을 알기
- 친구들끼리 서로 도와야 함을 알기

활동 자료

- **엄마아빠놀이**: 다양한 형태의 가족의 모습을 인정하고, 학생들이 자유롭게 토론에 참여하여 자신의 생각을 발표하도록 하되, 성별에 따라 가사일이 정해져 있지 않음을 알려 주고, 가족구성원이 서로서로 돕는 관계임을 알도록 한다.
- **톰과 제리 게임 규칙**: 제리로 지목된 학생은 원으로 둘러싼 학생 가운데 자신이 들어가고 싶은 학생 2명을 칭찬하고, 칭찬받은 학생들은 칭찬에 만족하면 손을 풀어 제리를 끼워 주고, 칭찬이 부족하다 싶으면 손을 놓지 않고 '야옹야옹' 하며 다시 원 가운데로 쫓는다.
- **수호천사 활동**: 카드, 사인펜, 상자, 수호천사 다짐 카드, 코팅기, 가위
- **사탕 넣기 활동**: 입구가 좁은 길다란 비닐봉지, 사탕, 초시계

유의점

- 남성과 여성은 대립적인 관계가 아니라 상호 보완적인 관계임을 알도록 지도한다.
- 수호천사 활동에서는 도와줄 수 있는 항목을 구체적이면서도 간단한 것으로 한 가지씩 정하도록 한다.
- 수호천사 활동에서는 코팅기의 사용법을 바로 알도록 지도하고, 안전사고에 유의해야 한다.

10장

성폭력의 예방과 대처

01. 성폭력의 유형과 발생
02. 성폭력 예방법
03. 성폭력 대처법
04. 성폭력 피해 후 대처법

01 성폭력의 유형과 발생

사 례

Q **정서장애 중학교 남학생으로 여자 친구의 가슴을 만지고는 "가슴 만지면 안 되지."라고 하면서 능글맞게 웃으며 도망간다. 심지어 길거리나 지하철 안에서 사람들의 엉덩이, 가슴, 다리를 만지고 도망가기도 한다.**

A 부적절한 행동을 하면 단호하게 "안 돼."라고 알려 주고, 상대방의 불쾌한 감정과 그 행동을 중지해야 하는 이유를 설명해 준다. 이때 처벌은 행동이 일어난 즉시 가해져야 효과적이다. 속옷을 입은 부위는 다른 사람이 만지면 안 되는 소중한 부분이고, 장애 친구가 거부 의사를 표현하지 못해도 친구의 몸도 내 몸과 같이 소중하다는 점을 지도한다. 공적 · 사적인 장소에서 할 수 있는 일을 구별하여 지도하고 공적인 장소에서 다른 사람의 몸을 만지는 것은 성폭력임을 알게 하고, 그에 따른 처벌을 받는다는 것을 알게 한다.

Q **중학교에 다니는 정서장애 여학생으로 자기 가슴을 지속적으로 만진다. 학교버스에서는 옆에 있는 남학생에게 자기 가슴을 만지라고 손을 가져다 댄다.**

A 먼저 공적 · 사적 장소에서 할 수 있는 일과 할 수 없는 일을 구별하도록 하며, 부드러운 느낌의 소프트볼(인형 등)을 쥐어 주어 손놀림을 지도한다. 학교버스에서는 가능하면 여학생과 짝을 지어 주고, 버스도우미가 관리할 수 있는 좌석에 앉도록 하여 행동을 통제한다.

Q **지적장애 남자 초등학생으로 어머니가 일찍 사망하여 할머니와 생활한다. 여교사의 뒤에서 갑자기 가슴을 만지거나 엉덩이를 만지고, 엉덩이에 성기를 갖다 대기도 하며, 발기도 자주 된다.**

A 어머니의 애정 부족이 그 원인인 경우로 주위의 애정 어린 관심이 무엇보다 우선시되어야 한다. 이 경우 성적 관심을 운동으로 바꾸는 것이 중요하다. 예를 들면 산책과 운동, 백화점 나들이, 시장 함께 보기, 운동경기나 공연 관람 등을 들 수 있다. 잠자리에서는 큰 베개 혹은 곰 인형을 끌어안고 자게 하여 정서적 안정감을 줄 수도 있다.

문제의 정의 및 대처

자신의 몸과 마음을 통제하는 데 어려움이 있는 장애인들은 성폭력에 대한 개념도 부족하여 스스로 자신이나 타인에게 성폭력과 유사한 행동을 하고, 또 인지 및 대처능력이 떨어져 자신을 방어하기가 어려우므로 성폭력의 피해자가 되기 쉽다.

장애인 대상 성폭력 사범 증가율이 32.6%로 증가하고 있으며, 성폭력 피해자에 대한 지원을 강화하고 있는 추세다(조주은, 2011). 그러나 성폭력 피해자 지원대책의 중요성 이전에 성폭력 방지에 대한 교육이 선행되어야 한다. 성폭력 피해자인 지적장애인은 신고를 꺼리거나 신고를 하였다 하더라도 고소를 포기하는 사례가 발생하게 된다(조주은, 2011). 성폭력 방지 및 지원 대책이 점차 강화되고 있는 추세이나, 가정과 학교에서 함께 성교육을 통해 우리 몸의 소중함을 알게 하고, 좋은 느낌 및 싫은 느낌을 구별하는 것을 통해 성폭력 상황을 알게 하고, 자신을 효과적으로 방어하고 대처할 수 있는 능력을 지도하여 성폭력으로부터의 피해를 줄여야 한다.

가정에서의 지도

- 내 몸의 소중함을 지속적으로 지도한다.
- 성폭력의 의미를 지도한다.
- 좋은 느낌과 싫은 느낌을 확실히 표현할 수 있도록 도와준다.
- 성적 충동을 어떻게 해소하는지 관찰하여 긍정적인 방법으로 유도한다.
- 성적 충동이 타인에 대한 성폭력으로 나타나는지 관찰한다.
- 성폭력은 아는 사람에 의해 일어날 수 있음을 기억해 둔다.

- 친척이 방문했거나 친척을 방문하는 경우에도 주의한다.
- 평소에 안 하던 행동이나 말을 하면 관심 있게 지켜본다.
- 부모님과 친밀하게 의사소통을 한다.

지도 내용 및 활동 계획

활동 목표

- 좋은 느낌과 싫은 느낌을 구별한다.
- 성폭력은 내 몸이 위험해지는 상황임을 안다.
- 성폭력을 일으키는 사람은 자신의 주위 사람임을 안다.

활동 내용 및 방법

좋은 느낌과 싫은 느낌 구별하기

- 칠판을 양쪽으로 나누어 한쪽은 좋은 느낌인 천사 편, 다른 쪽은 싫은 느낌의 악마 편으로 나눈다.
- 좋은 느낌과 싫은 느낌에 대한 그림자료를 제시하면 천사 편과 악마 편에 맞게 붙인다.

	좋은 느낌(천사 그림)	싫은 느낌(악마 그림)
1	부모님이 나를 안아 주신다.	여자친구 머리를 잡아 당기거나 치마를 들친다.
2	할머니가 밥 잘 먹는다고 엉덩이를 두드려 주신다.	여자화장실 안을 문 밑으로 본다.
3	수업시간에 선생님이 머리를 쓰다듬어 주신다.	슈퍼 아저씨가 빳빳한 수염으로 내 뺨을 비빈다.
4	할아버지 무릎에 앉아 가족들과 함께 가족 사진을 보며 즐겁게 웃는다.	친척 아저씨가 나를 무릎에 앉히고는 치마를 들치고 엉덩이를 만지려고 한다.
5	목욕탕에서 아버지 등을 밀어 드린다.	복잡한 전철에서 누군가가 등 뒤에서 몸을 비빈다.
6	어릴 때 친구와 만나 포옹한다.	내 가슴을 만지는 것을 거부하면 아프게 때리거나 괴롭힌다.
7	성기가 아파서 엄마가 약을 발라 준다.	모르는 아저씨가 바지를 벗으면서 성기를 보여 준다.
8	땀 흘리며 일하시는 할아버지께 뽀뽀해 드린다.	이웃집 할아버지가 내 고추가 얼마나 커졌나 만지려고 한다.
9	친구와 어깨동무하고 즐겁게 집으로 간다.	친구가 길 가는 여자를 보며 가슴이 크다는 흉내, 엉덩이가 크다는 흉내를 내며 (윙크, '우~' 소리), 흥분한 것처럼 행동한다.
10	친구들과 땀 흘리며 축구를 하면서 몸을 부딪친다.	친구가 음란 잡지를 보여 주며 "야한데, 죽여주네, 잘 빠졌네."를 연발한다.

좋은 느낌 - 목욕하기

싫은 느낌 - 큰 가슴 흉내 내기

그림자료에 맞는 모자 찾아 쓰기

- 출발점에 좋은 느낌과 싫은 느낌의 그림자료를 뒤집어서 준비해 놓는다.
- 두 팀으로 나누어 선다.
- 출발점에서 좋은 느낌과 싫은 느낌에 대한 그림자료를 선택하여 반환점까지 뛰어간다.
- 좋은 느낌은 '좋아요, '파이팅' '사랑해요' '고마워요' '짱이야' 등을 외치며 뛰어간다.
- 싫은 느낌은 '싫어요' '안 돼요' '하지 마세요' 등을 외치며 뛰어간다.
- 이때 느낌을 틀리게 말하면 바르게 말하도록 지도한다.
- 반환점에는 천사모자와 악마모자가 준비되어 있어, 그림자료에 맞는 모자를 찾아 쓰고 출발점으로 되돌아온다.
- 모자를 바르게 찾아 쓰고 온 학생이 많은 팀이 이긴 팀이다.

친구 따라 해 보기

- 좋은 느낌과 싫은 느낌의 그림자료를 보고 앞으로 나와서 각자 표현해 본다.
- 친구들이 표현하는 것을 보고 따라서 해 본다.
- 표현은 얼굴표정과 말, 행동(손짓, 발짓) 등을 같이 한다.
- 좋은 느낌: 양팔을 가슴에 모으며 웃는 모습
  펄쩍펄쩍 뛰면서 박수치며 웃는 모습
  양팔을 올리면서 환호하는 모습
- 좋은 느낌(감정)을 표현하는 말: '좋아요' '기뻐요' '즐거워요' '행복해요' 등

■ 싫은 느낌: 양팔을 저으면서 찡그리는 얼굴
찌려보며 화가 난 모습
도망가기, 밀쳐 내기, 소리 지르기
'싫어요' '나를 괴롭히지 마세요'
'엄마(선생님, 경찰아저씨)에게 이야기 할래요'
'배가 아파서 병원에 가야겠어요'
'똥이 나올 것 같아요'

■ 싫은 느낌(감정)을 표현하는 말: '불편해요' '소름끼쳐요' '찜찜해요' '기분 나빠요' 등

■ 학생들이 표현 방법을 발표한 후 잘못된 경우 학생들과 교사가 지도해 준다.

OX 카드 보이기

내 몸의 부위 중 접촉하여도 될 부분과 안 될 부분을 구분하여 ○X 카드를 제시한다.

	○ 카드(오케이카드) 	X 카드(옐로카드) 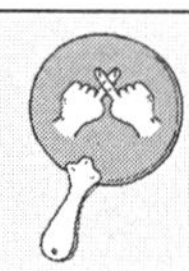
1	병원 진찰 시 의사 선생님께 속옷을 올리고 가슴을 보여 준다.	동네 아저씨가 가슴을 보여 달라고 한다.
2	산모가 태아 진찰을 위해 배를 보여 준다.	엘리베이터 안에서 아저씨가 고추를 보여 달라고 한다.
3	수영장에서 비키니 수영복을 입는다.	길거리에서 가슴이 보이거나 속옷이 비치는 옷을 입는다.
4	옷을 살 때 가슴의 치수를 잰다.	동네 아저씨가 예쁜 옷을 입었다면서 가슴을 만진다.
5	신체검사할 때 청진기를 등에 댄다.	야단을 치면서 등을 때리고는 브래지어 끈을 잡아당긴다.

그 이상은 안 돼요

■ 교사와 학생 한 명이 상황 그림에 맞게 역할극을 한다.

■ 나머지 학생들은 친구의 몸이 위험해지는 상황이 되면 "안 돼요."라고 소리지르고 × 카드(옐로카드)를 제시한다.

상황 1 오랜만에 친척 아저씨를 만났다.

아저씨 "오랜만이야."라고 한다. ➡ ○ 카드
악수하며 머리를 쓰다듬어 준다. ➡ ○ 카드
어깨를 토닥인다. ➡ ○ 카드
허벅지 안쪽으로 손을 집어 넣으려 한다. ➡ × 카드
집에 어른이 안 계시니 집으로 가자고 한다. ➡ × 카드
(이때 부모님께 연락하여 확인한다.)

상황 2 문방구에 공책을 사러 갔다.

아저씨 "공부 열심히 하는구나."라고 칭찬해 주었다. ➡ ○ 카드
등을 두드려 주었다. ➡ ○ 카드
엉덩이를 만진다. ➡ × 카드
치마를 들치고 팬티 속으로 손을 넣으려 한다. ➡ × 카드

상황 3 놀이터에서 동네 형을 만났다.

형 놀이터에서 그네를 탄다. ➡ ○ 카드
게임방에서 게임을 한다. ➡ ○ 카드
공중화장실의 개별 칸에 같이 들어가자고 한다. ➡ × 카드
인적이 없는 곳에서 성기를 만지라고 한다. ➡ × 카드

생각은 모두 다를 수 있어요

- 사람들의 생각은 어떤지 알아보기
- 지금 먹고 싶은 음식 한 가지씩 말해 보기
- 좋아하는 친구 한 사람씩 말해 보기
- 학생들의 생각은 모두 다를 수 있음을 이해하기
- 전철에 앉아 있는 여섯 사람의 웃는 얼굴에, 각자의 생각주머니가 있는 그림을 제시하여 어떤 생각을 하는지 알아보기
- 부채의 앞면은 웃는 얼굴이지만 뒷면은 각자 다른 생각의 그림 그리기
  - 배가 고파서 치킨 생각
  - 앞에 있는 여자의 '얼굴이 예쁜데.'라는 생각
  - 선물 받은 목도리 생각
  - 컴퓨터 게임 생각
  - 친구 생일선물 생각
  - 어제 친구와 싸운 생각

그림 10-01 생각은 모두 달라요

- 표정만으로는 사람들의 속마음을 알 수 없다.
- 처음 만난 사람이 친절하다고 무조건 상대방의 요청에 응해 주면 안 된다.

연극하기

장소와 주위 사람들의 사진자료를 컴퓨터 화면에 올려놓고 성폭력이 일어나 본인이 위험해지는 상황과 그렇지 않은 상황을 알아본다.

- 성폭력의 일어나는 장소
  - 낯설고 외진 곳: 길거리, 공원, 뒷산, 공사장, 건물 옥상, 아파트 지하실 등
  - 밀폐된 공간: 극장, 화장실, 엘리베이터, 노래방, 이성과 단 둘이 있을 수 있는 곳 등
  - 공공장소: 버스, 지하철, 공중화장실, 영화관 등
  - 기타 모든 장소: 내 방, 아무도 없는 빈 장소, 교실 등

- 성폭력을 일으킬 수 있는 사람
  - 모든 사람(어린이 성폭력의 80% 이상이 아는 사람이다.)
  - 나(가해자 입장)
  - 이성친구, 동성친구, 친척, 잘 아는 사람들(교육지원 보조인력, 봉사자 등)
  - 이웃사람, 물건을 배달하러 온 사람, 모르는 사람
  - 형제, 계부, 계모 등

- 성폭력이 일어날 수 있는 상황
  - 장소 사진자료를 보면서 성폭력이 일어날 상황에는 × 카드(옐로카드), 그렇지 않은 상황에는 ○ 카드(오케이카드)를 들어 보인다.

상황 1 길거리에서 모르는 사람으로부터 예쁘다고 칭찬을 받을 때

- "고맙습니다."라고 대답하고 집으로 온다. ➡ ○ 카드
- 칭찬이 기뻐서 모르는 사람을 따라간다. ➡ × 카드

상황 2 버스 안에서 누군가가 몸을 가까이 하고 엉덩이를 만지려고 할 때

- 소리를 지르며 강하게 밀쳐 내며, “왜 만져요!”라고 한다. ➡ O 카드
- “싫어요.”라고 말만 하고 가만히 있는다. ➡ O 카드(적극적 행동 지도)
- 참고 있다. ➡ × 카드

상황 3 밤늦게 아파트 주변을 혼자 다닐 때

- 사람들이 많이 다니는 큰길로 다닌다. ➡ O 카드
- 어둡고 으슥한 길이 빠른 길이니까 그냥 간다. ➡ × 카드

상황 4 공사장 등 외진 곳에 혼자 갈 때

- 외진 장소는 이상한 사람이 많으므로 가지 않는다. ➡ O 카드
- 위험해도 호기심으로 가 본다. ➡ × 카드

상황 5 밤늦게 이성친구와 함께 있을 때

- 더 늦기 전에 친구와 헤어져 집으로 간다. ➡ O 카드
- 친구와 밤늦게까지 함께 지낸다. ➡ × 카드

상황 6 잘 아는 사람으로부터의 먹을 것, 돈, 옷 등의 유혹을 받을 때

- 남의 물건은 부모님께 물어보고 받으며, 무조건 받지 않는다. ➡ O 카드
- 좋아하는 것은 무조건 받는다. ➡ × 카드

상황 7 엘리베이터를 혼자 탈 때

- 이상한 느낌이 드는 사람이 탔으면 타지 않는다. ➡ O 카드
- 다음에 여러 사람들과 함께 탄다. ➡ O 카드
- 이상한 느낌이 들어도 탄다. ➡ × 카드

상황 8 친구와 내 방에서 단 둘이 있을 때

- 방문을 반쯤 열어 놓고 이야기한다. ➡ O 카드
- 방문을 닫거나 잠그고 이야기한다. ➡ × 카드

상황 9 집에 혼자 있을 때 배달원 아저씨가 와서 초인종을 누를 때

- 초인종이 울리면 빗장을 걸고 누군지 확인하고 물건은 경비실에 맡기고 가라고 한다. ➡ ○ 카드
- 초인종이 울리면 우선 문부터 열고 누군지 확인한다. ➡ × 카드

상황10 낯선 사람이 집에 데려다 준다고 차를 타라고 할 때

- 낯선 사람의 차는 타지 않는다. ➡ ○ 카드
- 친절한 사람이라고 생각하고 차를 탄다. ➡ × 카드

상황11 집에 혼자 있기 심심하여 이웃의 할아버지 집에 놀러 갔을 때

- 할아버지가 나의 고추를 만지면 “안 돼요.”라고 한다. ➡ ○ 카드
- 좋은 할아버지이므로 고추를 만져도 가만히 있다. ➡ × 카드
- 할아버지가 속옷 입은 곳을 나에게 만져 달라고 한다. ➡ × 카드

상황12 학교에서 선생님으로부터 소개받은 보조인력을 하교 후 길에서 만났는데 집으로 놀러 가자고 한다.

- 학교 밖에서는 보조인력이 낯선 사람일 수 있으므로 부모님(선생님)의 허락을 받은 다음에 간다. ➡ ○ 카드
- 아는 사람이기 때문에 따라서 놀러 간다. ➡ × 카드

경험을 자유롭게 표현하기

- 내가 위험하였던 경험을 이야기하기
- 장소를 그림자료로 제시하기: 가정, 교실, 전철, 길거리, 놀이터, 화장실, 유원지, 병원(산부인과, 응급실) 등
- 그때 함께 있었던 사람과 그때의 일을 표현해 보기
- 그림을 그리거나 잡지의 그림을 오려 붙여서 표현해 보기
- 완성한 그림을 보면서 설명하기, 친구들의 의견 들어 보기
- 교사는 성폭력이 일어날 수 있는 여러 가지 상황에 대해 지도한다.
- 부모님에게는 말하지 못했던 경험을 교사에게는 말할 수도 있다.

활동 자료

- **좋은 느낌과 싫은 느낌 구별하기**: 악마·천사 그림자료, 좋은 느낌과 싫은 느낌의 여러 가지 그림자료
- **그림자료에 맞는 모자 찾아 쓰기**: 좋은 느낌과 싫은 느낌의 여러 가지 그림자료, 반환점 깃발 2개, 빨간색 악마 , 파란색 천사 고깔모자 여러 개
- **○× 카드 보이기**: ○(오케이 카드: 파란색 바탕, 지름 20cm 정도의 부채 모양), ×(옐로 카드: 노란색 바탕, 지름 20cm 정도의 부채 모양), 학생 1명당 2종류의 카드를 한 장씩 준비한다. 카드의 양면은 동일하게 만든다.
- **그 이상은 안 돼요!**: 성폭력 상황 그림, ○ 카드, × 카드
- **생각은 모두 다를 수 있어요**: 전철에 있는 여섯 사람의 모습과 생각 주머니가 있는 그림, 앞면은 웃는 얼굴, 뒷면은 각기 다른 생각을 하는 모습이 그려 있는 부채 6개
- **연극하기**: 장소, 인물, 위험한 상황의 그림자료, ○ 카드, × 카드
- **경험을 자유롭게 표현하기**: 다양한 장소 그림(내 방, 교실, 지하실, 길거리, 놀이터, 공중 화장실, 유원지, 병원 등), 잡지, 그림일기, 경험을 그린 그림

유의점

- 나부터 내 몸을 사랑하고 아껴야 다른 사람도 아껴 준다는 사실을 지도한다.
- 몸의 소중한 부분을 함부로 만지지 않는 것은 친구뿐 아니라 부모, 형제, 친척에게도 지켜야 할 예의다.
- 겉으로는 친절해도 속마음은 나쁜 생각을 가진 사람도 있음을 지도한다.
- 아는 사람도 나에게 싫은 느낌을 주면 부모님께 이야기하도록 지도한다.
- 성폭력은 누구에게나 일어날 수 있고, 누구나 피해자가 되고, 가해자도 될 수 있음을 지도한다.
- 성폭력은 여자 어른에 의해 남자 어린이에게도 일어날 수 있다.
- 아무도 없는 장소뿐만 아니라 익숙한 장소에서도 성폭력은 일어날 수 있다.
- 역할극의 경우 가해자는 가면을 사용하거나, 목소리를 변조하여 가해자의 행동이 학생들에게 오랫동안 기억되지 않도록 한다.
- 이 세상에는 나쁜 사람보다 좋은 사람이 더 많음을 지도한다.

참고 내용

성폭력의 개념

성폭력에는 강간뿐 아니라 성추행, 성희롱, 성기 노출, 음란전화, 음란통신, 인신매매, 강제매춘, 아내 강간, 음란물(포르노, 만화, 컴퓨터 CD 등) 제작 및 판매 등 상대방의 의사에 반(反)하여 가하는 성적 행위로, 모든 신체적·언어적·정신적 폭력을 포함하는 넓은 범위의 개념이다.

성폭력의 유형

행위에 따른 분류

- **강간**: 가해자가 자신의 성기를 피해자의 생식기에 강제로 삽입하는 행위로 처녀막의 손상이나 사정의 흔적이 없더라도 가해자의 성기가 소음순까지 닿은 경우에도 강간으로 취급한다. 아내 강간, 구강 성교, 항문 성교, 다른 물질을 성기에 삽입하는 행위 모두를 포함한다.
- **성추행**: 성교는 하지 않고 가슴, 엉덩이, 성기 부위를 접촉하거나 문지르는 행위 또는 키스, 음란한 행위, 피해자나 가해자의 성기를 노출시키는 행위 등을 포함한다.
- **강간 미수**: 가해자가 강간을 의도하였으나 주변의 상황이나 피해자의 저항으로 성기 삽입이 되지 않은 상태다.
- **성희롱**: 상대방 여자의 몸을 흘끔흘끔 쳐다보는 것에서부터 분명히 원하지 않는다는 것을 알면서도 상대방의 동의 없이 몸을 만지거나, 성과 관련된 야한 농담을 하면서 강제로 끌어안거나 키스하는 행위 등을 말한다.

대상에 따른 분류

- **어린이 성폭력**: 만 13세 미만의 어린이에게 가해지는 성폭력으로 '아동 성학대(child sexual abuse)'라고도 한다.
- **청소년 성폭력**: 만 13세 이상 19세 이하의 청소년에게 발생하는 성폭력이다.
- **데이트 성폭력**: 데이트 중에 상대의 동의 없이 일어나는 성행위로 대부분이 강

간이다.

■ **직장 내 성희롱**: 직장 내에서 상사나 동료로부터 불쾌한 성적 언어와 행동으로 근로자가 정신적 · 육체적 · 물질적으로 피해를 입은 경우를 말한다.

장애인이 성폭력 당할 가능성이 높은 이유

- 폭행 자체를 충분히 알지 못하고, 일어난 일을 이야기하지 않거나, 제대로 이야기할 수 있는 능력이 부족하다.
- 모든 성인에 대해 순종하도록, 그리고 수동적으로 행동하도록 교육받아 왔다.
- 어떤 일을 스스로 할 수 있도록 의사결정의 기회를 가져 본 일이 없다.
- 친구가 없고 외롭기 때문에 애정이나 관심을 얻을 수 있는 일이라면 어떤 일이라도 다하는 경향이 있다.
- 성폭력을 가해자의 성적 제의로 생각하는 경우가 있다.
- 성폭력 가해자가 쉽게 설득할 수 있다.
- 대부분 성적 감정을 표현할 기회가 없는 경우가 많기 때문에, 성에 대한 호기심을 가지고 있을 수 있다.

02 성폭력 예방법

사 례

Q **2달 전에 전학 온 중학교 지적장애 남학생으로 여학생에게 호감을 얻으려고 노력하는 학생인데, 날이 갈수록 여학생 화장실을 문 밑으로 들여다보고, 여학생 친구의 가슴과 엉덩이를 만지고, 남학생의 생식기를 만지는 등 이상행동을 보인다.**

A 성적 이상행동의 원인을 부모님과 함께 의논하고 전학 오기 전 학교에서의 행동에 심각한 문제가 있었는지 알아본 후, 행동을 고칠 계획을 세운다. 학교생활에서 호감을 얻는 행동을 하였을 때는 많이 칭찬해 주고, 일정 시간 이상행동이 일어나지 않으면 토큰을 주어 좋아하는 여학생과 짝지어 심부름을 보내기 등의 보상을 사용해 본다.

문제의 정의 및 처치

지적장애인은 특성상 기본 욕구에 의존적이고, 순종적이며, 사회적 기술과 자기방어 기술이 부족하다. 그리고 성폭력의 경우 주위 아는 사람으로부터 일어나는 경우가 많기 때문에 예방 지도에 어려움이 있다.

예방법은 일상생활에서의 성폭력 상황을 인지하고, 실제 상황에서 행동으로 옮길 수 있도록 상황에 따른 대처 방법을 반복 지도함이 중요하다.

가정에서의 지도

- 옳고 그름을 확실히 표현할 수 있도록 지도한다.
- 옷차림과 말씨, 행동을 장소에 맞게 하도록 지도한다.
- 성인용 영상물이나 성인 사이트에 접하지 않게 한다.

- 가족이라도 남매 간에는 방을 따로 사용한다.
- 가족 모두가 함께 자는 경우에는 부모님이 가운데서 주무시도록 한다.
- 가족 간에도 다른 사람의 방문은 반드시 노크하고 연다.
- 사춘기 자녀를 유아기 어린아이와 같이 취급하여 뽀뽀하기, 가슴 만지기, 엉덩이 만지기 등 지나친 신체 접촉 행동을 하지 않도록 한다.

지도 내용 및 활동 내용

활동 목표

- 성폭력의 위기 상황은 항상 나의 주위에 있음을 안다.
- 성폭력 예방법을 안다.
- 성폭력은 예방이 가장 우선임을 안다.

활동 내용 및 방법

성폭력은 예방이 최고야!

- 성폭력이 일어날 수 있는 상황을 A3 용지 크기의 그림자료로 제시한다.
- 선택한 그림자료를 가지고 학생 2명이 짝이 되어 역할극을 해 보고, 이를 통해 성폭력 예방법을 익히도록 한다.
- 역할극을 할 때, 나의 얼굴표정과 행동을 비디오카메라로 찍은 후 친구들과 다시 보면서 가장 잘 대처한 학생을 칭찬한다.
- 성폭력 예방법 익히기
  - 모르는 사람이 차에 타라고 한다.
    - 차 옆에 다가가지 않기
    - 단호하게 싫다고 표현하기
      (상대방의 감정을 거스르면 더 폭력적으로 변할 수 있으므로 상황에 따라 소리지르기는 주의하여 표현하며, 차 옆에 절대로 가까이 다가가지 않는다.)
  - 택시를 탄다.
    - 가능한 혼자 타지 않기

- 혼자 탈 경우에는 차 번호, 차 종류, 차 색깔, 운전기사의 얼굴 등을 익혀 두기
- 택시기사 옆에 앉지 않기
- 택시 문의 잠금 장치를 확인하고 타기

• 집에 혼자 있다.
  - 출입 시 문 잠그기
  - 누가 왔을 때 문을 잠그고 말하기
  - 혼자 있을 때 가족 외에는 문을 열어 주지 않기
  - 밤에 혼자 있을 때는 여럿이 있는 것처럼 형광등과 텔레비전 켜 두기

• 이성친구(친척)와 둘이 있다.
  - 집안이라도 옷을 단정하게 입기(가능한 바지를 입는다.)
  - 몸가짐(예: 소파에 앉은 자세) 바르게 하기
  - 이성과 단 둘이 있을 때는 방 안에서 보다 거실에서 대화하기
  - 방 안에 있을 때는 조명을 밝게 하고 방문을 열어 놓기
  - 길거리에서 데이트를 할 때는 지나친 신체 접촉을 피하기

• 누군가 외진 곳(숲 속, 공사장, 화장실)으로 데리고 간다.
  - 도망가서 긴급 전화 걸기
    119, 112, 1388 또는 핸드폰 단축키(부모님, 보호자)를 누른다.
  - 경찰서나 가까운 곳에 있는 가게에 들어가서 도움을 청하기
  - 상대방의 약점 공격하기
    남자의 경우 눈, 코, 허리, 무릎, 발, 사타구니

여자의 경우 얼굴, 가슴, 허리, 무릎, 사타구니

- 주변에 있는 도구를 이용하여 때리기
  핸드폰, 가방, 구두, 책, 컵, 나무, 흙 등

• 외출을 한다.
  - 노출이 심한 옷 피하기
  - 낯설고 외진 곳에는 혼자 가지 않기
  - 밤늦은 시간에는 외출을 삼가기
  - 외출 시 행선지를 주변(부모님)에 알리고 가기
  - 목적지에 도착하면 전화하기

• 누군가 몸을 만지려고 하거나 강제로 끌고 가려고 한다.
  - "안 돼요." "싫어요."를 분명하게 말하기
  - "안 돼요." "싫어요."라고 큰 소리로 말하기
  - "안 돼요." "싫어요."라고 큰 소리로 말하면서 상대를 밀어내기
  - 상황에 따라서 "똥 마려워요." "배 아파요." 등으로 모면하기

• 가족간에도 지켜야 할 예절이 있다.
  - 가족이라도 남매 간에는 한 방에서 자지 않도록 하고, 부득이한 경우 부모님이 가운데서 자기
  - 친척 집에 가서도 이성인 친척 식구와 같이 자지 않기
  - 집안에서 목욕한 후에는 단정한 모습으로 욕실에서 나오기

• 길거리 음식 냄새를 맡게 하거나 음료수(요구르트, 우유, 콜라)를 마시라고 한다.
  - 냄새를 맡지 않는다(마취제가 있을 수 있다).
  - 음식을 먹지 않는다.

• 음란 전화가 왔다.
  - 상대방이 누구인지 확인하기
  - 상대방의 전화번호를 알아 두기
  - 이상한 느낌의 말을 하면 전화를 끊기
  - 계속 걸려 오면 목소리를 녹음하고 전화 끊기
  - 부모님께 사실을 이야기하기

■ 역할극의 등장인물은 남녀를 짝 지어 주고, 역할도 바꾸어 해 본다.

■ 가면을 활용하여 성인으로 인물을 설정할 수도 있다.

성폭력은 예방이 최고야!

■ 여성가족부에서 제작한 '아동 성폭력예방을 위한 애니메이션' 교육자료 참조(http://www.mogef.go.kr/popup/html/popup_school1.html) – 아동성폭력예방 애니메이션

■ 애니메이션 자료를 시청한 후 일어날 수 있는 여러 가지 경우를 이야기하고 예방법을 지도한다.

상황 1 누가 나를 만져요

참지 말고 "왜 만져요! 하지 마세요!"라고 소리친다.

상황 2 친구가 괴롭혀요.

참으면 친구가 나쁜 행동인지 모르고 또 같은 장난을 칠 수 있다.

"싫어! 기분 나쁘니까 하지 마!"라고 큰소리로 말한다.

상황 3 친척의 행동이 이상해요(나 혼자 있을 때 몸을 만져요).

"만지지 마세요!"라고 말하고 자리를 옮긴다.

부모님께 꼭 말씀드린다.

상황 4 앗, 이상한 아저씨가 나타났어요!(일명 바바리맨이 나타났어요)

바바리맨 아저씨는 소리 지르거나 당황하면 더 좋아하니까 침착하게 자리를 피한 후 어른들에게 알린다.

아동안전지킴이집이나 112에 신고한다.

상황 5 친절한 아저씨가 나타났어요.

잘 모르는 사람이 부모님 모르게 둘이서만 있자고 하면 "싫어요. 가야 해요."라고 말하고 집으로 간다.

상황 6 어떤 사람들이 친구를 끌고 가요.

용기를 내어서 어른들에게 알리고 112에 신고한다.

상황 7 낯선 사람이 집에 찾아왔어요.

집에 어른이 안 계시면 문을 열어 주지 않는다.

상황 8 엘리베이터 타기가 무서워요.

나쁜 느낌이 드는 낯선 사람과 함께 타지 않고 다음 엘리베이터를 탄다.

상황 9 낯선 사람이 차에 타라고 해요.

낯선 사람의 차를 타면 위험해질 수 있으므로 타지 않는다.

상황10 낯선 사람이 같이 가자고 해요.

어디를 가든지 부모님께 알리고 가야 한다.

■ 위와 같은 상황이 있었는지 경험을 이야기해 보고, 어떻게 대처했는지 이야기 나눠 본다.

육하 원칙에 맞게 발표하기

■ 성폭력이 일어날 수 있는 그림을 제시한다.

그림 1 내가 놀이터에서 미끄럼틀을 타고 있는데 동네 오빠가 와서 같이 타자고 하면서 나를 자기 앞에 앉히고는 꼭 안고 탔는데, 너무 이상하고 거북했다.

그림 2 오늘 컴퓨터 학원에서 게임을 하고 있는 나를 선생님이 칭찬하시면서 내 고추를 만지는데 기분이 나빴다.

■ 제시한 그림을 육하 원칙에 맞게 발표하기

■ 육하 원칙에 맞게 말한 부분에 스티커 붙이기

■ 스티커를 많이 붙인 학생에게 보상하기

■ 주어진 상황을 항상 육하 원칙에 맞추어 말하는 연습하기

■ 그림 대신 동영상을 통해 상황을 설명하기

	누가	언제	어디서	무엇을	어떻게	왜	스티커 붙이기
김OO							
이OO							
박OO							

대화시간 갖기

- 화이트보드에 '우리 가족의 오늘 하루'라고 쓰고 나의 이름을 써 넣기
- 감정카드를 만들어 칠판 아래쪽에 붙여 두고, 자신의 이름 밑에 오늘의 기분을 나타내는 감정카드 붙이기
- 자신이 그 감정카드를 선택한 이유를 가족구성원과 이야기 나누며 하루 동안 어떤 일이 있었는지 자연스럽게 이야기하기
- 부모는 학생의 말을 주의 깊게 들으며 특별한 일이 있었는지 살펴보고, 학교생활 전반에 대해 대화하기
- 감정카드

  즐겁고 기쁜 얼굴 감정 / 놀라는 얼굴 감정 / 화나고 싫은 얼굴 감정 / 부끄러운 얼굴 감정 / 귀찮은 얼굴 감정
- 나에게 변화가 생기면 가장 먼저 부모님이나 선생님께 이야기하는 습관을 가지도록 한다.

눈에 띄는 옷차림 찾아보기

- 잡지책에서 눈에 띄는 옷차림을 찾아 오려 붙여 본다.
- 눈에 띄는 점 발표한다.
  - 가슴이 많이 파인 옷차림
  - 배꼽, 겨드랑이가 보이는 옷차림
  - 꽉 끼는 청바지
  - 액세서리를 많이 한 차림
  - 입술, 눈화장을 진하게 한 차림
- 눈에 띄는 옷차림을 보면 어떤 생각이 떠오르는지 알아본다.
- 다른 사람으로 하여금 호기심을 갖게 하여, 성폭력의 위험이 있음을 알게 한다.
- 바른 옷차림은 성폭력의 위험으로부터 보호한다는 것을 알게 한다.

성폭력 예방 퀴즈

- 성폭력에 대한 아래 내용을 읽고, 맞는 내용에 ○표, 틀린 경우에는 ×표 하기
- 퀴즈 문항
  - 나의 속옷 입은 부위를 누군가 만진다. ( )
  - 친척이 싫은 느낌이 들도록 내 몸을 만진다. ( )
  - 성폭력은 나에게는 일어나지 않는다. ( )
  - 성폭력은 여자들에게만 일어나는 것이다. ( )
  - 성폭력을 하는 사람은 모두 남자들이다. ( )
  - 대부분의 성폭력은 모르는 사람에 의해 발생한다. ( )
  - 성폭력은 남성들이 여성에 대해 갖고 있는 잘못된 생각 때문이다. ( )
  - 또래친구사이에서도 성폭력이 일어날 수 있다. ( )
  - 성폭력은 집에서도 일어난다. ( )
  - 사람들이 많은 곳에서는 성폭력이 일어나지 않는다. ( )
  - 나도 성폭력 가해자가 될 수 있다. ( )

• 아버지, 오빠, 동생은 성폭력에 가해자가 절대 되지 않는다. (   )

활동 자료

■ 성폭력 예방이 최고야!: 성폭력이 일어날 수 있는 상황에 대한 그림자료, 모니터

■ 영상자료: 교육인적자원부에서 제작한 성희롱·성폭력 예방 교육 프로그램 CD(초등 저학년용)

  - http://www.knise.kr: 국립특수교육원 / 장애학생을 위한 성교육 프로그램
  - http://www.mogef.go.kr: 여성가족부 / 성교육애니메이션
  - http://www.woorisung.com: 소중한 성 바로알기 동영상

■ 육하 원칙에 맞게 발표하기: 성폭력 상황에 대한 그림자료, 스티커

■ 대화시간 갖기: 자석칠판, 감정카드 5종류는 가로·세로 7cm로 코팅한 후 뒷면에 자석 부착

■ 눈에 띄는 옷차림 찾아보기: 잡지책, 풀, 가위, 스케치북

유의점

■ 성폭력으로 인한 싫은 느낌이 들 때 교사나 부모님 등 신뢰할 수 있는 사람에게 즉시 알리고 도움을 받는다.

■ 학생이 성폭력 상황을 조금 더 민감하게 생각해야 할 경우에는(예: 가정이나 교실에서 성폭력이 일어나고 있는 경우) 감정카드 메뉴에 성폭력 상황의 사진이나 그림도 추가한다.

■ 성폭력을 예방하기 위해서는 거부의 표현을 말만으로 하면 안 되고 행동으로 나타내야 하므로 실제적이고 반복적인 교육이 필요하다.

■ "싫어요."라고 말만 하고 가만히 있으면 좋다는 뜻으로 해석한다.

■ 성폭력이 일어나는 것은 노출이 심한 옷을 입는 사람의 잘못이 아니고 노출이 심한 옷차림에 자극을 받아 성폭력을 행한 사람의 잘못이지만, 우리는 성폭력을 예방하기 위해 단장한 옷차림을 해야 한다.

■ 우리 동네의 성폭력범을 검색하여 자녀들과 함께 확인한다.

  • 성범죄자 알림e: www.sexoffender.go.kr
  • ☎ 02-2075-8777

참고 내용

성폭력 예방 지도교사로서의 역할과 태도

- 평소에 자기 의사 표현을 잘하도록 지도한다(자신감을 갖도록 한다).
- 성폭력은 개인의 잘못으로 의한 피해가 아니다.
- 성폭력은 일방적인 폭력이고 인권을 침해하는 범죄다.
- 피해자에게는 잘못이 없다.
- 어린이나 학생도 독립적인 인격체라는 입장을 갖는다.
- 남녀 학생이 함께 있는 자리에서 성교육과 성폭력 예방교육을 한다.
- 성폭력의 위험성과 여러 유형을 인식시키는 다양한 형태의 교육 프로그램을 어려서부터 제공한다.
- 학생의 돌발적인 성적 이상행동에 대하여 교사는 의연하게 대처한다.
  - 소리 지르기, 교사에게 갑자기 달려들어 안기기, 교사에 몸에 성기 비비기 등의 학생의 과잉행동에 놀라지 않고 침착하게 대처하기

성폭력 예방을 위한 지도 내용

- 성에 대하여 알고, 무슨 일이 일어났는지 알아야 한다.
- 자신이 사랑받고 있으며, 안전할 권리가 있는 존재임을 가르친다.
- 신체적으로 안전한 접촉과 위험한 접촉에 대해 설명해 준다.
- 신체 각 부분의 올바른 명칭을 가르쳐 명확한 의사소통을 할 수 있도록 한다.
- 내가 아는 모든 사람이 성폭력 가해자가 될 수 있음을 교육시킨다.
  - 낯선 사람에 대한 경계만이 아니라 모든 사람에 대한 안전교육을 시킨다.
- 불편함을 느낄 때는 언제든지 "싫어요."라고 거부할 수 있도록 지도한다.
- 어른들 중에는 나쁜 사람도 있다는 것을 가르친다.
- 피해 사실을 말했을 때 당신이 피해자의 이야기를 믿어 주고 지지해 줄 것임을 알리고, 평소에 장애인이 믿고 의지할 수 있도록 행동하고 애정을 가지고 대한다.
- 피해를 입은 사람은 절대로 잘못이 없다는 것을 가르친다.
- 피해를 입었을 때는 반드시 자신이 신뢰하는 사람에게 털어놓을 수 있도록 교육한다.

03 성폭력 대처법

사 례

Q **중학교 3학년 지적장애 여학생에게 엄마가 택시를 태워 주었는데 기사는 문을 잠금장치로 잠근 다음 목적지인 학교로 가지 않고 한적한 곳으로 데리고 가서는 여학생을 끌어안으려 했다.**

A 여학생은 온 힘을 다해 저항한다(소리 지르기, 자동차 창문 두드리기, 갑자기 화장실에 가고 싶다고 하기, 배 아프다고 하기 등). 도망치다가 실패한 경우는 상대방을 깨물거나 땅에 있는 흙이나 물건을 던져서 도망치도록 한다.

Q **중학교 2학년 지적장애 남학생은 같은 반 여학생을 강당이나 체육실 등 한적한 곳으로 데리고 가서 입을 맞추고, 몸을 가까이 하려고 한다.**

A 지적장애 학생의 경우 성폭력의 위험이 더 크므로 내 몸의 소중함과 내 몸을 지키는 방법을 반복적으로 지도하여 무의식적으로도 행동할 수 있게 한다. 이 시기는 이성에 대한 관심이 높은 때이므로, 집단 활동에 참여하는 기회를 늘려 주어 디스코장, 노래방, 연극 관람 등을 통해 이를 해소하도록 해 준다. 피해 학생의 경우 한적한 곳으로 가기를 피하고, 가해자의 행동을 교사와 부모님에게 알린다.

문제의 정의 및 처치

성폭력 대처법은 성폭력 상황을 구분하고, 성폭력 상황에서 가해자에게 언어적 또는 비언어적으로 거절하는 것, 그 상황을 피하거나 벗어나는 것, 주변 사람에게 도움을 청하는 것, 이 상황을 부모님이나 교사에게 알리거나 전화하는 기술을 말한다.

가정에서의 지도

- 전화 거는 방법을 지도한다.
- 거절하는 방법을 너무 강조해서 일상생활에서 과잉행동이 강화되지 않도록 주의한다.
- 감정표현을 솔직하게 할 수 있도록 가족들의 애정과 격려가 필요하다.
- 성폭력에 대항할 수 있는 체력을 키워 준다(태권도, 수영, 운동기구 사용).

지도 내용 및 활동 계획

활동 목표

- 성폭력에 대처할 수 있는 말과 행동을 안다.
- 성폭력에 대처할 수 있는 자신감을 키운다.
- 위험한 상황에 따라 대처하는 방법을 안다.

활동 내용 및 방법

거부 기술 익히기

- 위기상황의 그림자료를 보면서 바른 대처법 연습해 보기
- 벽면거울을 보면서 연습해 보기
- 동영상기기에 보이는 자신의 모습을 보면서 행동 수정해 보기
- 언어로 거부하는 방법
  - 똑바로 쳐다보면서 "싫어요!" "안 돼요!"라고 큰 소리로 말하기
  - "나는 안 할 거야!" "만지지 마!" "안 해!"
  - 소리를 질러 주위 사람에게 알리기
- 몸짓으로 거부하는 방법
  - 손을 좌우로 흔들기, 머리를 좌우로 흔들기
  - 양손으로 X를 표시하기
  - 앉아서 발버둥치기

■ 공격적으로 거부하는 방법
- 때리기, 발로 차기, 물어뜯기
- 주위에 있는 물건 던지기(예: 운동장의 흙 등)
- 도망가기

■ 위기를 다른 방향으로 돌린다.
- "불이야!"라고 소리 질러 주위 사람들에게 알리기
- 대변이 나올 것 같은 또는 토할 것 같은 시늉하기
- 주위의 가게(슈퍼마켓, 문방구)나 공공기관(은행, 경찰서, 소방서)에 가서 구조 요청하기

노랫말 바꾸어 부르기

그대로 멈춰라 김방옥 작사 / 작곡

즐겁게 춤을 추다가 그대로 멈춰라
즐겁게 춤을 추다가 그대로 멈춰라
눈도 감지 말고 웃지도 말고 울지도 말고 움직이지 마
즐겁게 춤을 추다가 그대로 멈춰라

■ 노랫말을 바꾸어 불러 보기
돈 주고 과자 준다고 따라가지 마세요
멋진 차 태워 준다고 차에 타지 마세요
따라가지 말고 차도 타지 말고 울지도 말고 소리 질러 봐
싫어요 안 돼요 내 몸은 소중해요

■ 노래 부를 때 "싫어요!" "안 돼요!" 부분은 크게 소리 지르면서 외친다.

10초 스피치로 자신감 키우기

- 신체 부위를 만지면 말하는 녹음 인형 조작하기

• 마이크 대고 소리 지르기
• 친구와 같이 소리 지르기
• 노래방 놀이하기
• 혼자 소리 지르기
• 간단한 어휘 말하기(큰 소리로: 좋아해, 짱이야, 싫어)
• 하고 싶은 말이나 나의 자랑거리 말하기
• 발표 내용을 동영상으로 촬영 후 다시 보기

■ 예를 들면

나는 김○○입니다.
내가 용감한 일을 했어요.
친구가 운동장에서 넘어져 있어서
친구를 업고 보건실에 데리고 갔어요.
왜냐하면 나는 친구를 아끼니까요.
친구야 사랑해.

자기주장

손으로 내 몸 지키기(성폭력 그림이나 CD 자료 제시)

■ 성폭력의 위험한 상황에서 내 손으로 내 몸을 지키는 방법을 익힌다.

활동 1

• 두 팀으로 나누어 지름 3m 원 안에는 A팀, 원 밖에는 B팀 학생 각 1명씩을 배치한다.
• A팀 학생은 몸의 소중한 부분을 가리는 초록색 부직포 조끼를 입고 원 안에 선다.
• A팀 학생은 10~30초 동안 조끼 앞면에 밀가루가 묻으면 지고, 손으로 몸을 막으면 이긴다.
• B팀 학생은 원 밖에서 솜으로 속을 채우고 막대(30cm)를 꽂은 빨간색 면장갑을 들고 있는다.
• B팀 학생의 장갑 끝에 밀가루를 묻히고 이 밀가루가 A팀 학생의 조끼 앞면

에 일정 시간 내(10~30초)에 묻게 되면 B팀이 이기게 된다.

- 이긴 학생이 많은 팀이 이긴다.

활동 2

- 대처할 능력이 없는 학생인 경우, 같은 팀에서 2명의 친구가 원 안으로(지름 4m) 들어와 밀가루가 조끼의 앞면에 묻지 않도록 도와준다.

활동 3

- 원의 지름은 5m로 하여 각 팀(5명 정도)의 모든 학생이 양 팀으로 나누어 함께한다.

태권도 익히기

- 태권도의 기본 익히기 시 기압을 넣을 때 '태권' 대신에 '싫어' '안 돼'로 대처한다.
- 태권도의 기본 동작을 배워 나를 보호하고 상대방을 공격하는 방법을 익힌다.
  - 명상
  - 준비운동
  - 기본 동작
  - 지르기
  - 발차기
  - 호신술
  - 송판 격파
- 송판을 격파할 때는 플라스틱 이음새가 있는 송판을 사용하여 자신감을 준다.

모두모두 해 보기

- 교실에 여섯 곳에 코너 학습장을 만든다.
- 각 코너에 내 몸이 위험해진 상황의 그림을 붙인다.
- 각 코너의 상황을 이겨낼 수 있는 행동을 체험한다.
- 각 코너에는 도우미가 있어 상황을 설명하고 이해시킨다.

코너 1 몸을 만지고 추근대는 상황 그림

활동 1: 스티로폼을 볼링 핀으로 깨기

활동 2: 태권도 시범용 플라스틱 벽돌을 주먹으로 깨기(벽돌은 1장부터 여러 장을 함께 깰 수 있다.)

코너 2 뒤에서 내 몸을 끌어안으려는 상황 그림

활동 1: 오뚜기를 힘껏 발로 차서 뒤에 있는 깃발 넘어뜨리기

활동 2: 하드롤 빵 물어뜯기

코너 3 복잡한 버스 안에서 어른이 내 엉덩이를 만지려는 상황 그림

활동: "안 돼요!" "싫어요!"라고 크게 소리 질러 코에 붙인 테이프 떨어뜨리기

코너 4 강제로 차에 태우는 상황 그림

활동: 샌드백을 쳐서 뒤에 있는 종 울리기

코너 5 꽉 닫혀 있는 공간에 잡혀 있는 상황 그림

활동: 크게 소리 지르면서 풍선을 손으로 터뜨리기

코너 6 밧줄로 묶여 있는 상황 그림

활동: 밧줄에 묶여 있는 손 풀어 보기

➡ 〈그림 10-02〉 〈그림 10-03〉 〈그림 10-04〉 참조

그림 10-02 어른이 몸을 만지고 추근대는 상황 그림

그림 10-03 뒤에서 내 몸을 끌어안으려는 상황 그림

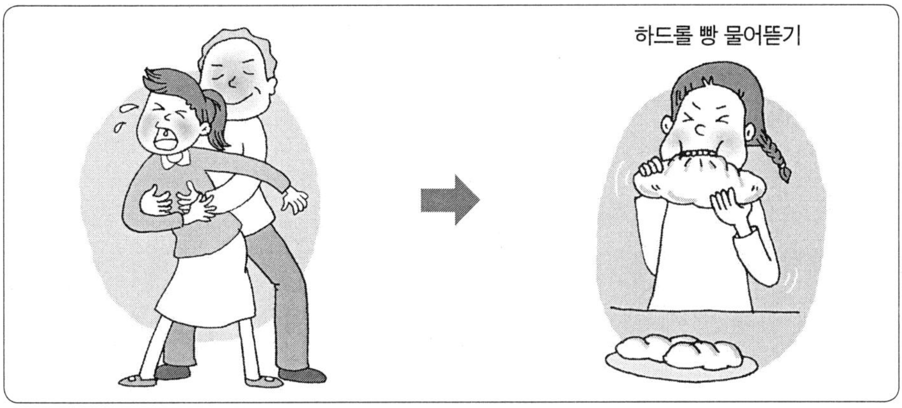

그림 10-04 강제로 차에 태우는 상황 그림

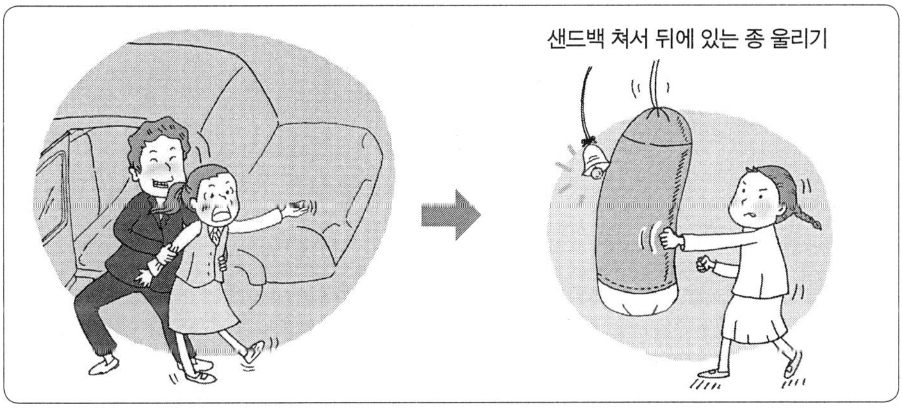

우리 집에 전화 걸기

- 평소에 연락이 가능한 집 전화번호나 부모님 휴대폰 번호 적어 보기
- 전화번호를 목걸이로 만들어 목에 걸기
- 적어 놓은 전화번호로 전화 걸어 보기
- 부모님과 통화해 보기(단축키 활용)
- 실제 상황처럼 전화신고를 해 보기
  - 육하 원칙에 맞게 말할 수 있도록 한다.
  - 신고자가 있는 위치를 말할 수 있도록 한다.
- 응급전화(112, 119)를 이용할 수 있는 경우 알아보기

■ 위급 상황에서 전화요금이 없이 사용하는 공중전화 '긴급버튼 누르고 112, 119, 1366'으로 걸어 보기

활동 자료

■ 거부 기술 익히기: 벽면 거울, OHP, 모니터 화면

■ 10초 스피치로 자신감 키우기: 약간 높은 단상, 소리 지르는 동안 움직이는 인형, 노래방 기계, 마이크

■ 손으로 내 몸 지키기: 속을 솜으로 채우고 막대(30cm)를 꽂은 빨간색 면장갑, 초록색 부직포 조끼, 밀가루

■ 태권도 익히기: 지도교사, 태권도복, 태권도 동영상 자료(인터넷), 얇은 나무판 여러 개, 플라스틱 벽돌(가운데 분리형) 여러 개

■ 모두모두 해 보기: 내 몸이 위험한 상황 그림 6장(전지 크기)과 그림을 붙일 합판 6장, 플라스틱 벽돌, 오뚜기, 깃발, 하드롤 빵, 색 테이프, 샌드백, 종, 풍선, 밧줄

■ 우리 집에 전화 걸기: 전화목걸이(15×10cm 흰 종이에 매직으로 전화번호 쓴 후 코팅), 목걸이 줄

유의점

■ 위급할 때 대처사항을 구체적으로 지도한다.

■ 급소는 사람에게 가장 중요한 부위이므로, 급소를 공격하는 방법을 흥미로 여기지 않고 위급한 상황에서만 사용할 수 있도록 지도한다.

■ 내 몸이 아주 위험한 상황에 처했을 때는 애원과 설득도 할 수 있도록 지도한다(무조건적인 반항은 신체적 상해나 생명의 위험에 처하게 할 수 있다).

■ 거부하는 행동을 할 때 주의할 점은 상대방에게 욕하지 말 것, 상대방에게 무례하게 하지 말 것, 싫은 것을 분명하게 표현할 것 등이 있다.

■ 일반전화기, 공중전화기, 휴대폰을 이용하여 전화 거는 법에 익숙해지도록 반복 지도한다.

04 성폭력 피해 후 대처법

사 례

Q **6세 지적장애 여자아이로 모르는 아저씨가 과자를 사 주면서 공사장 공중화장실로 데리고 가서는 아저씨의 성기를 입으로 빨라고 하기도 하며, 자신의 성기를 여자아이의 생식기에 삽입하려고 했으나 동네 아주머니의 눈에 띄어 미수에 그쳤고, 여자 아이가 집에 돌아왔을 때는 팬티 타이즈가 찢어져 있었다.**

A 아이를 안심시키는 일이 우선이고, 일어난 일에 대해 차근차근 물어보거나 그림으로 표현하게 한다. 몸의 상처를 확인하고 속옷과 타이즈를 증거물로 보관하며, 몸을 씻기지 않은 채 산부인과에서 검진을 하고, 필요한 경우 치료를 받는다. 정신적인 안정을 위해 약물치료를 받을 수도 있으며, 전문가의 도움을 받는다. 경찰에 신고하여 또 다른 성폭력이 일어나지 않도록 한다(성폭력 발생 시 학교에서는 one stop 지원센터 신고 및 방문을 우선으로 한다). 또 거주지 성폭력범의 소행인지 명단을 확인해 본다(사진 확인).

문제의 정의 및 처치

지적장애 학생의 성폭력 문제는, 피해 당사자가 성폭력이 무엇인지도 모르고 당하거나, 피해를 입고도 숨기는 경우, 가해자를 찾을 수 없는 경우, 가해자가 여러 명인 경우, 현재의 환경에서는 해결이 어려워 주거를 옮겨야 하는 경우 등 여러 문제를 동반하므로 그 문제가 더욱 심각하다. 피해를 알게 된 즉시 부모님께 알려 피해 학생이 충격에서 회복되도록 도와주고, 병원과 상담소의 도움을 받아 정상적인 생활을 할 수 있도록 한다. 또 같은 일이 다시 일어나지 않도록 조치하고 가해자는 처벌받도록 한다.

가정에서의 지도

- 침착하게 대처하며, 추측이나 가정은 하지 않는다.
- 장애인인 내 자녀의 말을 믿고 도와준다.
- 피해 사실을 숨기면 피해가 되풀이되거나 해결이 힘들어짐을 알려 준다.
- 빠른 회복을 위해 여러 가지 취미활동이나 운동을 하도록 도와준다.
- 긍정적인 메시지를 준다.
  "말해 줘서 정말 고맙다." "넌 정말 용기 있는 아이구나." 등
- 병원에서 진단을 받는다.
  신체적인 피해 확인, 성병 예방, 임신 가능성을 확인한다.
  중요한 증거자료, 즉 정액 채취, 음모, 옷을 비닐봉지에 담아 둔다.
- 또 괴롭히면 즉시 보호자에게 이야기하도록 지도한다.
- 자신의 잘못이 아님을 알게 해 준다.
- 일상생활을 그대로 유지하도록 한다.

지도 내용 및 활동 계획

활동 목표

- 성폭력의 피해에 대해 안다.
- 성폭력의 피해를 입은 경우 대처 방법을 안다.
- 성폭력의 피해를 입은 후에도 치료하면 행복한 생활을 할 수 있음을 안다.

활동 내용 및 방법

치료하면 나을 수 있어요

- 다쳐서 병원 간 경험 발표해 보기
- 아픈 상처도 치료를 잘하면 정상적인 생활을 할 수 있음을 발표하기
- 다쳤을 때와 치료 후 모습의 그림자료 비교해 보기
  - 교통사고, 골절, 맹장염, 이가 부러진 경우에도 치료 후에는 건강하게 생활

할 수 있다.

- 성폭력의 피해 사례 이야기해 주기
  ➡ 앞쪽의 사례 이야기해 주기
- 성폭력 피해 후에 몸의 상처, 마음의 상처, 사람들과의 관계에 상처가 생기지만 치료를 하면 회복할 수 있다.
- 치료 방법은 가족과 친구들의 사랑과 보살핌, 병원의 치료와 자신의 의지가 필요하다.
- 가수 알리의 경우처럼 성폭력 피해자이지만 상처를 극복하여 훌륭하게 생활하는 사례 들려준다.

성폭력의 피해 알아보기

피해 입은 사람의 모습을 다양한 상황의 그림자료로 제시

- 정신적 어려움
  - 우울증과 공포감을 느낀다.
  - 잘 때 악몽을 꾼다.
  - 모든 일에 의욕을 잃는다.
  - 가족이나 부모님께 벌컥 화를 내거나 신경질적이 된다.
- 신체적 어려움
  - 이유 없이 머리와 배가 아프다.
  - 소변이 자주 마렵다, 성기 부위가 가렵고 아프다.
  - 식사하기가 싫거나 지나치게 많이 먹는다.
  - 옷을 자주 갈아입거나 자주 씻는다.
  - 몸의 이상을 느낀다(생리가 없다).
- 사회적 어려움
  - 학교 가기가 싫어진다.
  - 다른 사람에게 성희롱이나 성폭력을 하는 가해자가 된다.
  - 자포자기하여 문란한 성생활이나 매춘생활에 빠진다.
  - 가출을 한다.
- 성적 어려움

- 자신의 성에 대해 부끄러움을 느낀다.
- 이성친구를 '적'이라고 생각한다.
- 다른 사람을 성희롱이나 성폭행한다.

피해 후 해결 방법 찾아가기

그림자료를 각자 병풍 모양으로 만들어 차례대로 설명하고 설명 후에는 확인을 위해 질문한다.

병원에 가기

- 도와줄 사람과 연락한다.
  - 가능한 빨리 부모님께 알린다.
- 옷을 갈아입지 않고 간다.
- 목욕을 하지 않고 병원으로 간다.
  - 정자가 몸속에 살아 있는 기간은 72시간이다.
- 병원에서 외상, 성병, 임신에 대한 검사를 하여 증거자료로 한다.
- 임신이 의심될 경우 산부인과 진료 후 응급 피임약을 처방받는다.

경찰에 신고하기

■ 피해 현장을 잘 보존한다.

■ 범인의 특징을 잘 기억한다(얼굴형, 옷차림, 목소리, 체형, 몸의 특징 등).

■ 부모님, 선생님 혹은 믿을 수 있는 어른과 함께 간다.

■ 국번 없이 112, 1366으로 신고한다.

가족들의 도움 주기

■ 자녀가 겪은 성폭력 사실을 자세히 이야기할 수 있도록 도와준다.

■ 평소와 같이 따뜻한 사랑으로 대한다.

■ 자녀의 잘못이 아니라 나쁜 마음을 가진 사람의 폭력임을 알게 한다.

인상착의를 기억하여 부모님께 말씀 드리기

신고하기

증거 확보를 위한 치료 받기

상담하기

■ 위험한 일은 누구에게나 일어날 수 있으므로 부끄러운 일이 아님을 알도록 지도한다.
■ 빠른 회복을 위해 운동, 취미를 갖게 한다.
■ 전문가, 상담소를 통해 해결한다.
■ 가정에서 피해가 계속될 경우는 쉼터(시설)에서 정신적인 안정을 취하며, 취미생활을 갖게 한다.

몽타주 그리기(인상착의 맞추기)

■ 브로마이드, 신문, 잡지의 인물사진을 이용한 가상인물을 5~10초 동안 보여준 후 그 인물에 대한 특징을 알아맞히게 한다.
■ 가상인물에 대한 질문 문항을 5~10가지 준비하여 가장 많이 맞춘 학생에게 골든벨을 울리게 한다.
■ 질문 문항
- 옷을 입은 경우

남녀 구별, 나이 예측, 얼굴 특징, 키, 머리 모양(곱슬머리, 직모), 머리 색깔,

목소리, 옷의 색깔, 옷의 종류, 양말 색깔 등

- 속옷만 입은 경우

내의 종류: 삼각팬티, 트렁크팬티, 러닝 색깔

몸에 흉터가 있는지, 점이 있는지, 털이 있는지, 발가락에 무좀이 있는지, 걷는 모습(팔자걸음)

■ 몽타주 그려 보기

특징적인 면을 생각하여 그리게 한다.

■ 사물을 볼 때 주의 깊게 관찰하는 습관을 키운다.

역할극하기

■ 역할 정하기: 의사, 간호사, 상담사, 피해자, 부모님

■ 가정에서

피해자 성폭력을 당한 경우를 숨기지 말고 부모님께 이야기한다.

부모님 피해자가 겪은 일을 자세히 기억하면서 말하게 한다.

"엄마에게 말해 주어 고맙구나."

"이제부터는 엄마와 함께 치료하자."

"너의 잘못이 아니고 나쁜 사람을 만난 거야."

만진 부위, 때린 부위, 상처 난 부위 등을 알아본다.

병원을 찾아간다.

■ 병원에서

간호사 마음을 안정시키고 불편한 곳을 이야기하게 한다.

피해자 아프거나 불편한 부위를 이야기한다.

"옷을 갈아입지도 않고, 목욕도 하지 않고 병원을 찾아왔어요."

심리적으로 무서운 상태를 이야기한다.

의사 피해자가 피해 사실을 모두 말할 수 있도록 경청한 후, 부끄럽거나 죄의식, 좌절감을 갖지 않도록 안심시킨다.

전신을 검사한 후 치료할 부분은 치료한다.

경우에 따라 임신반응 검사와 성병 검사를 한다.

■ 상담소 방문

상담자 피해자를 괴롭힌 사람의 각종 특징을 기억하도록 도와준다.
피해 당시 상처, 옷 찢어진 부위 등을 살펴본다.
또 다른 피해자가 생기지 않도록 경찰에 신고한다.

피해자 가해자의 특징 말하기
신장, 체중, 성별, 목소리, 안경 착용 여부, 머리 모양 등

■ 피해자와 도와준 사람 모두 행복한 모습으로 퇴장한다.

활동 자료

■ 치료하면 나을 수 있어요: 교통사고 났을 때 자동차의 피해 모습 사진자료, 몸을 다쳤을 때와 회복된 후의 사진 여러 장

■ 성폭력 피해 알아보기: 정신적, 신체적, 성적, 사회적 피해를 입은 주인공의 모습과 피해 사례를 나타낸 그림

■ 피해 후 해결 방법 찾아가기: A3 용지에 병원, 경찰서, 상담실 등에 갈 경우 할 일을 순서대로 그린 후 코팅하여 병풍처럼 연결한 그림자료

■ 몽타주 그리기: 브로마이드, 잡지책, 골든벨, 남녀 앞 · 뒤 옷 벗은 모습, 옷 입은 모습 그림

■ 역할극하기: 의사, 간호사, 상담자, 피해 학생의 의상과 이름표

유의점

■ 성폭력의 피해를 입게 된 것은 자신의 잘못이 아님을 강조한다.

■ 지나치게 자책하는 것은 바람직하지 않음을 알도록 한다.

■ 피해 사실을 숨기면 피해가 되풀이되거나 다른 사람에게도 피해를 줄 수 있으므로, 반드시 믿을 만한 사람이나 단체에 이야기하여 도움을 받도록 지도한다. 피해자에게 치유가 가능하며 다시 행복한 생활을 할 수 있다는 확신을 갖도록 한다.

참고 내용

■ 성폭력을 확인할 수 있는 방법

- 신체적 · 물리적 징후: 성기 부분에 보이는 찰과상, 넓적다리, 유방, 배 부위에 할퀸 자국, 가려움·출혈·통증·성기 부위에 불편을 보이는 경우, 성병, 폭행을 당한 모습, 옷이 찢어지거나 옷을 잊어버리고 온 경우, 임신, 앉거나 걷는 데 불편을 보이는 행동, 소변 시 통증이나 어려움, 옷을 벗지 않으려는 행동
- 행동적 · 정신적 징후: 우울, 위축, 특정한 상황을 피하려고 하는 경우, 특정한 사람에게 애착을 보이는 경우, 간질, 퇴행(아기 말, 울기 칭얼대기, 손가락 빨기), 수면장애, 반항, 섭식장애, 자기 파괴적 행동, 두통, 과도하거나 부적절한 성적인 행동, 고립된 듯한 모습, 집중하기 어려워하며 가만히 못 앉아 있는 모습
- 언어적 표현: "누가 내 뒤를 따라와요." "할머니 집에 안 갈래." "나를 괴롭혀요." "오늘 집에 가기 싫어요." "집으로 데려다 줘요." "선생님이 싫어요." "오빠 미워."

■ 성폭력 발생 시 도움을 받을 수 있는 기관

기관명	전화번호	사이트
one-stop 지원센터(117 경찰병원)	(02)3400-1117	http://www.onestop.or.kr
해바라기 아동센터	(02)3274-1375	http://www.child1375.or.kr
한국청소년상담원(청소년긴급전화)	(국번없이) 1388	http://www.kyci.or.kr
여성긴급전화 1366	(국번없이) 1366	http://www.1366.or.kr
청소년을 위한 내일여성센터	(02)338-7480	http://ausung.net
한국여성민우회 성폭력상담소	(02)335-1858	http://fc.womenlink.or.kr
한국성폭력상담소	(02)338-5801	http://www.sisters.or.kr
아하청소년성문화센터	(02)2676-1318	htttp://www.ahacenter.kr
한국성폭력위기센터	(02)883-9284	http://www.rape119.or.kr
중앙아동보호전문기관	1577-1391	1http://www.korea1391.org

장애여성공감 성폭력상담소	(02)3013-1367	http://www.wde.or.kr
한국여성장애인연합 성폭력상담소	(02)3675-4465	htttp://www.kdawu.org
학교폭력 신고전화	1588-7179	
청소년폭력예방재단 (학교폭력SOS지원단)	1588-9128	http://www.jikim.net
왕따닷컴	(02)793-2000	http://wangtta.com
자녀안심하고 학교보내기운동 국민재단	(02)3453-5227	http://www.1318love.net
한국자살예방협회	(02)413-0892	http://www.suicideprevention.or.kr
십대들의 쪽지	(02)783-7978	http://www.teen4u.co.kr
가해학생 교육기관 대안교육 종합센터	(02)3999-069	http://www.daeancenter.or.kr
가정폭력상담소	(02)706-1366	http://holyhouse.org/home
대한법률구조공단	(국번 없이) 132	http://www.klac.or.kr
대한가족보건복지협회	(02)2634-8212	http://www.ppfk.or.kr

참고문헌

교육인적자원부(2001). 함께 풀어가는 성이야기(초등 저, 유치).

교육인적자원부(2007). 소중한 성 바로알기.

국립재활원(2000). 장애인 성재활의 필요성과 의학적 접근.

국립재활원(2002). 성문제의 현실적 접근.

김수현(1999). 정신지체 특수학교 중 · 고등부 교사들의 성교육 실태조사 연구: 서울시와 경기도를 중심으로. 이화여자대학교 석사학위논문.

김한경, 박용숙(2005). 발달장애인을 위한 성교육. 나눔의집.

내일여성센터(1998). 십대를 위한 성교육 수첩. 도서출판석탑.

대한가족보건복지협회(2001). 장애인 성교육자료(경도정신지체).

박용숙(2001). 정신지체 여학생을 위한 상황 중심 성폭력 예방프로그램의 효과. 이화여자대학교 교육대학원 석사학위논문.

방명애, 김수연(2001). 장애학생을 위한 의사결정 교수 프로그램. 파라다이스복지재단 장애아동연구소.

사회복지법인다운회(2000). 제1차 다운의료학술제.

서울특별시 간호사회(1996). 성교육. 현문사.

서울특별시교육청(1998). 성과 행복 (고등학교). 대한교과서주식회사.

신수경, 천미정(1999). 중등부 경도 정신지체 학생을 위한 성교육 지도 내용. 대구대학교 특수교육과 학사학위논문.

신현기(2005). 특수교육의 이해(개정판). 교육과학사.

신현기(1999). 정신 지체인의 하위 성문화 관련 특성에 관한 연구. 특수교육학 연구, 34(2), 205-226.

신현기(2001). 장애학생에 대한 사회성 기술지도. 특수교사 일반연수 교재.

신현기, 정진옥 공역(2010). 지적 장애인의 성교육: 그리고 그 너머의 빛. 시그마프레스.
아우성상담소(1999). 장애우 아우성 대회 자료집.
아우성상담소(2000). 장애우 아우성 대회 자료집.
아우성상담소(2001). 장애우 아우성 대회 자료집.
오혜경 외(2000). 정신지체인의 성. 한국장애인 복지시설.
이금숙(2001). 정신지체아동의 구조화된 사회성 기술훈련 프로그램의 효과성에 관한 연구. 이화여자대학교 대학원 석사학위논문.
이미선(1995). 대인관계 인지 문제해결 기술훈련의 효과: 교육가능 지적장애 청소년을 대상으로. 연세대학교 교육대학원 석사학위논문.
장비(2000). 정신지체 연구 5. 엠마우스복지관.
전용호(1995). 정신지체인의 성 행동과 그 지도대안. 특수교육학회지, 16(1), 119-146. 대한특수교육학회.
전용호(2000). 정신지체인의 성 바로 보고 바로 잡아주기. 학문사.
전정희(2002). 집단사회기술훈련이 발달장애 아동의 사회성 향상에 미치는 효과. 대구대학교 사회복지학 석사학위논문.
정지영, 정혜영(1997). 내 동생이 태어났어. 비룡소.
정진옥(2000). 두려움을 넘어서. 춘천밀알재활원.
조주은(2011). 장애인 성폭력 피해자 지원 대책 현황과 개선과제. 이슈와 논점, 305호.
(주)중앙교육진흥연구소(2009). 생활 속의 보건(초등 5, 6학년, 중등, 고등). 중앙교육진흥연구소.
한국경진학교(2002). 유아 통합교육과정 지도서. 특수교육.
한국성폭력상담소(2000). 정신지체 장애인을 위한 성교육. 한국성폭력상담소.
한국어린이육영회(1990). 유아를 위한 성교육.
한국학교보건교육연구회(1996). 성교육 학습 지도안. 덕수인쇄.
허종대, 이은지(1999). 정신지체아 성교육 실태와 지도방안에 대한 문헌 고찰. 대구대학교 특수교육과 학사학위 논문.

American Academy of Pediatrics Committee on Children with Disabilities (1996). Sexuality education of children and adolescents with developmental disabilities. *Pediatrics, 97*(2), 275-278.
Baladerian, N. (Speaker). (2003). Voice ignored[CD]. Columbia: The Center for Child

and Family Studies. University of South Carolina.

Being with People: Being with Friends (1990). [Videotape] Santa Barbara, CA: James Stanfield Company.

Brody, J. E. (1999). Yesterday's precocious puberty is norm today. The New York Times, p. F8.

Cohen, W. I., Nadel, L., & Madnick, M. E. (Eds.). (2002). Down syndrome: Vision for the 21st Century. New York: WileyLiss, Inc.

Condelucci, A. (2003). Widening the circle of community. Lecture. Retrieved September 3, 2005, from http://www.bianh.org/winter 2003.

Couwenboven, T. (2001). Sexuality education: Building a foundation for healthy attitudes. *Disability Solution, 4*, 1-13.

EAHA of 1975, PL 94-142, 20 U.S.C. 1400 et seq.

Ellis, J. W., & Luckasson, R. A. (1985). Mentally retarded criminal defendants. *The George Washington Law Review, 53*(3, 4), 414-493.

Eshilian, L., Falvey, M. A., Bove, C., Hibbard, M. J., Lailin, J., Miller, E. et al. (2000). Restructuring to create a high school community of learners. In R. A. Villa & J. S. Thousand (Ed.), *Restructuring for caring and effective education: Piecing the puzzle together* (pp. 402-427). Baltimore: Paul H. Brookes Publishing Co.

Finlay, W. M. L., & Lyons, E. (2002). Acquiescence in interviews with people who have mental retardation. *Mental Retardation, 40*(1), 14-29.

Heskel, P. (2001). *Flirt coach*. London: Harper Collins.

Hughes, C., & Carter, E. W. (2000). *The transition handbook*. Baltimore: Paul H. Brookes Publishing Co.

Individuals with Disabilities Education Improvement Act of 2004, PL 108-446, 20 U.S.C. 1400 et seq.

Kempton, W. (1998). Socialization and sexuality: A comprehensive training guide for professionals helping people with disabilities that hinder learning. Syracuse, NY: Program Development Association.

Mattis, N. G. (1994). Teaching young children about sexuality and AIDS. Brown University Child and Adolescent Behavior Newsletter, 10, 7.

Megan's Law, N. J. Stat. Ann. 2C: 7-19 (1994 & Supp. 2001).

Melby, T. (2001). Childhood sexuality: Norway leads the way in publicizing a sensitive subject. *Contemporary Sexuality, 35*(12), 1-5.

New Hempshire Education Law, LLC. (2005). IDEA Reauthorization. Retrieved May 19, 2006, from http://www. nhedlaw. com/idea%20reauth.html.

Planned Parenthood Federation of America & American Association of Sex Educators, Counselors, and Therapists. (2003). Masturbation: From myth to sexual health. *Contemporary Sexuality, 37*(3), i-v.

Price, L. A., Wolensky, D., & Mulligan, R. (2002). Self-determination in action in the classroom. *Remedial and Special Education, 23*(2), 109-115.

Riley, J. W. (1911). *The lockerbie book.* Whitefish, MT: Kessinger Publishing.

Scbwier, K. M., & Hingsburger, D. H. (2000). *Sexuality: Your sons and daughters with intellectual disabilities.* Baltimore: Paul H. Brookes Publishing Co.

Sobey, R., & Mansell, S. (1994). *Violence and abuse in the lives of people with disabilities.* Baltimore: Paul H. Brookes Publishing Co.

Sobsey, D. (1994). *Violence and abuse in the lives of people with disabilities.* Baltimore: Paul H. Brookes Publishing Co.

Staub, D. (1998). *Delicate threads: Friendship between children with and without special needs in inclusive settings.* Bethesda, MD: Woodbine House.

Stavis, P. E., & Walker-Hirsch, L. (1999). Consent to sexual activity. In R. J. Dinerstein, S. S. Herr, & J. L. O'Sullivan (Eds.), *A guide to consent* (pp. 57-67). Washington, DC: American Association on Mental Retardation.

The Surgeon General's call to action to promote sexual health and responsible sexual behavior (2001, July 9). Rockvill, MD: Office of the Surgeon General.

Vandenbergh, J. G. (2003). Prenatal hormone exposure and sexual variation. *American Scientist, 91*, 218-225.

WalkerHirsch, L. (2000). *The Facts of Life... and More.* Baltimore, Maryland: Paul H. Brookes Publishing Co.

Walker-Hirsch, L., & Champagne, M. P. (1993, 2005). Circles, revised 1993: Intimacy and relationships [12 videos and multimedial]. Santa Barbara, CA: James Stanfield Publishing Company.

Watson, S. L., Griffith, D. M., Richards, D., & Dykstra, L. (2002). Sex education. In D. M. Griffith,, D. Richards, P. Federoff, & S. L. Dykstra (Eds.), *Ethical dilemmas: Sexuality and developmental disability.* Kingston, NY: NADD Press.

WHO (1975). Education and treatment in Human Sexuality: The Training of Health Professionals. Report of a WHO Meeting(WHO Technical Report Series No.

572). Geneva WHO.
Young Adult Institute(Producer) (1993). Friendship [Videotape]. New York: YAI.

〈참고 사이트〉

여성가족부	http://www.mogef.go.kr
국립특수교육원	http://www.knise.kr
천사방	http://www.1004bang.net
우리성	http://www.woorisung.com
아우성	http://www.aoosung.com

저자소개

신현기
단국대학교 학사(지적장애아교육 전공: 문학사)
단국대학교 석사(지적장애아교육 전공: 교육학석사)
단국대학교 박사(지적장애아교육 전공: 교육학박사)
현 단국대학교 특수교육과 교수

주요 저서 및 논문
통합교육 교수적합화(학지사, 2004)
아동의 수학발달(공저, 학지사, 2012)
학습장애아 교육(교육과학사, 2010)
통합학급의 정신지체 초등학생을 위한 교수적합화에 대한 일반 교사의 지각(특수교육학연구, 37(1), 2002) 외 다수

전옥경
이화여자대학교 학사(간호학 전공)
전 주몽학교 보건교사

주요 저서
움직이는 성교육(공저, 재단법인 파라다이스복지재단, 2003)
정신지체 아동을 위한 엄마가 하는 내아이 성교육(공저, 여성부, 2006)
특수학교(급)용 보건교육 지도서(공저, 서울시교육청 특수교육지원센터, 2009)
장애학생을 위한 멀티미디어 성교육 자료 개발 연구(국립특수교육원, 2010)
장애유형별 성교육 실태분석 및 운영자료 개발 연구(국립특수교육원, 2012)

권오윤
중앙대학교 학사(간호학 전공)
중앙대학교 간호학과 대학원 석박사통합과정 수료
현 서울을지초등학교 보건교사

주요 저서
보건교사의 소진이 직무만족에 미치는 영향(한국학교보건학회지, 2017)
이압요법이 흡연 남자대학생의 흡연량, 흡연욕구, 호기 일산화탄소에 미치는 효과(재활간호학회지, 2015) 외 다수

김애란
춘천간호대학교 학사(간호학 전공)
한국방송통신대학교 학사(가정학 전공)
서울시립대학교 석사(사회복지학 전공)
전 동천학교 보건교사

주요 저서 및 논문
정신지체 장애인을 위한 성교육(공저, 사단법인 한국성폭력상담소, 2000)
움직이는 성교육(공저, 재단법인 파라다이스복지재단, 2003)
특수학교(급)용 보건교육 지도서(공저, 서울시교육청 특수교육지원센터, 2009)
발달장애 청소년 어머니의 양육스트레스와 사회적 지지에 관한 연구(2008)

김재영
가톨릭대학교 학사(간호학 전공)
전 한국구화학교 교사

주요 저서
움직이는 성교육(공저, 재단법인 파라다이스복지재단, 2003)
정신지체 아동을 위한 엄마가 하는 내아이 성교육(공저, 여성부, 2006)
정신지체 장애인을 위한 성교육(공저, 사단법인 한국성폭력상담소, 2000)
장애인 성교육 자료(공저, 대한가족보건복지협회, 2001)

김혜진
춘천간호대학교 학사(간호학 전공)
현 다니엘학교 보건교사

주요 저서
정신지체 장애인을 위한 성교육(공저, 사단법인 한국성폭력상담소, 2000)
장애인 성교육 자료(공저, 대한가족보건복지협회, 2001)
움직이는 성교육(공저, 재단법인 파라다이스복지재단, 2003)
정신지체 아동을 위한 엄마가 하는 내아이 성교육(공저, 여성부, 2006)
특수학교(급)용 보건교육 지도서(공저, 서울시교육청 특수교육지원센터, 2009)

노경민

연세대학교 학사(간호학 전공)
전 한국우진학교 보건교사

주요 저서

움직이는 성교육(공저, 재단법인 파라다이스복지재단, 2003)
특수학교(급)용 보건교육 지도서(공저, 서울시교육청 특수교육지원센터, 2009)

박소영

강남대학교 학사(특수교육 전공)
단국대학교 석사(청각언어장애 전공)
단국대학교 박사(지적장애 전공)
현 한국교통대학교 유아특수교육학과 교수

주요 저서 및 논문

아하! 통합학급 문제행동(공저, 학지사, 2011)
아하! 통합학급(공저, 학지사, 2012)
아하! 통합교육(공저, 학지사, 2014)
발달지체유아 통합교육기관의 협력교수 수행 과정 연구(특수교육저널: 이론과 실천, 2007)
온라인상에서의 영유아기 육아상담에 나타난 주요 주제와 솔루션 분석(유아특수교육연구, 2014)
통합교육 운영 만족 예측모형 분석에 근거한 통합교육 개선 방안(학습자중심 교과교육연구, 2017)
모든 학생을 위한 교육: 한국 통합교육의 방향성 검토-통합교육에 대한 국제기조와 한국의 정책을 중심으로(한국특수교육학회 학술대회, 2017)
중등학교 관리자의 통합교육 경험 및 인식에 나타난 통합교육 정책 개선 요구(특수교육교과교육연구, 2018) 외 다수

이영숙

한국방송통신대학교 학사(초등교육 전공)
건국대학교 석사(초등교육 전공)
건국대학교 박사(교육행정 · 경영전공)
전 국립특수교육원 연구관

주요 저서 및 논문

정신지체 장애인을 위한 성교육(공저, 사단법인 한국성폭력상담소, 2000)
장애인 성교육 자료(공저, 대한가족보건복지협회, 2001)

움직이는 성교육(공저, 재단법인 파라다이스복지재단, 2003)
정신지체 아동을 위한 엄마가 하는 내아이 성교육(공저, 여성부, 2006)
유아통합교육과정지도(공저, 국립한국경진학교, 2003)
수화사전(공저, 형설출판사, 2005)
특수교육백서(공저, 국립특수교육원, 2010)
신청사 백서(공저, 국립특수교육원, 2010)
역통합교육환경 조성을 위한 교육행정 지원에 관한 연구(2007)
미술치료를 통한 정서장애 아동의 교육적효과 연구(1998)

한선희
연세대학교 학사(간호학 전공)
현 서울경동초등학교 보건교사

주요 저서
정신지체장애인을 위한 성교육(공저, 한국성폭력상담소, 2000)
움직이는 성교육(공저, 재단법인 파라다이스복지재단, 2003)

하영
진주보건대학 학사(간호학 전공)
한양대학교 행정대학원 행정학석사(간호행정 전공)
현 서울상수초등학교 보건교사

주요 저서 및 논문
정신지체장애인을 위한 성교육(공저, 한국성폭력상담소, 2000)
움직이는 성교육(공저, 재단법인 파라다이스복지재단, 2003)
정신지체 아동을 위한 엄마가 하는 내 아이 성교육(공저, 여성가족부, 2006)
특수학교(급)용 보건교육지도서(서울특별시교육청, 2009)
장애학생을 위한 멀티미디어 성교육 자료 개발연구(국립특수교육원, 2010)
장애인 성폭력 예방교육 매뉴얼 개발 자문(한국 양성평등교육진흥원, 2012)
특수학교 보건관리를 위한 조사 연구(1999)

특수아를 위한

활동하며 배우는 성교육

2013년 4월 10일 1판 1쇄 인쇄
2018년 9월 10일 1판 2쇄 발행

지은이 • 신현기 · 전옥경 · 권오윤 · 김애란 · 김재영 · 김혜진
노경민 · 박소영 · 이영숙 · 한선희 · 하영

펴낸이 • 김진환

펴낸곳 • (주) 학지사
121-837 서울시 마포구 서교동 352-29 마인드월드빌딩 5층
대표전화 • 02)330-5114 팩스 • 02)324-2345
등록번호 • 제313-2006-000265호

홈페이지 • http://www.hakjisa.co.kr
커뮤니티 • http://cafe.naver.com/hakjisa

ISBN 978-89-997-0109-2 93370

정가 19,000원

이 도서의 국립중앙도서관 출판시도서목록(CIP)은 서지정보유통지원시스템 홈페이지(http://seoji.nl.go.kr)와 국가자료공동목록시스템(http://www.nl.go.kr/kolisnet)에서 이용하실 수 있습니다.
(CIP 제어번호: CIP2013003058)